THÉATRE COMPLET
DE
EUGÈNE LABICHE

AVEC UNE PRÉFACE

PAR

ÉMILE AUGIER

IV

MOI — LES DEUX TIMIDES
EMBRASSONS-NOUS, FOLLEVILLE!
UN GARÇON DE CHEZ VÉRY — MAMAN SABOULEUX
LES SUITES D'UN PREMIER LIT
LES MARQUISES DE LA FOURCHETTE

PARIS
CALMANN LÉVY, ÉDITEUR
ANCIENNE MAISON MICHEL LÉVY FRÈRES
3, RUE AUBER, 3
—
1892
Droits de reproduction et de traduction réservés

THÉATRE COMPLET

DE

EUGÈNE LABICHE

IV

ÉMILE COLIN. — IMPRIMERIE DE LAGNY

MOI

COMÉDIE

EN TROIS ACTES, EN PROSE

Représentée pour la première fois, à Paris, sur le THÉATRE-FRANÇAIS, par les comédiens ordinaires de l'Empereur, le 21 mars 1864.

COLLABORATEUR : M. E. MARTIN

PERSONNAGES

	ACTEURS qui ont créé les rôles
DUTRÉCY.	MM. REGNIER.
DE LA PORCHERAIE.	GOT.
FOURCINIER.	TALBOT.
ARMAND BERNIER.	LAFONTAINE.
AUBIN.	COQUELIN.
GEORGES FROMENTAL.	WORMS.
FROMENTAL.	BARRÉ.
CYPRIEN.	SEVESTE.
GERMAIN.	TRONCHET.
THÉRÈSE.	Mlles ÉMILIE DUBOIS.
MADAME DE VERRIÈRES.	ÉDILE RIQUER.

La scène est à Paris, de nos jours. Premier et troisième acte, chez Dutrécy ; deuxième acte, chez Fromental.

MOI

ACTE PREMIER.

Chez Dutrécy.

SCÈNE PREMIÈRE.

AUBIN, GERMAIN,
CYPRIEN, puis GEORGES FROMENTAL.

CYPRIEN, à Germain.

Le calorifère est allumé?

GERMAIN.

Oui, depuis ce matin.

CYPRIEN.

Bon... Voyons le thermomètre... Seize degrés; c'est le compte.

GEORGES, paraissant au fond.

M. Dutrécy.

CYPRIEN.

C'est ici... mais monsieur n'est pas visible...

GEORGES.

Et M. Armand Bernier, son neveu?

GERMAIN, étonné.

Son neveu!

CYPRIEN.

Nous ne connaissons pas ça.

GERMAIN.

Monsieur n'a qu'une nièce : mademoiselle Thérèse, qui est en pension...

GEORGES.

Oui... je sais. (A part.) Armand n'est pas encore arrivé. (Haut.) A quelle heure M. Dutrécy reçoit-il?

CYPRIEN.

Mais... vers midi.

GEORGES.

Très-bien... (A part.) Mon père et ma sœur auront le temps de le voir... et aujourd'hui mon sort sera fixé.

CYPRIEN.

Si monsieur veut laisser son nom?

GEORGES.

C'est inutile... je reviendrai.

Il sort.

GERMAIN.

Quel est ce monsieur?

CYPRIEN.

Je le vois pour la première fois. (Regardant à sa montre.) Attention! monsieur ne va pas tarder à sonner.

AUBIN, indiquant la droite.

Mais qu'est-ce qu'il fait par là, monsieur?

CYPRIEN.

Il fait de l'hydrothérapie.

AUBIN.

Comment dites-vous ça? De l'hydro...

CYPRIEN.

C'est juste! Un homme arrivé depuis hier du fond de la Bretagne...

GERMAIN.

Et avec quels cheveux!

CYPRIEN, à Aubin, avec importance.

Mon ami, on appelle hydrothérapie un réservoir en zinc... sous lequel monsieur se place naturellement; quand il se trouve suffisamment arrosé, monsieur donne un premier coup de sonnette... ce sera pour toi.

AUBIN.

Pour moi?

CYPRIEN.

Tu entreras et tu le frotteras avec un linge épais et dur comme une râpe, jusqu'à ce qu'il devienne tout rouge...

GERMAIN.

C'est pour amener la réaction...

CYPRIEN.

Ensuite, monsieur donne un second coup de sonnette... c'est le tour de Germain.

GERMAIN, montrant un plateau posé sur la table.

J'entre avec ceci... un verre de madère et deux biscuits... ça complète la réaction.

AUBIN.

C'est bien arrangé, tout ça...

CYPRIEN.

Ah! c'est que M. Dutrécy entend la vie!... Il sait se faire soigner celui-là!

AUBIN.

Il est peut-être d'une mauvaise santé?

CYPRIEN.

Lui? Il est frais! il est rose!... mais aussi, quand un de ses cheveux se dérange, il appelle trois médecins en consultation.

On entend sonner à droite.

GERMAIN.

Premier coup!

CYPRIEN.

C'est pour toi, Aubin!... va, vite! et ne ménage pas tes bras...

AUBIN.

Ne craignez rien... j'ai servi les chevaux pendant cinq ans... je vais m'appliquer.

Il entre à droite.

GERMAIN.

Quelle idée a eue monsieur de prendre ce pataud?

CYPRIEN.

Un paysan... c'est robuste, ça frotte plus longtemps. (On sonne à droite.) Deuxième coup!

GERMAIN, *prenant le plateau sur la table.*

C'est pour le madère!

Il entre vivement à droite.

SCÈNE II.

CYPRIEN, DE LA PORCHERAIE.

DE LA PORCHERAIE, à la cantonade.

C'est bien... ne m'annoncez pas!

Il paraît.

CYPRIEN.

M. de la Porcheraie.

DE LA PORCHERAIE.

Bonjour, Cyprien... Où est Dutrécy?...

CYPRIEN.

Monsieur est sous sa cascade.

DE LA PORCHERAIE.

Neuf heures et demie... C'est juste!

CYPRIEN.

Si monsieur veut que je l'annonce?

DE LA PORCHERAIE.

C'est inutile... je vais l'attendre... Ah! vous n'auriez pas ici un plan du nouveau Paris?

CYPRIEN.

Il y en a un tout ouvert sur le bureau de monsieur.

DE LA PORCHERAIE, étonné.

Ouvert?

CYPRIEN.

Monsieur l'a consulté plus d'une heure hier soir en rentrant.

DE LA PORCHERAIE, à part.

Tiens!... Est-ce qu'il aurait la même idée que moi? Ce serait drôle. (Haut.) Allons, conduis-moi.

CYPRIEN.

Par ici, monsieur.

Tous deux entrent à gauche.

SCÈNE III.

AUBIN, puis DUTRÉCY, puis CYPRIEN.

AUBIN, entrant.

Eh bien, il doit être content! je l'ai frotté... Il me disait toujours : « Plus fort! plus fort! » J'avais peur de faire du dégât!

DUTRÉCY, entrant, le visage épanoui.

Ah! je me sens bien, je me sens léger... les muscles sont souples, la peau fait ses fonctions. (Apercevant Aubin.) Ah! te voilà... approche, mon garçon!

AUBIN, approchant.

Monsieur...

DUTRÉCY.

Mon ami, je suis content de toi... Tu ne frottes pas mal... Tu n'as pas encore les mouvements très-réguliers... mais ça viendra! Dis-moi... étais-je bien rouge.. dans le dos?

AUBIN, pudiquement.

Ah! monsieur... je n'ai pas regardé...

DUTRÉCY.

Une autre fois, tu me feras le plaisir de regarder... c'est

ACTE PREMIER.

très-important... tout est là!... Eh bien, commences-tu à t'habituer un peu à Paris?

AUBIN.

Dame, je ne suis encore sorti qu'une fois pour aller vous chercher une voiture... (Fouillant à sa poche.) Alors, j'ai cinq sous à vous remettre...

DUTRÉCY.

Comment, cinq sous?

AUBIN.

C'est le cocher.... quand je l'ai pris sous sa remise, il m'a dit : « Voilà vos cinq sous. »

DUTRÉCY.

Et tu me les rends?

AUBIN.

Naturellement.

DUTRÉCY, à part.

C'est splendide! oh! la Bretagne! (Haut.) Mon ami... c'est très-bien, ce que tu fais là... garde-les!... pour te faire couper les cheveux...

AUBIN.

Si ça ne fait rien à monsieur, je me les couperai moi-même...

DUTRÉCY.

Comme tu voudras... (A part.) Il a de l'ordre, de la probité. Tiens, une idée! (Haut.) Aubin!

AUBIN.

Monsieur?

DUTRÉCY.

Je vais te donner une grande preuve de ma confiance... J'ai la coquetterie de ma cave; jusqu'à présent, j'y suis toujours allé moi-même... C'est très-imprudent, parce qu'on rentre, on a chaud, on change subitement de température... et paf! une fluxion de poitrine... dont on peut mourir!... Mon ami, tu iras à ma place.

AUBIN.

Si ça fait plaisir à monsieur...

DUTRÉCY, à part.

Superbe! un autre aurait poussé un cri de joie... Oh! la Bretagne! (Haut.) Ah! une recommandation pour le vin!... j'ai presque toujours quelque ami à déjeuner ou à dîner, le docteur me le recommande... on se presse moins et l'estomac y trouve son compte... Or, j'ai deux espèces de vin, écoute-moi bien : l'un porte un cachet rouge, c'est un *cos. Destourmel*, 1846, un vin bienfaisant... je le garde pour moi... l'autre, cachet vert, est un mâcon généreux... mais qui me réussit moins... Tu verseras du cachet vert à mes amis... quant au cachet rouge, tu n'en donneras qu'à moi... à moi seul... sans que cela paraisse, bien entendu.

AUBIN.

Oui, monsieur.

DUTRÉCY.

Ce n'est pas pour la valeur... mais il ne m'en reste plus que soixante-deux bouteilles... Ainsi, c'est bien entendu...

AUBIN.

Oui, monsieur : le bon pour vous et le mauvais pour vos amis.

DUTRÉCY.

Il n'est pas mauvais!... du 58... s'il était mauvais, je ne l'offrirais pas... il est un peu plus vert... c'est un vin d'invités...

Cyprien venant de gauche et parlant à la cantonade.

CYPRIEN.

Oui, monsieur... je vais le prévenir!...

DUTRÉCY.

Cyprien... A qui parlez-vous donc?

CYPRIEN.

A M. de la Porcheraie, qui est dans votre cabinet...

DUTRÉCY.

Tiens! il est là, ce cher ami!... pourquoi ne l'avez-vous pas fait entrer?

CYPRIEN.

Il m'a demandé si monsieur avait un plan du nouveau Paris...

DUTRÉCY, étonné.

Un plan?

CYPRIEN.

Voici M. de la Porcheraie.

DE LA PORCHERAIE.

Bonjour, cher ami.

DUTRÉCY.

Bonjour!... (A part.) Est-ce qu'il aurait la même idée que moi?... ce ne serait pas drôle... (A Aubin et à Cyprien.) C'est bien... laissez-nous.

Aubin et Cyprien sortent par la droite.

SCÈNE IV.

DUTRÉCY, DE LA PORCHERAIE, puis AUBIN.

DE LA PORCHERAIE, s'asseyant.

Asseyez-vous donc.

DUTRÉCY.

Mais que faisiez-vous donc si matin dans ma bibliothèque?

DE LA PORCHERAIE.

Je prenais un renseignement... Hier, à l'Opéra, j'étais avec vous dans votre loge, pendant le ballet...

DUTRÉCY.

Oui.

DE LA PORCHERAIE.

Vous regardiez se développer les danseuses, vous... moi, j'écoutais...

DUTRÉCY, inquiet.

Ah! la musique?

DE LA PORCHERAIE.

Un monsieur placé dans la loge voisine et qui me semblait avoir toute sorte de raisons pour être bien informé... Ce monsieur disait qu'on allait percer une nouvelle rue...

DUTRÉCY, vivement.

A Passy... dans le jardin du docteur Fourcinier?...

DE LA PORCHERAIE.

Tiens! vous écoutiez aussi? ce jardin a trois arpents...

DUTRÉCY.

Au moins!

DE LA PORCHERAIE.

Et si on pouvait acheter la maison avant que la nouvelle fût ébruitée... il y a là cent mille écus à gagner... Je songe à emmancher cette petite opération...

DUTRÉCY, vivement.

Ah! permettez, j'y songe aussi.

ACTE PREMIER.

DE LA PORCHERAIE.

Comment! vous iriez sur mes brisées?...

DUTRÉCY.

Pardon! c'est vous, au contraire... D'abord l'affaire m'appartient.

DE LA PORCHERAIE.

Pourquoi?

DUTRÉCY.

C'est dans ma loge que vous avez appris la nouvelle.

DE LA PORCHERAIE.

Allons donc! Il est tombé un mot dans mon oreille, et mon oreille ne fait pas partie de votre loge.

DUTRÉCY.

C'est tout au moins une question de convenance...

DE LA PORCHERAIE.

Oh! pas de phrases!... nous parlons affaires...

DUTRÉCY.

Cependant... voyons... écoutez-moi... vous ne pouvez pas agir ainsi... vous! un ami de dix ans... auquel je serre la main tous les jours!...

DE LA PORCHERAIE.

Eh bien, est-ce que je ne vous la serre pas aussi la main. Une poignée de main... qu'est-ce que cela prouve?

DUTRÉCY.

Comment?

DE LA PORCHERAIE.

Que nous nous connaissons... un peu. Nous vivons de la même vie, nous sommes du même cercle, vous aimez ce qui est bon... j'aime ce qui est exquis. Nous avons les mêmes goûts... et probablement les mêmes vices...

DUTRÉCY.

Bien obligé!

DE LA PORCHERAIE.

Vous êtes riche, j'ai quarante mille livres de rente... Nous sommes certains que nous ne nous emprunterons jamais d'argent... donc, poignée de main!

DUTRÉCY.

A la bonne heure!

DE LA PORCHERAIE.

Mais, si vous partez de là pour croire que je vais sacrifier une magnifique affaire sur l'autel de l'amitié... non, je ne suis plus votre homme... je retire ma main!

DUTRÉCY, à part.

Il a raison, au fond! (Haut.) Allons, mon cher, n'en parlons plus... suivez l'affaire... portez-vous acquéreur...

DE LA PORCHERAIE.

Vous renoncez?

DUTRÉCY.

Ah! je ne dis pas cela!

DE LA PORCHERAIE.

Comment?

DUTRÉCY.

Je me réserve le droit de vous faire concurrence... de surenchérir...

DE LA PORCHERAIE.

Eh bien, à la bonne heure! voilà parler raison! C'est sensé, ce que vous me dites là... Voyons... causons...

DUTRÉCY, s'asseyant.

Asseyez-vous donc.

DE LA PORCHERAIE.

Non, merci.

DUTRÉCY.

A votre aise.

DE LA PORCHERAIE.

Voyons... voulez-vous faire l'affaire ensemble?

DUTRÉCY.

Franchement, j'aimerais mieux la faire tout seul.

DE LA PORCHERAIE.

Parbleu! moi aussi!... Mais puisqu'il n'y a pas moyen...

DUTRÉCY.

C'est juste... allons! j'accepte! touchez là!...

DE LA PORCHERAIE.

Notre amitié se trouve d'accord avec notre intérêt... donc...

Ils se serrent la main.

DUTRÉCY.

Donc, poignée de main!

DE LA PORCHERAIE.

Poignée de main.

DUTRÉCY.

C'est étonnant comme nous nous entendons.

DE LA PORCHERAIE.

Nous sommes deux esprits justes... La première fois que je vous ai vu, je vous ai tout de suite apprécié... Nous étions dans un coupé de diligence...

DUTRÉCY.

Route de Toulouse... Il y avait encore des diligences dans ce temps-là...

DE LA PORCHERAIE.

Nous étions seuls... nous occupions chacun un coin.

DUTRÉCY.

Et votre sac de nuit était au milieu... ce qui me gênait passablement...

DE LA PORCHERAIE.

J'aime à étendre mes jambes... je suis comme vous... A un des relais, une dame monte... assez jolie pour le pays... vous ne bougez pas, vous fermez les yeux et vous gardez votre coin.

DUTRÉCY.

Vous aussi!

DE LA PORCHERAIE.

Moi? parbleu! Alors, je me suis dit : « Voilà un homme fort! voilà un homme qui est dans le vrai! » Et j'ai conçu pour vous une certaine estime.

DUTRÉCY.

Mon cher ami, vous vous trompez... je sais ce qu'on doit aux dames... mais j'étais souffrant... je dormais.

DE LA PORCHERAIE.

Allons donc! moi, j'ai le courage de mon opinion; si je n'ai pas cédé ma place à cette dame, c'est que j'étais très-bien dans mon coin et que j'aurais été très-mal au milieu!

DUTRÉCY.

Tenez, taisez-vous! vous n'êtes qu'un égoïste!

DE LA PORCHERAIE.

Je crois que nous sommes un peu de la même famille...

DUTRÉCY.

Par exemple!... Je puis avoir des défauts... mais pas celui-là... je le trouve horrible!

DE LA PORCHERAIE.

Savez-vous la différence qu'il y a entre nous?... Vous, vous êtes un égoïste timide... un égoïste peint en rose... Moi, j'ai économisé les frais de peinture, j'ai conservé ma couleur naturelle.

DUTRÉCY, à part.

Il est atroce! (Haut.) Vous déjeunez avec moi?...

DE LA PORCHERAIE.

Impossible! j'ai accepté une autre invitation.

DUTRÉCY.

Eh bien, vous la manquerez... je vous en prie...

DE LA PORCHERAIE.

Voyons... franchement... qu'est-ce que vous avez pour déjeuner?

DUTRÉCY.

Gourmand!... un perdreau truffé!... bien rebondi!

DE LA PORCHERAIE.

Là-bas, il y a un salmis de bécasse... Après?...

DUTRÉCY.

Des asperges en branche... le 20 février!

DE LA PORCHERAIE.

Là-bas, des petits pois nouveaux... Je suis bien embarrassé.

DUTRÉCY.

Enfin, hier, en passant devant Chevet, j'ai aperçu un petit melon...

DE LA PORCHERAIE.

Tiens! je n'en ai pas encore mangé de l'année... Je déjeune avec vous!

DUTRÉCY.

Alors, ce n'est pas pour moi... c'est pour le melon.

DE LA PORCHERAIE.

Soyons francs... vous m'invitez, parce que ça vous ennuie de déjeuner seul...

DUTRÉCY, s'oubliant.

Oui... (Se reprenant.) c'est-à-dire non...

DE LA PORCHERAIE.

Moi, j'accepte... parce que votre déjeuner est le meilleur...

DUTRÉCY.

Il est gentil ! (Il sonne, Aubin paraît.) Mettez un couvert de plus et dites qu'on serve à l'heure.

DE LA PORCHERAIE, lorgnant Aubin.

Où diable avez-vous été décrocher ce valet de chambre?

DUTRÉCY.

Il est bien, n'est-ce pas? C'est un Breton... un garçon honnête... dévoué... ça tient à la race.

DE LA PORCHERAIE.

Je m'en suis offert un autrefois... un cœur d'or!... malheureusement, il mettait mes bottes... c'est ennuyeux d'avoir un Breton dans ses bottes...

AUBIN, à Dutrécy.

Monsieur... j'ai dans ma poche une lettre pour vous...

DUTRÉCY.

Eh bien, donne-la!

AUBIN, la tirant de sa poche

La voilà !

DUTRÉCY.

C'est bien... le déjeuner à l'heure... (Aubin sort. — Ouvrant la lettre.) Ah! c'est d'Armand...

DE LA PORCHERAIE.

Votre neveu...

DUTRÉCY.

Un enfant que j'ai élevé... car j'élève des enfants, moi... pour un égoïste... ce n'est pas mal. Tiens, il est au Brésil.

DE LA PORCHERAIE.

Vous ne le saviez pas?...

DUTRÉCY.

Ma foi, non!... les marins, on ne sait jamais où ils sont. (Lisant.) « Mon cher oncle, je vous écris sur le lit d'un de mes amis atteint de la fièvre jaune... » (Cessant de lire et éloignant la lettre.) Mon ami, je ne sais pas ce qu'il y a dans mon lorgnon... faites-moi donc le plaisir de continuer.

Il lui offre la lettre.

DE LA PORCHERAIE, la prenant.

Il n'y a rien à craindre... on les passe dans du vinaigre... (Lisant.) « Atteint de la fièvre jaune... Je suis seul à le soigner, c'est vous dire que j'irai jusqu'au bout. »

DUTRÉCY.

L'imprudent!

DE LA PORCHERAIE.

L'imbécile (Lisant.)! « Je ne sais quel sort m'attend... Si je ne vous revois pas... recevez mes remercîments pour les soins que vous avez pris de mon enfance et pour l'amitié que vous m'avez toujours témoignée. »

DUTRÉCY.

Ah! oui, pauvre garçon!

DE LA PORCHERAIE, lisant.

« Dites à ma petite cousine Thérèse que mon dernier souvenir sera pour elle. »

DUTRÉCY.

La date? la date de cette lettre?

DE LA PORCHERAIE.

« A bord du navire brésilien *la Fiorina*, 25 septembre. »

DUTRÉCY.

Cinq mois!...

DE LA PORCHERAIE, lui rendant la lettre.

Dans du vinaigre!

DUTRÉCY.

Et pas de nouvelles depuis! C'est fini, je ne le reverrai plus!...

DE LA PORCHERAIE.

Oh! qui sait?

DUTRÉCY.

Je vous dis que je ne le reverrai plus! c'est affreux!

DE LA PORCHERAIE, à part.

Il va se croire obligé de pleurer... je regrette de ne pas avoir choisi l'autre déjeuner...

DUTRÉCY.

Un enfant dont je me suis toujours occupé... un enfant qui... Il devait me rapporter des cigares de la Havane!...

DE LA PORCHERAIE.

Oh! la régie en vend d'excellents!...

DUTRÉCY.

Cela me fait une peine...

DE LA PORCHERAIE, prenant son chapeau.

Allons! vous êtes dans le chagrin... décidément je ne déjeunerai pas avec vous.

DUTRÉCY.

Comment! vous me quittez?

DE LA PORCHERAIE

Je reviendrai tantôt... les grandes douleurs demandent à rester seules!... Adieu!...

SCÈNE V.

Les Mêmes, CYPRIEN, puis FOURCINIER.

CYPRIEN.

Monsieur... le docteur Fourcinier est au salon.

DE LA PORCHERAIE.

Fourcinier!

DUTRÉCY, vivement.

Le jardin! faites entrer. (Cyprien sort.) Ne vous en allez pas!...

DE LA PORCHERAIE.

Non... il vaut mieux que vous restiez seul avec le docteur... vous lui parlerez négligemment de son jardin, cela le distraira... puis on a confiance dans un homme sensible... Vous lui démontrerez que c'est un mauvais bien...

DUTRÉCY.

Oui... des impôts et pas de revenu!

DE LA PORCHERAIE.

Pour le reste, fiez-vous à moi... Silence! le voici!...

FOURCINIER, paraît.

Messieurs!

DUTRÉCY.

Eh! c'est le docteur!

DE LA PORCHERAIE.

Bonjour, docteur!

DUTRÉCY.

Quel bon vent vous amène?

FOURCINIER.

C'est aujourd'hui mercredi... Est-ce que je ne viens pas tous les mercredis constater l'état de votre santé?

DUTRÉCY.

C'est juste. Je ne pensais pas au mercredi.

FOURCINIER.

Comment allons-nous?

DUTRÉCY.

Pas trop mal.

DE LA PORCHERAIE.

Vous êtes en consultation... je vous laisse... Ah! docteur, j'aurai aussi à vous consulter, l'estomac ne va pas.

FOURCINIER.

Pléthore... causée par une alimentation trop substantielle...

DE LA PORCHERAIE.

Quel coup d'œil! Je vous attendrai aujourd'hui chez moi?

FOURCINIER.

A quatre heures?

ACTE PREMIER.

DE LA PORCHERAIE.

A quatre heures! (Bas, à Dutrécy,) Si vous jouez bien, la partie est à nous.

DUTRÉCY, bas.

Soyez tranquille!

DE LA PORCHERAIE, sortant.

A quatre heures.

SCÈNE VI.

DUTRÉCY, FOURCINIER, puis AUBIN.

FOURCINIER.

Voyons... le pouls est bon... la main est fraîche... l'œil est vif... Vous n'avez rien à me dire... à mercredi!

DUTRÉCY.

Attendez donc! cela ne peut pas compter pour une visite!... (A part.) Et le jardin!

FOURCINIER.

A propos, avez-vous reçu celle de Fromental et de madame de Verrières?

DUTRÉCY.

Non... Fromental... un barbiste!... Nous nous sommes rencontrés deux ou trois fois depuis notre sortie du collège... mais nous ne nous voyons pas... Que peut-il me vouloir?

FOURCINIER.

Il vous le dira lui-même... Aujourd'hui, je suis pressé. (Voyant entrer Aubin avec un plateau servi.) Tenez, voici votre déjeuner... Je vous laisse.

DUTRÉCY.

Voyons, docteur... sans façon, déjeunez avec moi.

FOURCINIER.

Oh! non! moi, je ne déjeune pas... une tasse de thé en courant...

DUTRÉCY, découvrant un plat.

Docteur, tenez, regardez-moi ça...

FOURCINIER.

C'est un perdreau.

DUTRÉCY.

Truffé!...

FOURCINIER, hésitant.

C'est que... on m'attend... (Regardant à sa montre.) Voyons... je ne puis vous donner que cinq minutes...

DUTRÉCY, à part.

Ça me suffit... je le tiens! (Haut.) Asseyons-nous!

Ils prennent place à table.

FOURCINIER.

Et mettons les bouchées doubles.

DUTRÉCY.

Docteur... voici le printemps... tout le monde me conseille la campagne... Qu'est-ce que vous en pensez?

FOURCINIER, mangeant très-vite,

Bonne chose! très-bonne chose!

DUTRÉCY.

On m'a parlé d'Auteuil... ou de Passy...

FOURCINIER.

Choisissez Passy... c'est mieux exposé.

ACTE PREMIER.

DUTRÉCY, à part.

Naturellement. (Haut.) Est-ce que c'est un joli endroit?

FOURCINIER.

Oh! charmant! charmant! Ça gagne tous les jours... les terrains y prennent une valeur... (A Aubin.) Donnez-moi à boire.

AUBIN, bas, à Dutrécy.

Monsieur... je ne me souviens plus... Est-ce le cachet vert qui est pour lui?

DUTRÉCY, bas.

Oui, le vert!

Aubin, qui tient deux bouteilles, met la bouteille au cachet rouge sous son bras et verse du cachet vert au docteur.

FOURCINIER.

Merci... (Il boit et fait une légère grimace. Il aperçoit Aubin qui met le cachet vert sous son bras et verse du cachet rouge à Dutrécy. — A part.) Tiens! chacun sa bouteille!

DUTRÉCY, à part, après avoir bu.

C'est étonnant comme ce vin-là me réussit! (Haut.) Docteur, vous ne buvez pas... (A Aubin.) Verse donc!

Aubin reprend le cachet vert qui est sous son bras et se dispose à en verser à Fourcinier.

FOURCINIER, l'arrêtant.

Non! pas celle-là... (Indiquant le cachet rouge.) l'autre!

AUBIN, à Dutrécy.

Monsieur, faut-il?

DUTRÉCY.

Certainement... (A Fourcinier.) Mais vous n'aimerez pas ça.

FOURCINIER.

Donnez toujours.

DUTRÉCY.

C'est le vin que vous m'avez dit de prendre avec une infusion de quinquina...

FOURCINIER, déguste lentement le vin de la bouteille au cachet rouge et dit à Aubin.

Mon ami, à l'avenir, tu me serviras toujours du vin de quinquina.

DUTRÉCY.

Ah!

FOURCINIER.

Bien préparé.

DUTRÉCY.

Alors, vous me conseillez de choisir Passy?...

FOURCINIER.

Certainement!... c'est un bosquet... une corbeille de fleurs...

DUTRÉCY.

J'hésitais, parce que... il est fortement question d'y établir un abattoir central...

FOURCINIER, cessant de manger.

Comment! un abattoir?

DUTRÉCY.

C'est une société sérieuse... on m'a offert de prendre des actions...

FOURCINIER.

Mais où ça? dans quel quartier?

DUTRÉCY, ayant l'air de chercher.

Attendez donc... rue... rue des Dames, je crois...

FOURCINIER.

Juste!... c'est là qu'est mon terrain!

DUTRÉCY.

Vous avez un terrain par là?

FOURCINIER.

Trois arpents...

DUTRÉCY.

L'abattoir occupera le n° 9.

FOURCINIER.

Moi, j'ai le 10...

DUTRÉCY.

Alors, c'est en face... ça ne vous fera aucun tort.

FOURCINIER.

Aucun! aucun!

DUTRÉCY.

Seulement, c'est ennuyeux d'entendre tuer les bœufs... pour les dames!... et puis l'été... il y a des miasmes!...

FOURCINIER, vivement.

Ce n'est pas malsain!

Il se lève.

DUTRÉCY.

Vous ne prenez pas d'asperges!

FOURCINIER.

Merci... j'ai fini. (A part.) Un abattoir!

DUTRÉCY, à part.

Il est touché!

FOURCINIER, prenant son chapeau.

Excusez-moi! j'avais oublié... je n'ai vraiment pas le temps.

DUTRÉCY.

Oui... vos malades.. c'est sacré.

FOURCINIER.

Précisément... (A part.) je cours à la Ville... j'ai un client dans les bureaux.

CYPRIEN, paraissant.

Madame de Verrières et M. Fromental demandent si monsieur veut bien les recevoir?

DUTRÉCY, vivement

Attendez! je ne sais pas si j'y suis...

FOURCINIER.

Comment?

DUTRÉCY.

Des solliciteurs!... vous ne le devinez pas!...

FOURCINIER.

Fromental!

DUTRÉCY.

Voyez-vous, il y a une calamité dans ma famille... c'est un arrière-petit-cousin qu'on a eu la mauvaise pensée de nommer secrétaire général... alors, on se figure que je vais caser tous les barbistes!...

FOURCINIER.

Mais vous n'y êtes pas... la demande de Fromental ne vous coûtera ni un pas ni une démarche...

DUTRÉCY.

Ah! vous en êtes bien sûr?

FOURCINIER.

Très-sûr!

DUTRÉCY.

Mais, dans un pareil costume, je ne sais si je puis recevoir.

ACTE PREMIER.

FOURCINIER.

Rassurez-vous, on est prévenu... je vous ai fait malade...

DUTRÉCY.

Merci... Priez d'entrer...

FOURCINIER.

Je ne veux pas les rencontrer... cela me retarderait... (Indiquant une porte sur le côté.) Je passe par là.

DUTRÉCY.

Attendez donc! dites-moi au moins ce qu'ils me veulent.

FOURCINIER.

Puisque vous voulez le savoir, il s'agit d'un mariage.

DUTRÉCY.

Pour moi?

FOURCINIER.

Pour votre nièce.

DUTRÉCY.

Quelle nièce?

FOURCINIER.

Parbleu! vous n'en avez qu'une... Thérèse... qui est en pension.

DUTRÉCY.

Ah! c'est juste! chère enfant!...

FOURCINIER.

Il l'avait oubliée! quel homme!...

Il sort par le côté.

SCÈNE VII.

DUTRÉCY, AUBIN,
puis FROMENTAL, et MADAME DE VERRIÈRES,
puis DE LA PORCHERAIE.

DUTRÉCY, seul.

Un mariage! Voilà les ennuis de la famille qui vont commencer... Mon déjeuner interrompu... cela me coupe l'appétit... Range ça... Les entrevues!... les présentations... D'abord, si ça se fait, je veux que ça se fasse tout de suite.

Fromental et madame de Verrières paraissent au fond, introduits par Cyprien, qui sort.

FROMENTAL.

Mon cher condisciple... depuis longtemps j'avais hâte de venir vous serrer la main.

DUTRÉCY.

Ce cher Fromental!

Ils se serrent la main

FROMENTAL.

Permettez-moi de vous présenter ma fille... veuve du colonel de Verrières.

DUTRÉCY, saluant.

Madame, le docteur m'a dit que vous étiez prévenue... tenue de malade... Veuillez prendre la peine de vous asseoir...

Aubin offre des siéges et sort.

FROMENTAL.

Mon cher condisciple, nous ne nous voyons pas assez souvent...

DUTRÉCY.

C'est vrai; nous nous rencontrons tous les dix ou quinze ans.

FROMENTAL.

C'est un peu votre faute... vous ne venez jamais à notre banquet de Sainte-Barbe...

DUTRÉCY.

Oh! vous savez... ces banquets-là...

FROMENTAL.

Sont pleins de cordialité... on y lit des vers.

MADAME DE VERRIÈRES.

Mon père...

FROMENTAL.

C'est juste... j'arrive au but de notre visite... Mon cher condisciple... j'ai un fils... barbiste! comme nous!... Georges... c'est son nom, est arrivé hier d'Amérique... Il avait entrepris ce voyage pour visiter les correspondants de notre maison de banque... et je puis dire qu'il a réussi au delà de nos espérances... Il est fort intelligent en affaires...

MADAME DE VERRIÈRES.

Et ce qui vaut mieux, c'est un garçon de cœur... de relations sûres et honnêtes...

FROMENTAL.

Bref, avant son départ, il avait distingué mademoiselle Thérèse, votre nièce.

DUTRÉCY.

Vraiment?... mais où a-t-il pu la voir?... elle ne quitte jamais sa pension!...

MADAME DE VERRIÈRES.

Chez une de nos amies communes, madame de Puysole, que vous aviez autorisée à faire sortir Thérèse les jours de fête.

DUTRÉCY.

En effet... moi, je ne pouvais pas m'en charger... un garçon...

FROMENTAL.

Nous venons vous demander... franchement... si vous n'avez pas d'objections à élever contre une union que, mes enfants et moi, nous désirons depuis longtemps...

DUTRÉCY.

Mon Dieu!... vous me prenez un peu au dépourvu... J'aime beaucoup Thérèse... et je ne vous cache pas que l'idée de cette séparation... Cependant, si votre fils parvient à lui plaire...

MADAME DE VERRIÈRES.

Oh! je crois que nous n'aurons pas de résistance de ce côté-là.

FROMENTAL.

La position de Georges est belle... Il est intéressé pour un tiers dans mes opérations... De plus, je lui donne quatre cent mille francs.

DUTRÉCY.

Thérèse a de son côté...

FROMENTAL.

Trois cent vingt-huit mille francs... je le sais...

DUTRÉCY, étonné.

Comment?

FROMENTAL.

Nous avons le même notaire... Frémicourt... C'est un barbiste!...

DUTRÉCY.

Ah! très-bien!...

MADAME DE VERRIÈRES.

Mon frère, monsieur, désire vivement vous être présenté... Si vous voulez nous permettre de revenir...

DUTRÉCY.

Quand il vous plaira... l'entrevue peut avoir lieu aujourd'hui même...

FROMENTAL.

Aujourd'hui?...

MADAME DE VERRIÈRES.

Vers trois heures, cela vous convient-il?...

DUTRÉCY.

Très-bien!... (Se ravisant.) Ah! diable!... c'est que... il faut que j'aille chercher Thérèse à sa pension... et elle est loin... sa pension...

MADAME DE VERRIÈRES.

Ne vous inquiétez pas de cela... Madame de Puysole est autorisée à la faire sortir... Elle ira la prendre de votre part et vous l'amènera...

DUTRÉCY.

Parfait!... c'est parfait!... Alors, je pense que ce mariage pourra marcher très-vite.

MADAME DE VERRIÈRES.

Ce n'est pas mon frère qui apportera des retards.

DUTRÉCY.

Ni moi... parce que, quand une chose est décidée... et puis je ne peux pas garder une jeune fille chez moi... vous comprenez... un garçon!...

MADAME DE VERRIÈRES.

Il faut toujours bien compter quinze jours.

FROMENTAL.

Mettons un mois.

DUTRÉCY.

Pourquoi, un mois?...

FROMENTAL.

Le temps de faire les publications...

DUTRÉCY.

Ah! oui... les publications... Il faudra se promener dans les mairies...

MADAME DE VERRIÈRES, vivement.

Mon père se charge des démarches...

DUTRÉCY.

Parfait!... c'est parfait!...

FROMENTAL.

Nous aurons ensuite à nous occuper d'un appartement...

DUTRÉCY.

Oui... un appartement.

MADAME DE VERRIÈRES, vivement.

J'en connais un délicieux... à notre porte... rue de Provence...

FROMENTAL.

Il faudra le meubler...

MADAME DE VERRIÈRES.

J'ai un tapissier qui passe les nuits..

ACTE PREMIER.

FROMENTAL.

Enfin, nous aurons à acheter la corbeille, le trousseau...

MADAME DE VERRIÈRES.

Cela me regarde...

DUTRÉCY.

Parfait!... c'est parfait!... Au surplus, madame, si vous avez besoin de moi... je ne connais rien à tout cela... mais je me mets à votre disposition...

DE LA PORCHERAIE, entrant par le fond.

Ouf!... j'arrive de Passy!...

FROMENTAL.

Monsieur de la Porcheraie...

DE LA PORCHERAIE, saluant.

Monsieur... Madame... C'est une bonne fortune pour moi de vous rencontrer!... (Bas à Dutrécy.) Renvoyez-les... j'ai à vous parler de notre affaire...

DUTRÉCY, à Fromental.

Allons!... voilà qui est convenu... nous nous sommes distribué le travail..

FROMENTAL, saluant.

Mon cher condisciple... à trois heures!

DUTRÉCY.

A trois heures... Quant à ce qui me concerne... je serai prêt... (Saluant madame de Verrières.) Madame...

Il les accompagne jusqu'à la porte du fond. Fromental et madame de Verrières sortent.

SCÈNE VIII.

DUTRÉCY, DE LA PORCHERAIE,
puis ARMAND BERNIER.

DUTRÉCY, revenant, à de la Porcheraie.

Eh bien?...

DE LA PORCHERAIE.

J'ai vu le jardin... superbe!... Et Fourcinier?... que lui avez-vous dit?

DUTRÉCY.

Je l'ai anéanti... Je lui ai fait espérer la construction d'un abattoir en face de sa grille d'honneur...

DE LA PORCHERAIE.

Ah! voyez-vous ça?... Il faudra que nous passions un petit écrit pour régler nos conditions..

DUTRÉCY.

Je comptais vous le demander aussi.

DE LA PORCHERAIE, déroulant un papier.

Naturellement... je me suis fait accompagner d'un géomètre et nous avons levé le plan du jardin...

DUTRÉCY.

Déjà?...

DE LA PORCHERAIE.

Regardez-moi ça...

DUTRÉCY.

Voyons la façade... c'est important...

ACTE PREMIER.

DE LA PORCHERAIE.

Trois cent vingt-cinq mètres... Nous ouvrirons une rue au milieu et nous construirons des hôtels à droite et à gauche... Attendez!... j'ai un crayon... je vais les marquer...

Il va s'asseoir à une table.

AUBIN, entrant.

Monsieur,... c'est une voiture qui s'arrête à la porte...

DUTRÉCY.

Qu'est-ce que ça me fait?... je n'y suis pas!...

AUBIN, regardant par la fenêtre.

Avec des malles!...

DUTRÉCY.

Des malles!... je n'attends personne!...

ARMAND, paraissant au fond.

Pas même moi?...

DUTRÉCY.

Armand!... (S'arrêtant au moment de l'embrasser.) Tu es guéri, au moins?...

DE LA PORCHERAIE, à part.

Cri du cœur!...

ARMAND.

Je n'ai pas même été malade... (Ils s'embrassent.) La fièvre jaune n'a pas voulu de moi!... et l'ami que j'ai soigné a débarqué avec moi, il y a deux jours, à Saint-Nazaire...

DUTRÉCY.

Ah! tu ne peux te figurer l'inquiétude, le chagrin... Tu ne me rapportes pas de cigares?...

ARMAND.

Si, et de fameux!... Des cigares de planteur... J'en ai six caisses!...

DUTRÉCY, indiquant de la Porcheraie.

Chut!... plus bas...

ARMAND, bas.

Il n'a pas entendu. (Haut.) Monsieur de la Porcheraie...

DE LA PORCHERAIE.

Bonjour, Armand... (Ils se serrent la main.) Vous pouvez vous vanter de nous avoir fait peur!... (Regardant le plan.) Vous permettez?...

ARMAND.

Mon oncle, je vous demanderai l'hospitalité pour quelque temps?

DUTRÉCY

Tu as obtenu un congé?...

ARMAND

Non, j'ai donné ma démission..

DUTRÉCY.

Comment?...

ARMAND.

Vous savez que j'avais pris du service sur un navire brésilien... Un matin, comme je vous l'ai écrit, on constate à bord un cas de fièvre jaune... le capitaine tient conseil et décide que le passager malade sera déposé sur la première plage que l'on rencontrera...

DE LA PORCHERAIE.

Comme je comprends ce capitaine!...

ARMAND.

J'étais indigné... je protestai... mais vainement... A la

vue de ce malheureux qu'on descendait dans le canot, comme dans un cercueil... je ne pus me contenir... je rendis mes épaulettes et je le suivis!...

AUBIN, qui range la table au fond, à part.

Ah! c'est bien, ça!...

DUTRÉCY.

Comment! tu as fait cela, toi?...

DE LA PORCHERAIE, à Dutrécy.

Si c'est comme cela que vous élevez les enfants!...

DUTRÉCY.

Mais c'est absurde!... donner sa démission pour s'accrocher à un homme qui a la fièvre jaune!...

ARMAND.

Il fallait donc l'abandonner, seul, sans secours, dans un pays inconnu?... un compatriote?... car je ne vous l'ai pas dit : c'était un Français!...

DUTRÉCY.

Parbleu! c'est bien rare!... Tu en aurais retrouvé d'autres... Il n'en manque pas de Français!...

DE LA PORCHERAIE.

Armand, vous nous faites de la peine!...

ARMAND.

Moi?...

DE LA PORCHERAIE.

Mon ami, laissez-moi vous le dire, vous êtes sur une pente déplorable... la pente du sacrifice qui illustra don Quichotte...

ARMAND.

Vous en eussiez fait autant à ma place!...

DE LA PORCHERAIE

Oh! non!...

DUTRÉCY.

Je réponds de lui!...

DE LA PORCHERAIE.

Dans les circonstances suprêmes, je songe à moi!...

ARMAND.

Comment?...

DE LA PORCHERAIE.

A ce joli petit *moi*... qui est tout notre univers...

ARMAND.

Qu'est-ce que c'est que votre *moi*?...

DE LA PORCHERAIE.

Mais c'est un composé de tous les organes qui peuvent m'apporter une jouissance...

AUBIN, à part, écoutant.

Il s'exprime bien, l'ami de monsieur...

DE LA PORCHERAIE.

C'est ma bouche... quand elle savoure une truffe moelleuse, mes yeux lorsqu'ils se reposent sur une jolie femme...

AUBIN, à part, se passionnant.

Oh! oh!

DE LA PORCHERAIE.

Mon oreille... quand elle m'apporte l'écho d'une musique... digestive et peu savante...

ARMAND.

Eh bien!... et le cœur?...

DE LA PORCHERAIE.

Oh! le cœur n'est pas de la maison... c'est un invité...

un noble étranger qu'il est impossible de jeter à la porte, malheureusement... mais qu'il faut rigoureusement surveiller, sans quoi il nous ôte le pain de la bouche et jette, par toutes les fenêtres, notre argenterie aux passants.

ARMAND.

Mon oncle, vous ne dites rien?...

DUTRÉCY.

Moi?... je suis indigné!... Quand tu me parleras du cœur... je serai toujours avec toi... contre de la Porcheraie... Oui, le cœur est un noble organe... un présent du Ciel!... Nous devons le laisser régner...

DE LA PORCHERAIE.

Mais pas gouverner!...

DUTRÉCY.

C'est un roi constitutionnel... (A Armand.) Vois-tu, dans ce monde... il ne faut pas être égoïste!... mais il faut penser à soi, à sa fortune, à son bien-être... les autres n'y penseront pas pour toi, d'abord...

AUBIN, à part.

Il a raison, monsieur...

DUTRÉCY.

Retiens bien cette maxime d'un sage... toute la science de la vie est là: On n'a pas trop de soi pour penser à soi!...

AUBIN, à part.

Tiens!... il reste du cachet rouge!... Monsieur a raison: On n'a pas trop de soi pour penser à moi!

Il cache la bouteille sous son habit et disparaît.

ARMAND.

Alors, si je vous comprends bien, vous faites de l'homme, de l'individu, une espèce de fort blindé et cuirassé, sur la porte duquel vous écrivez Moi!... moi seul!... Eh bien, nous autres, marins, c'est d'un autre œil que nous voyons les choses... Vous dites : moi... Nous disons : nous... De tous nos organes — (je prends votre mot), celui que nous estimons le plus, c'est le cœur!... Et ce n'est pas un hôte que nous surveillons... mais un maître auquel nous sommes fiers d'obéir!... C'est ce maître qui nous enseigne la religion du dévouement, qui nous dit que Dieu ne nous a créés faibles que pour nous forcer à nous rapprocher, à nous aimer, à nous secourir!...

DUTRÉCY.

Oui... en mer, je ne dis pas!...

ARMAND.

Mais, mon oncle, les sauvages... les sauvages eux-mêmes, ont la conscience de cette solidarité humaine...

DUTRÉCY.

Les sauvages?...

ARMAND.

Oui... jugez-en ! C'est au milieu d'eux que nous avons été débarqués, mon cher malade et moi... Accueillis d'abord avec défiance, quand ils virent que l'un de nous souffrait, poussés par la sainte loi de la compassion, ils s'approchèrent, ils vinrent à nous, ils nous ouvrirent eurs cabanes!...

DE LA PORCHERAIE.

Mais c'est une page des Incas!...

ARMAND.

Lorsque plus tard, enfin, je voulus remercier le chef de cette petite tribu...

DE LA PORCHERAIE.

Le cacique!..

ARMAND.

Il me répondit : « L'homme se doit à l'homme; autrefois, nous vivions isolés et nous dormions sous le ciel. Un jour, l'un de nous voulut se bâtir une cabane... »

DE LA PORCHERAIE.

La chaumière indienne !...

ARMAND.

« Il abattit un chêne; quand le chêne fut à terre, il s'aperçut qu'il était trop faible pour le soulever; un autre homme passa, il l'appela et lui dit : « Aide-moi; porte mon arbre... je porterai le tien !... »

DE LA PORCHERAIE.

Et la Société immobilière fut fondée .. Capital social : un arbre !...

DUTRÉCY.

Vous direz ce que vous voudrez... je trouve cet apologue très-beau... et j'ajoute que tous les hommes sont frères !...

DE LA PORCHERAIE, à part.

Nous allons le voir conclure.

DUTRÉCY.

Chacun, ici-bas, doit porter l'arbre de son voisin... oui !...

DE LA PORCHERAIE.

Dites donc, je trouve cinq hôtels à gauche et quatre à droite...

DUTRÉCY

Pourquoi pas cinq de chaque côté ?...

DE LA PORCHERAIE.

Cela manquerait d'air... ce serait malsain !...

DUTRÉCY, étonné.

Malsain?... puisque c'est pour vendre!...

DE LA PORCHERAIE, à part.

Voilà!... il lâche son arbre!...

DUTRÉCY.

Oui, l'humanité est une grande forêt... dont chaque arbre... n'est-ce pas votre avis?...

DE LA PORCHERAIE.

Moi, je n'ai pas de forêt, je n'ai que du 3 pour 100!

DUTRÉCY.

La Porcheraie, respectez mes convictions!...

DE LA PORCHERAIE.

Je vais chercher une règle, un compas... (A Armand.) Sans rancune!... On vous pardonne parce que vous rapportez des cigares!...

DUTRÉCY, à part.

Il a entendu!...

ARMAND.

Moqueur implacable!...

DE LA PORCHERAIE.

Excusez-moi... mais elle est si drôle, votre petite histoire de sauvages... Et vous venez nous conter ça à Paris, à l'heure de la Bourse!... Tenez, vous êtes un libertin... vous avez le libertinage de la fraternité.

Il entre à droite.

ARMAND.

Et vous, monsieur de la Porcheraie, la sobriété du dévouement!...

SCÈNE IX.

ARMAND, DUTRÉCY.

DUTRÉCY.

Bien répondu !... je l'avais sur les lèvres !

ARMAND.

Maintenant, nous sommes seuls, donnez-moi des nouvelles de ma cousine ?

DUTRÉCY.

Thérèse ?... Elle va bien !

ARMAND.

Elle doit être bien grande, bien belle... depuis trois ans que je ne l'ai vue !... Elle avait seize ans quand je suis parti... c'était une enfant... mais quel charme déjà dans sa personne !... quelle gravité douce ! quelle mélancolie dans ses yeux !...

DUTRÉCY.

Elle n'est pas mal... Tu vas la voir !...

ARMAND.

Comment ?...

DUTRÉCY.

Aujourd'hui même... je la retire de pension !

ARMAND.

Vous la retirez... pour toujours ?...

DUTRÉCY.

Pour toujours !... je vais la marier...

ARMAND, ému.

Marier Thérèse ?... à qui ?...

DUTRÉCY.

A un jeune homme charmant... plein de cœur... qui arrive d'Amérique...

ARMAND, avec joie.

Ah! mon Dieu!... est-il possible!... ce jeune homme!...

DUTRÉCY.

Ce jeune homme pense à Thérèse depuis longtemps... et je crois que Thérèse, de son côté... Ah! tu ne t'attendais pas à cette nouvelle-là?...

ARMAND.

Je vous avoue... (A part.) Moi qui l'accusais d'indifférence... d'égoïsme!... cher oncle!... il pensait à mon bonheur!... c'est un rêve!...

DUTRÉCY.

Qu'as-tu donc?...

ARMAND.

Rien!... c'est la joie... j'aime tant Thérèse!...

DUTRÉCY.

Elle t'aime bien aussi, va...

SCÈNE X.

LES MÊMES, AUBIN.

AUBIN, entrant. — Il porte des malles et six caisses de cigares.

Voilà les bagages de monsieur... (A part.) Ouf!... c'est égal, la maison est lourde!...

ARMAND.

C'est bien!... Porte cela dans ma chambre...

ACTE PREMIER.

AUBIN.

C'est que... il vient d'en arriver d'autres...

DUTRÉCY.

Comment?...

AUBIN.

Oui... une demoiselle amenée par une dame... avec une grande caisse...

ARMAND.

C'est Thérèse!...

DUTRÉCY.

Ma nièce!...

ARMAND.

Quel bonheur!... Je cours la recevoir!...

AUBIN, à Armand.

Mais il y a aussi un jeune homme qui est déjà venu ce matin; il vous attend dans votre chambre..

ARMAND.

Un jeune homme?... Je ne peux pas le voir en ce moment... ma cousine arrive... Son nom?...

AUBIN.

M. Georges!...

Il sort.

ARMAND.

Georges?... c'est lui, mon oncle!...

DUTRÉCY.

Qui, lui?...

ARMAND.

L'ami que j'ai sauvé!

DUTRÉCY.

Eh bien... va le recevoir...

ARMAND.

Mais? ma cousine...

DUTRÉCY.

Tu as le temps de la voir, ta cousine, puisque je la garde ici...

ARMAND.

Vous avez raison... je cours embrasser Georges... et je reviens... Il semble qu'il arrive tout juste pour être témoin de mon bonheur!...

Il sort.

DUTRÉCY, à Aubin, qui rentre.

Toi, descends chercher les malles de ma nièce...

AUBIN.

Encore des malles?... (A part.) Quelle maison!... le matin, je frotte monsieur; à midi, je frotte le salon... et maintenant on me fait monter des malles... Je finirai par tomber malade... et dame!... comme dit très-bien monsieur... on n'a pas trop de soi...

DUTRÉCY.

Eh bien... tu ne m'entends pas?...

AUBIN.

Si, monsieur... (A part.) C'est trop!... ça ne peut pas durer comme ça!...

Il sort au moment où Thérèse paraît.

SCÈNE XI.

DUTRÉCY, THÉRÈSE, puis ARMAND

THÉRÈSE.

Bonjour, mon oncle!...

DUTRÉCY, l'embrassant.

Bonjour... bonjour... Seule?...

THÉRÈSE.

Madame de Puysole n'a pas voulu monter... Ah! si vous saviez, mon petit oncle, comme c'est bon de sortir de pension!...

DUTRÉCY, l'embrassant.

Oui... oui... je comprends!... (A part.) Soyons le meilleur des oncles... c'est pour quinze jours.

THÉRÈSE.

Je ne retournerai donc plus chez mademoiselle Pinta?...

DUTRÉCY.

Non!...

THÉRÈSE.

Quel bonheur!...

DUTRÉCY.

Pour te marier, il faut bien te faire voir...

THÉRÈSE.

Me marier?...

DUTRÉCY.

Madame de Verrières ne te l'a-t-elle pas dit?... un parti superbe... M. Georges Fromental... un barbiste...

THÉRÈSE

Ah!...

DUTRÉCY.

Tu le connais?...

THÉRÈSE, baissant les yeux.

Mais... un peu...

DUTRÉCY.

Te plaît-il?...

THÉRÈSE, hésitant.

Mais, mon oncle...

DUTRÉCY.

Ah! ma chère enfant, il faut nous dépêcher, nous n'avons pas de temps à perdre... Te plaît-il, oui ou non?... (Thérèse baisse les yeux sans répondre.) Très-bien!... fille qui se tait accepte... Tu vas rester quinze jours avec moi...

THÉRÈSE.

Quinze jours?...

DUTRÉCY.

Il paraît qu'on ne peut pas se marier en moins de temps...

THÉRÈSE.

Oh! que je vais être heureuse ici... Et vous, mon oncle, êtes-vous content de m'avoir près de vous?

DUTRÉCY.

Oui... oui... Mais, avant tout, il faut que je te mette au courant de mes petites habitudes!...

THÉRÈSE.

Il ne faut rien changer pour moi, mon oncle!...

DUTRÉCY.

C'est bien mon intention... Assieds-toi... voici ma vie : Je me lève à neuf heures... je prends ma douche... je déjeune à onze heures précises... on n'attend personne... tant pis pour ceux qui ne sont pas prêts!... Quand j'ai pris mon café, je m'étends dans ce fauteuil... et je fume mon cigare... Tu n'aimes peut-être pas l'odeur du cigare?...

ACTE PREMIER.

THÉRÈSE.

Oh! cela ne me fait rien, mon oncle!...

DUTRÉCY.

Très bien!... Quand je fume, je ne parle pas!... et je désire qu'on ne m'adresse pas la parole!... Tu pourras t'occuper... à ne pas faire de bruit... A quatre heures, je vais au Bois, à cheval... quand il pleut, je prends le coupé... Tu me tiendras compagnie... On dîne à six heures très-précises... Ah! une recommandation!... pas de piano!... ça m'énerve!...

THÉRÈSE, souriant.

Tout cela est facile, mon oncle!...

DUTRÉCY.

Voilà notre petit programme... Cela ne t'amusera peut-être pas beaucoup?...

THÉRÈSE.

Oh! je ne m'ennuie jamais!...

DUTRÉCY.

Tu es bien heureuse!... Après cela, je vais te donner une bonne nouvelle... Armand est arrivé...

THÉRÈSE.

Mon cousin?...

DUTRÉCY.

C'est un noble jeune homme... qui a perdu sa place... Ça va me faire deux personnes à loger... Il faudra que je le mette aussi au courant de mes habitudes...

Armand paraît.

THÉRÈSE.

Je l'entends!... (Bas, à Dutrécy.) Puis-je, mon oncle, lui faire part de mon mariage?...

DUTRÉCY.

Si tu veux!... (Apercevant les caisses de cigares.) Et mes cigares?... Il ne faut pas laisser traîner ça!... (Il les prend.) Si la Porcheraie passait par là!... (A Thérèse.) Je te laisse avec ton cousin... Tu as raison... fais-lui part de ton bonheur... Il t'aime tant!... ça lui fera plaisir...

Il entre à droite avec les boîtes de cigares.

SCÈNE XII.

ARMAND, THÉRÈSE, puis GEORGES, puis AUBIN MADAME DE VERRIÈRES et FROMENTAL, puis DUTRÉCY et DE LA PORCHERAIE.

ARMAND, ému.

Bonjour, Thérèse!... bonjour, ma cousine!...

THÉRÈSE.

Eh bien, monsieur, on ne m'embrasse pas?...

ARMAND.

Je n'ose pas... vous êtes si grande!...

THÉRÈSE.

Vous êtes si grande... vous! Veux-tu bien me tutoyer tout de suite!

ARMAND, l'embrassant.

Comme te voilà belle maintenant!

THÉRÈSE.

Tu trouves?... et cependant j'ai encore ma robe de pension ; mais, tu ne sais pas, je ne retourne plus chez mademoiselle Pinta... c'est fini!...

ARMAND.

Je le sais!

THÉRÈSE.

J'ai une autre nouvelle à t'apprendre... une grande, celle-là... On va me marier!

ARMAND.

Je le sais encore!

THÉRÈSE.

Ah! c'est ennuyeux... tu sais tout!... Mais je suis folle!... je ne te demande pas si tu as fait un bon voyage?...

ARMAND.

Excellent!... le retour surtout... Ce mariage ne t'effraye donc pas?...

THÉRÈSE.

Pas du tout! au contraire!...

ARMAND.

Que tu es bonne et que je suis heureux!...

THÉRÈSE.

Heureux?...

ARMAND.

Oui... bien heureux! Tous les bonheurs semblent m'arriver aujourd'hui... Je te revois... et mon meilleur ami... qui m'est rendu... car il est là... près de moi!..

THÉRÈSE.

Quel ami?

ARMAND.

Tu ne le connais pas.

GEORGES, entrant

Armand! tu m'oublies.

ARMAND.

Justement, je vais te le présenter tout de suite... Georges!... (Le présentant.) Ma cousine!...

THÉRÈSE

M. Fromental!...

ARMAND.

Vous vous connaissez?...

THÉRÈSE.

Mais certainement.

GEORGES.

Certainement.

ARMAND, riant.

Et moi qui comptais vous présenter l'un à l'autre... (Bas, à Georges.) Ah! mon ami! si tu savais... Je vais me marier!...

GEORGES, de même.

Tiens! moi aussi!...

ARMAND.

Vraiment?... Ah! quel bonheur!... tu seras mon témoin!... je serai le tien.

GEORGES.

Et tu es amoureux?...

ARMAND.

Comme un fou!

GEORGES

Moi aussi!...

ARMAND.

Et qui épouses-tu?...

AUBIN, paraissant avec des cartons et une grande caisse sur l'épaule, et annonçant avec mauvaise humeur.

M. Fromental! Madame de Verrières!...

Il disparaît.

ACTE PREMIER.

ARMAND, à Georges

Ton père!...

GEORGES.

Et ma sœur!... Tu vas tout savoir!...

MADAME DE VERRIÈRES, embrassant Thérèse.

Chère enfant!...

FROMENTAL, saluant.

Mademoiselle...

GEORGES.

Ma sœur... mon père... M. Armand Bernier .. le meilleur de mes amis!

FROMENTAL, saluant.

Monsieur est sans doute barbiste?

ARMAND.

Je n'ai pas cet honneur!...

De la Porcheraie entre par la gauche.

DE LA PORCHERAIE, un plan à la main, à part.

C'est arrangé... J'ai trouvé cinq hôtels à droite et cinq à gauche... Par exemple, je ne sais pas où ils mettront leurs meubles!... (Haut.) Mademoiselle Thérèse ici?... le feu a donc pris à votre pension?...

THÉRÈSE.

Oh! la pension... je n'y retournerai plus! J'ai fini mes études... On va me marier...

DE LA PORCHERAIE.

Vraiment!... Je ne vous demande pas avec qui?... (A part.) Cousin et cousine... Dutrécy se débarrasse de l'un par l'autre!

FROMENTAL.

Mais où est donc Dutrécy?... Ah! le voici...

DUTRÉCY, entrant par la gauche.

Ah! madame!... monsieur!... mille pardons de vous avoir fait attendre... mais un travail pressé...

FROMENTAL, à Dutrécy.

Mon cher condisciple... voici Georges, mon fils... barbiste comme nous.

GEORGES, saluant.

M. Dutrécy...

DUTRÉCY.

Enchanté, monsieur... (A part.) Il est bien!...

FROMENTAL.

J'ai l'honneur de vous demander, pour lui, la main de mademoiselle Thérèse, votre nièce...

ARMAND, à part.

Qu'entends-je? lui?

Il s'appuie contre un meuble.

DE LA PORCHERAIE.

Ah bah!...

MADAME DE VERRIÈRES, à part, observant Armand.

C'est singulier!... ce jeune homme...

DUTRÉCY.

Mon cher Fromental... je ne ferai pas de phrases... nous sommes trop pressés... C'est une chose convenue...

ARMAND, tombant sur une chaise.

Ah!...

MADAME DE VERRIÈRES, le regardant et à part.

Il l'aime!...

ACTE DEUXIÈME.

Chez Fromental. Un salon disposé pour une soirée.

SCÈNE PREMIÈRE.

FROMENTAL,
GEORGES, MADAME DE VERRIÈRES.
Ils sont en tenue de bal.

MADAME DE VERRIÈRES, devant une glace.

Je suis prête... je puis recevoir nos invités.

FROMENTAL.

Moi aussi...

MADAME DE VERRIÈRES, à Georges, qui est assis près d'une table.

Georges, comment trouves-tu ma toilette?

GEORGES, sans la regarder.

Charmante!

MADAME DE VERRIÈRES.

J'ai voulu être très-jolie pour présenter ma petite belle-sœur à nos amis... Tu es triste... qu'as-tu donc?...

FROMENTAL.

C'est vrai... Depuis deux jours, depuis que nous avons fait la demande, tu n'ouvres pas la bouche.

GEORGES.

Je n'ai rien... Comprenez-vous que je n'aie pas revu Armand... je suis bien allé dix fois chez lui, et lui ne m'a pas fait une seule visite.

FROMENTAL.

Et c'est pour cela que tu te désoles?... Je le comprendrais encore s'il s'agissait d'un condisciple... d'un camarade de collége... d'un...

GEORGES.

Armand est mieux que cela pour moi... c'est un ami.

MADAME DE VERRIÈRES.

En es-tu sûr?

GEORGES.

Oh! oui! je puis compter sur lui... comme sur toi! Et à ce propos, mon père, j'aurai une demande... une prière à vous adresser... dans un autre moment.

FROMENTAL.

Pourquoi pas dans celui-ci? nous n'avons encore personne?... Parle, je t'écoute.

GEORGES.

Armand est sans fortune... il n'a pas de position... et je voudrais lui en faire une... je le dois... Verriez-vous de grands empêchements à l'intéresser dans nos opérations?...

MADAME DE VERRIÈRES.

Comment?

FROMENTAL.

Ah çà! tu es fou! Tu me dis qu'il n'a pas de capitaux!...

GEORGES.

Eh bien?

FROMENTAL.

Eh bien, voyons, sommes-nous des banquiers, oui ou non ?

GEORGES.

Mais, mon père...

FROMENTAL.

Après tout, qu'est-ce que c'est que ce M. Armand dont tu es engoué?... une connaissance de voyage! Et s'il fallait associer toutes ses connaissances de voyage!

GEORGES.

Soit! mon père, vous êtes le maître de ce qui vous appartient; mais vous ne trouverez pas mauvais que je lui abandonne un intérêt sur ma part.

MADAME DE VERRIÈRES, à part.

C'est extraordinaire...

FROMENTAL.

C'est de la démence, c'est du délire... Mais quel si grand service t'a donc rendu M. Armand?...

GEORGES.

Tenez, mon père, il y a une chose que je vous ai cachée... que je ne voulais pas vous dire pour ne pas augmenter votre profonde horreur pour les voyages... Pendant ma traversée, j'ai été atteint de la fièvre... d'une mauvaise fièvre...

MADAME DE VERRIÈRES.

Ah! mon Dieu!

FROMENTAL.

Est-il possible?

GEORGES.

Le capitaine réunit ses officiers.. et il fut décidé, séance tenante, qu'on me débarquerait sur la première côte qu'on pourrait aborder.

MADAME DE VERRIÈRES.

Un malade!

FROMENTAL.

Comment! et tu n'as pas protesté! Tu ne leur a pas dit : « Je suis le fils de la maison Fromental de Paris! On vous payera, lâches que vous êtes! »

GEORGES.

Je crois que cela ne les eût pas convaincus... Un seul officier... un Français, mon père!... s'éleva énergiquement contre ce lâche abandon...

FROMENTAL.

A la bonne heure!

GEORGES.

Il offrit de partager sa cabine avec moi... tout fut inutile... J'avais à peine conscience de moi-même... je sentis que deux matelots m'emportaient sur un matelas et me descendaient dans un canot... Bientôt le bruit des rames m'apprit que nous avions quitté le bâtiment.

FROMENTAL.

Voilà les voyages! les voilà!

GEORGES.

Une vague, qui vint nous effleurer, me fit ouvrir les yeux... et quel fut mon étonnement en voyant assis au gouvernail ce même officier qui avait pris ma défense, il me serra la main et me dit : « Je ne vous quitte pas, moi! »

MADAME DE VERRIÈRES.

Ah! c'est bien!

FROMENTAL.

Le brave jeune homme!

GEORGES.

Nous abordâmes.

FROMENTAL.

Et il envoya tout de suite chercher un médecin à la ville voisine!

GEORGES.

Il n'y avait pas de médecin, il n'y avait pas de ville voisine... Ce fut alors que commença pour lui l'œuvre de dévouement et d'abnégation. Pendant six semaines, il s'est installé à mon chevet, il a dormi la tête sur mon lit, il m'a disputé au fléau avec le courage, avec la tendresse d'une mère qui lutte pour son enfant!

MADAME DE VERRIÈRES.

C'est admirable!

FROMENTAL.

C'est sublime!

GEORGES.

Eh bien, cet ami... ce frère...

FROMENTAL.

C'est Armand Bernier!

GEORGES.

Lui-même!

MADAME DE VERRIÈRES, à part.

Lui! et il aime Thérèse!

FROMENTAL.

Oh! mais c'est tout à fait différent... un homme qui t'a sauvé... Sois tranquille, nous lui ferons une position... une grande position...

GEORGES, lui serrant la main.

Je n'en ai jamais douté!

SCÈNE II.

Les Mêmes, ARMAND

UN DOMESTIQUE, annonçant.

M. Armand Bernier.

GEORGES, allant à lui.

Armand!

FROMENTAL.

Arrivez donc, mon ami... mon cher ami... nous savons tout!

MADAME DE VERRIÈRES.

Monsieur Armand... je vous dois mon frère... voulez-vous me donner la main?...

ARMAND, lui donnant la main.

Madame... si j'ai acquis l'amitié de Georges... et un peu de votre affection... je me trouve trop bien récompensé.

FROMENTAL.

Que vous le trouviez, c'est possible... mais nous, nous aimons à payer nos dettes... argent comptant...

GEORGES, bas.

Mon père...

FROMENTAL.

J'ai besoin d'un caissier... je vous prends.

ARMAND.

Permettez, monsieur.

ACTE DEUXIÈME.

FROMENTAL.

Huit mille francs d'appointements... et un intérêt de 6 pour 100.

ARMAND.

Je vous remercie, monsieur... mais je ne saurais m'astreindre à un travail de bureau.

FROMENTAL.

Eh bien, vous irez vous promener... c'est moi qui tiendrai votre caisse... et Georges m'aidera!

GEORGES.

Oh! de tout mon cœur!

ARMAND.

Vraiment, je suis touché de l'offre que vous me faites... mais j'ai l'habitude de naviguer... j'aime la mer, et je venais vous faire mes adieux, car je repars demain pour New-York.

FROMENTAL et MADAME DE VERRIÈRES.

Comment?

GEORGES.

Tu pars? ce n'est pas possible! Et ce mariage dont tu me parlais?

ARMAND.

Ce mariage, il ne faut plus y penser... il est rompu.

GEORGES.

Ah! c'est singulier.

MADAME DE VERRIÈRES, à part.

Je comprends... pauvre garçon!

ARMAND.

Georges, je te recommande bien ma petite Thérèse...

aime-la... comme un honnête homme doit aimer sa femme.

GEORGES.

Oh! sois tranquille!... Thérèse, c'est toute ma vie!

ARMAND.

Oui... je le sais... Aime-moi bien aussi... je crois que je le mérite.

GEORGES.

Pourquoi me dis-tu cela, Armand?... Tu as quelque chose... qu'est-ce que je t'ai fait?...

ARMAND.

Rien, mon ami... je t'assure...

GEORGES.

Oh! si, il faut que nous causions... tu n'es plus le même... j'ai besoin de te parler.

FROMENTAL.

Va! et empêche-le de partir.

ARMAND, saluant.

Madame... monsieur... (A Georges, en sortant.) Mais je te répète que je n'ai rien.

FROMENTAL, à part.

Il a quelque chose qui n'est pas naturel, ce jeune homme.

Georges et Armand sortent.

SCÈNE III.

FROMENTAL, MADAME DE VERRIÈRES.

MADAME DE VERRIÈRES, à part.

Un pareil sacrifice... Oh! non! Georges ne l'accepterait pas! (Haut.) Mon père, M. Armand aime Thérèse...

FROMENTAL.

Ah! bon Dieu! qu'est-ce que tu me dis là?

MADAME DE VERRIÈRES.

Je dis que vous devez prévenir Georges.

FROMENTAL.

Par exemple!

MADAME DE VERRIÈRES.

Il serait trop malheureux d'enlever la main de Thérèse à celui qui l'a sauvé!

FROMENTAL.

Voyons, pas d'exaltation! pas d'exaltation! et surtout ne parle pas à Georges... il serait capable de se monter la tête comme toi... D'abord tu peux te tromper!..

MADAME DE VERRIÈRES.

Non, mon père.

FROMENTAL.

Alors, c'est un malheur... nous n'y pouvons rien.

MADAME DE VERRIÈRES.

Vous pouvez parler...

FROMENTAL.

Un mariage annoncé partout... une demoiselle charmante... que ton frère adore..

MADAME DE VERRIÈRES.

Mais si Georges y renonce de lui-même?

FROMENTAL.

Mais puisqu'il est convenu que nous n'en parlerons pas à Georges.

MADAME DE VERRIÈRES.

Alors, vous le condamnez à être ingrat.

FROMENTAL.

Ingrat! ingrat!

UN DOMESTIQUE, annonçant.

M. de la Porcheraie!

FROMENTAL.

Nous reprendrons cette conversation... mais pas un mot à Georges.

SCÈNE IV.

Les Mêmes, DE LA PORCHERAIE, Invités, puis FOURCINIER.

FROMENTAL, allant au-devant de la Porcheraie.

Bonjour, cher ami...

DE LA PORCHERAIE, donne la main à Fromental et salue madame de Verrières.

Madame... Est-ce que vous n'attendez pas le docteur ce soir?

FROMENTAL.

Si... nous espérons le voir.

DE LA PORCHERAIE.

Il est insaisissable!... je lui avais donné rendez-vous chez moi... il n'est pas venu... alors, je suis allé chez lui... personne.

FROMENTAL.

Est-ce que vous êtes malade?

DE LA PORCHERAIE

Eh!...

MADAME DE VERRIÈRES.

Alors, monsieur, nous avons deux fois à vous remercier d'avoir bien voulu oublier vos souffrances pour venir à notre petite réunion.

DE LA PORCHERAIE.

Comment donc, madame!... mais il y a des plaisirs pour lesquels on brave tout... (A part.) Ils sont superbes!... Si je n'avais pas besoin de voir le docteur, est-ce que je ne serais pas resté à mon cercle?... je gagnais.

LE DOMESTIQUE, annonçant.

M. et madame de Puysole.

Plusieurs invités paraissent. Fromental et madame de Verrières remontent pour les recevoir.

FROMENTAL, saluant une dame.

Madame... (Donnant la main à un petit collégien portant l'uniforme de Sainte-Barbe.) Mon cher condisciple...

DE LA PORCHERAIE, à part.

Tous barbistes, ici !

Fromental et madame de Verrières entrent dans les salons avec les invités.

LE DOMESTIQUE, annonçant.

M. le docteur Fourcinier.

DE LA PORCHERAIE, à part.

Ah! voilà mon homme!

SCÈNE V.

DE LA PORCHERAIE, FOURCINIER.

DE LA PORCHERAIE, arrêtant Fourcinier qui se dispose à entrer dans le salon.

Pardon! pardon! il me faut ma consultation.

FOURCINIER.

Ah! c'est vous!

DE LA PORCHERAIE.

Docteur, vous m'abandonnez... je vous ai attendu mercredi à quatre heures.

FOURCINIER.

Ah! mon ami... il m'a été impossible d'aller chez vous... Figurez-vous que j'ai un jardin à Passy...

DE LA PORCHERAIE, à part.

Bon! il y vient!...

FOURCINIER.

Un très-grand jardin...

DE LA PORCHERAIE.

Oui, je sais...

FOURCINIER.

Et le bruit courait qu'on allait construire un abattoir juste en face de ma grille d'entrée.

DE LA PORCHERAIE.

J'en ai entendu parler... c'est positif!

FOURCINIER.

Non! c'est faux!... ce jour-là, je suis allé à la Ville... il n'en a jamais été question.

ACTE DEUXIÈME.

DE LA PORCHERAIE.

Ah! (A part.) Un fusil qui rate! (Haut.) Ah çà! qu'est-ce que vous faites de ce jardin-là?

FOURCINIER.

Dame! je vais m'y promener le dimanche... Le connaissez-vous?

DE LA PORCHERAIE.

Oui... j'y suis entré une fois... par mégarde... c'est laid!

FOURCINIER

Il y a sur la pelouse un cèdre du Liban!

DE LA PORCHERAIE.

Qu'est-ce que cela peut bien rapporter un cèdre du Liban... bon an, mal an?

FOURCINIER.

Oh! ce n'est pas une propriété de rapport... c'est une propriété d'agrément... et puis, entre nous, il se passe quelque chose... Mercredi matin, il est venu un monsieur avec un géomètre qui a levé le plan du jardin.

DE LA PORCHERAIE, à part.

C'est moi! bonne idée!

FOURCINIER.

C'est évidemment une personne qui a des projets.

DE LA PORCHERAIE.

Non... c'est le cadastre!

FOURCINIER.

Comment, le cadastre?

DE LA PORCHERAIE.

Oui, il s'agit de mieux répartir l'impôt... Tout le monde sera augmenté!

FOURCINIER.

Diable! je paye déjà assez cher... pour un jardin qui ne rapporte...

DE LA PORCHERAIE.

Que des abricots... et ce n'est pas l'année! Tenez, je vous l'achète, moi, votre jardin.

FOURCINIER.

Vous? Quelle plaisanterie!

DE LA PORCHERAIE.

Sérieusement.

FOURCINIER.

Ah!

DE LA PORCHERAIE.

Je l'arrangerais à mon goût et j'y passerais l'été. Combien voulez-vous le vendre?

FOURCINIER.

Mais... je ne veux pas le vendre.

DE LA PORCHERAIE.

Naturellement! puisque j'en ai envie.

FOURCINIER.

Non... Cette propriété me rappelle des souvenirs... J'y ai joué quand j'étais enfant... mon père habitait la petite maison.

DE LA PORCHERAIE.

La bicoque?

FOURCINIER.

Comment? la bicoque.

DE LA PORCHERAIE.

Elle ne tient plus... Il ne faudrait pas tousser trop près.

du gros mur! Voyons.... en voulez-vous cent mille francs?

FOURCINIER.

C'est dans cette petite maison blanche... à volets verts... que j'ai épousé ma femme...

DE LA PORCHERAIE, à part.

Ah! ah! du sentiment! ça sera cher!

FOURCINIER.

C'est là... que plus tard... j'ai eu le malheur de la perdre...

DE LA PORCHERAIE.

Vous voyez bien... cette propriété vous attriste... revoir sans cesse l'endroit où l'on a été frappé!... Cent quinze!

FOURCINIER.

Non! j'aime ma douleur! j'éprouve un plaisir cruel... mais doux, à venir m'asseoir sous l'arbre où nous avons passé de si longues soirées.

DE LA PORCHERAIE, à part.

Il est très-fort! (Haut.) Cent trente!

FOURCINIER.

Ce n'est pas assez...

DE LA PORCHERAIE.

Comment?

FOURCINIER.

Ce n'est pas assez d'avoir aimé sa femme, il faut encore savoir conserver le petit coin de terre qu'elle emplit de son souvenir.

DE LA PORCHERAIE.

Alors. gardez-le... je ne vous en parlerai plus.

FOURCINIER, désappointé.

Ah! tant mieux! j'aurais peut-être fini par me laisser tenter.

DE LA PORCHERAIE.

Votre douleur est très-respectable... mais c'est un gouffre... je serais peut-être allé jusqu'à cent cinquante mille francs.

FOURCINIER.

Vous dites?...

DE LA PORCHERAIE.

Cent cinquante mille.

FOURCINIER.

Sans le mobilier?

DE LA PORCHERAIE.

Je le vois d'ici, votre mobilier! six fauteuils cassés et un piano qui parle de loin en loin...

FOURCINIER.

Ce sont des souvenirs...

DE LA PORCHERAIE.

Oui, vous désirez les vendre à part.

FOURCINIER.

Jamais!...

DE LA PORCHERAIE.

Allons, je vous le laisserai votre mobilier!... cent cinquante mille... c'est convenu.

FOURCINIER.

C'est que... je vous demande jusqu'à demain matin pour réfléchir.

DE LA PORCHERAIE.

Soit, je serai chez vous à dix heures!

FOURCINIER.

A dix heures! je vous attendrai!... Ah çà! et notre consultation?... Voyons, qu'est-ce que vous avez?

DE LA PORCHERAIE.

Oh! presque rien... je ne digère pas les écrevisses.

FOURCINIER.

Il ne faut pas en manger.

DE LA PORCHERAIE.

Merci... j'y pensais!

SCÈNE VI.

Les Mêmes, UN DOMESTIQUE, DUTRÉCY et THÉRÈSE.

Dutrécy est mis avec recherche et porte un col rabattu.

UN DOMESTIQUE, annonçant.

M. et madame Dutrécy.

DE LA PORCHERAIE.

Comment, madame Dutrécy... Thérèse?

DUTRÉCY.

C'est une erreur... mais il n'y a pas de mal.. Bonjour, docteur!

FOURCINIER, saluant.

Mon cher ami... mademoiselle!...

DUTRÉCY, à Thérèse.

Eh bien, ma chère enfant! nous voilà au bal! Es-tu contente?

THÉRÈSE.

Oui, mon oncle!

DUTRÉCY.

Tu n'as pas chaud?

THÉRÈSE.

Non, mon oncle.

DUTRÉCY.

Tu n'as pas froid?

THÉRÈSE.

Non, mon oncle...

DUTRÉCY.

Tu aurais dû garder ta fourrure... Veux-tu que j'aille la chercher?

THÉRÈSE.

C'est inutile.

DUTRÉCY, bas, à de la Porcheraie.

Est-elle jolie, avec sa robe de bal?

DE LA PORCHERAIE, à part, étonné.

Qu'est-ce qu'il a?... (Bas, à Dutrécy.) J'ai presque conclu avec Fourcinier... il faut que je vous parle.

DUTRÉCY, regardant Thérèse.

Oui... demain...

DE LA PORCHERAIE.

Non... tout de suite!

DUTRÉCY.

Docteur! voulez-vous avoir l'obligeance de conduire Thérèse auprès de madame de Verrières.

FOURCINIER.

Comment donc! (Offrant son bras.) Mademoiselle...

DUTRÉCY, à Thérèse.

Dans cinq minutes... je te rejoins... ne t'impatiente pas!
Docteur, je vous la recommande!

Fourcinier et Thérèse sortent.

SCÈNE VII.

DUTRÉCY, DE LA PORCHERAIE.

DE LA PORCHERAIE.

Je viens de traiter avec Fourcinier à cent cinquante mille...
c'est pour ainsi dire conclu... il m'a demandé jusqu'à demain matin.

DUTRÉCY, distrait, regardant la porte du salon.

Allons, tant mieux! j'en suis bien aise...

DE LA PORCHERAIE.

Mais qu'avez-vous donc? vous ne m'écoutez pas...

DUTRÉCY.

Parfaitement... c'est que Thérèse est seule par là...

DE LA PORCHERAIE.

Eh bien, est-ce que vous comptez jouer le rôle de duègne?...

DUTRÉCY.

Mon ami... cette jeune fille... c'est un ange! plus je la
connais, plus je l'apprécie.

DE LA PORCHERAIE.

Tiens!

DUTRÉCY.

J'appréhendais de la voir s'installer chez moi pour quinze

jours; je me disais : « Voilà mon existence changée, bouleversée... »Eh bien, pas du tout! c'est à peine si on l'entend.. Elle trottine dans l'appartement comme un petit oiseau... si j'ai besoin d'elle... elle est là; quand je veux être seul... elle s'envole.

DE LA PORCHERAIE, à part.

Et il a rabattu son col!

DUTRÉCY.

C'est bien agréable d'avoir une compagnie... qui ne vous dérange pas... Vous savez que je n'aime pas à manger seul... Fourcinier me l'a défendu... Eh bien, elle me fait société... elle découpe... elle est très-adroite!... elle parle, elle babille, elle gazouille... elle me raconte sa vie de pension. Je sais déjà le nom de toutes ses petites camarades... avec leurs défauts!

DE LA PORCHERAIE.

Vous voilà bien avancé!

DUTRÉCY.

Ah! c'est charmant!

DE LA PORCHERAIE.

Papa Dutrécy... nous sommes amoureux!

DUTRÉCY.

Moi? chut! (Confidentiellement.) J'en ai peur. Tout à l'heure quand ce domestique a annoncé M. et madame Dutrécy.. j'ai senti le rouge me monter au visage... et ça m'a fait plaisir!

DE LA PORCHERAIE.

Vraiment?

DUTRÉCY.

Cela m'a prouvé que ce ne serait pas ridicule...

DE LA PORCHERAIE.

Allons donc!... elle est trop jeune pour vous

DUTRÉCY.

Vous ne la connaissez pas... Elle est jeune quand il le faut... et raisonnable, posée, quand cela est nécessaire.

DE LA PORCHERAIE.

Et comment ce mal vous est-il survenu?

DUTRÉCY.

Je n'en sais rien... en la regardant ranger les armoires... elle a fait mettre mon linge, mes habits en état. Ah! on serait bien soigné avec une pareille femme! Hier soir, elle m'a entendu tousser et elle m'a composé elle-même une petite tisane de violette, avec du miel... comme à la pension, et je ne tousse plus.

DE LA PORCHERAIE

Ah! vous m'en direz tant!

DUTRÉCY.

Elle m'a tenu compagnie toute la soirée... elle m'a lu *l'Homme à l'oreille cassée...* et elle prononce!... on entend tous les mots... Il fallait la voir rire... des dents charmantes... des perles.

DE LA PORCHERAIE.

Prenez garde!... Les perles recherchent le monde... l'éclat des lumières.

DUTRÉCY.

Oh! pas Thérèse, elle n'aime que son intérieur; avec une tapisserie, elle passe sa soirée.

DE LA PORCHERAIE.

Oui, elles sont toutes comme ça... avant d'être mariées... mais après!... J'y ai été pris, moi!

DUTRÉCY.

Vous, quand ça?

DE LA PORCHERAIE.

Eh bien, et ma femme?

DUTRÉCY.

Comment! vous êtes marié?

DE LA PORCHERAIE.

Mais certainement! vous ne le saviez pas?

DUTRÉCY.

Non!

DE LA PORCHERAIE.

J'ai cru que vous le saviez.

DUTRÉCY.

Voilà dix ans que je vous connais et c'est la première fois... Vous ne m'avez jamais présenté à madame...

DE LA PORCHERAIE.

Oh! par exemple! du diable si je sais où elle est! Voilà bientôt onze ans que nous nous sommes perdus de vue.

DUTRÉCY.

Séparés!

DE LA PORCHERAIE.

Nous sommes restés sept ou huit mois ensemble... je ne sais pas au juste.

DUTRÉCY.

Ah! mon pauvre ami! je comprends... une catastrophe!

DE LA PORCHERAIE.

Non, elle était très-honnête... mais une femme impossible! une mondaine! Elle ne rêvait que fêtes et plaisirs! Tous les jours, elle me traînait au bal, au concert... dans des endroits malsains... sans air... il fallait attendre notre voiture à la sortie... je m'enrhumais, et le lendemain... vous croyez qu'elle se reposait? du tout! Elle se mettait à son piano... à l'aube, elle me tapotait des polkas, des valses. Ce n'était pas tenable! Enfin, un jour, je lui ai dit : « Madame, prenez votre fortune, moi la mienne, et faites-moi le plaisir d'aller danser ailleurs! »

DUTRÉCY.

Je comprends cela... Et vous ne l'avez jamais revue?

DE LA PORCHERAIE.

Si, une fois... sur le chemin de fer de Mulhouse.

DUTRÉCY.

Ah!

DE LA PORCHERAIE.

Nous nous sommes salués!... J'envoie quelquefois prendre de ses nouvelles et elle m'adresse sa carte au jour de l'an... nous ne sommes pas fâchés.

DUTRÉCY.

Oh! moi! avec Thérèse... je n'ai pas à craindre un pareil dénoûment... Elle n'aime pas le bal... elle est habituée à se coucher de bonne heure... c'est une petite dormeuse... A la pension, nous l'appelions... (Se reprenant.) on l'appelait... mademoiselle Marmotte!

DE LA PORCHERAIE.

Précieuse disposition! oh! la femme qui dort!

DUTRÉCY.

Maintenant, mon ami, parlez-moi franchement... ne me flattez pas... j'ai cinquante-quatre ans...

DE LA PORCHERAIE.

Oh!

DUTRÉCY.

Pas beaucoup plus... je suis admirablement conservé; me conseillez-vous d'épouser Thérèse?

DE LA PORCHERAIE.

D'abord, voudra-t-elle de vous?

DUTRÉCY.

Je suis plus riche qu'elle!

DE LA PORCHERAIE.

Et si elle aime Georges, son prétendu?

DUTRÉCY.

Oh! non, ce n'est pas le prétendu qu'elle aime... c'est le mariage.

DE LA PORCHERAIE.

Alors, voici mon opinion. Dans ce monde, il faut faire tout ce qui vous promet de la satisfaction... Raisonnons... vous êtes amoureux?

DUTRÉCY, timidement.

Je crois que oui.

DE LA PORCHERAIE.

Donc, vous serez heureux de vivre avec Thérèse... Si plus tard vous l'ennuyez, si elle vous trompe...

DUTRÉCY.

Comment!

DE LA PORCHERAIE.

Vous ne le saurez pas! et vous n'en serez que mieux soigné.. Donc votre partie est belle dans les deux hypothèses, donc mariez-vous!

DUTRÉCY.

C'est que vous avez une manière d'envisager les choses...

DE LA PORCHERAIE.

Et puis le mariage, dit-on, vous crée un intérieur; c'est un oranger sous lequel on place un banc pour se reposer... Je ne vois aucun inconvénient à s'y asseoir... si ça ne vous va pas, vous ferez comme moi, vous vous lèverez!

DUTRÉCY.

C'est que je ne me marie que pour m'asseoir!

DE LA PORCHERAIE.

Maintenant, quant à ce qui me concerne... si votre maison devient moins agréable... si votre femme m'impose de la gêne, de la contrainte... je ne viendrai plus chez vous, voilà tout!

DUTRÉCY.

Voilà tout! Il y a une chose qui m'embarrasse un peu.

DE LA PORCHERAIE.

Quoi donc?

DUTRÉCY.

J'ai donné ma parole à Georges...

DE LA PORCHERAIE.

Vous pouvez la retirer... Trouvez un prétexte!

DUTRÉCY.

J'ai bien cherché; mais c'est très-difficile... Il faudrait l'amener à renoncer de lui-même.

DE LA PORCHERAIE.

Tiens! jetez-lui Armand dans les jambes.

DUTRÉCY.

Quoi, Armand?

DE LA PORCHERAIE.

Il aime aussi Thérèse.

DUTRÉCY.

Lui? pas possible!

DE LA PORCHERAIE.

Vous êtes trois. Ce nombre plait aux dieux! Comment! vous n'avez pas flairé ça, un amoureux?

DUTRÉCY.

Parbleu! voilà une heureuse découverte! Armand a sauvé Georges...

DE LA PORCHERAIE.

Il a porté son arbre!

DUTRÉCY.

C'est vrai! Et si l'autre a un peu de cœur...

DE LA PORCHERAIE.

Oh! ne comptez pas là-dessus!... En amour, le cœur se donne tout entier... Il n'en reste plus pour la galerie!...

DUTRÉCY.

Oh! Georges est une nature d'élite!

DE LA PORCHERAIE.

Après ça... essayez! Je vous laisse.

DUTRÉCY.

Vous partez?

DE LA PORCHERAIE.

Cette réunion de famille n'est pas folâtre... Je vais fumer un cigare à mon cercle... Adieu... jeune homme!...

Il sort.

DUTRÉCY, seul.

Il est bien difficile que Georges ne se sacrifie pas à son tour. Il me semble que si j'étais à sa place... et si j'avais son âge!... C'est lui!

SCÈNE VIII.

DUTRÉCY, GEORGES.

GEORGES, entrant. — A part.

Impossible d'arracher un mot à Armand! Monsieur Dutrécy... tout seul... Que faites-vous donc là?

DUTRÉCY.

Mon ami... c'est plus fort que moi... ce bal... cette musique... quand on a du chagrin...

GEORGES.

Vous?...

DUTRÉCY.

Je viens d'apprendre une nouvelle qui me désole. Vous savez si j'aime Armand!

GEORGES.

Il est triste... malheureux...

DUTRÉCY.

Ah! vous vous en êtes aperçu?

GEORGES.

Tout de suite! mais la cause de sa tristesse, la connaissez-vous?...

DUTRÉCY.

Oui... figurez-vous... mais non, je ne peux pas vous le dire... vous êtes la dernière personne...

GEORGES.

Oh! parlez! Il existe entre Armand et moi une affection... sans limites! ma vie est à lui!

DUTRÉCY, lui prenant la main.

Georges! vous êtes un noble cœur! (A part.) Ça va marcher! (Haut.) Apprenez donc... j'étais à cent lieues de m'attendre... apprenez qu'Armand est amoureux de sa cousine Thérèse!

GEORGES, stupéfait.

Comment? qu'est-ce que vous dites?

DUTRÉCY.

Il l'adore!

GEORGES.

Armand! c'est impossible! mais depuis quand?

DUTRÉCY.

Un amour d'enfance... secret mais vivace! Il espérait l'épouser à son retour d'Amérique... Vous vous êtes présenté avant lui... et ma foi!...

GEORGES.

Ah! je n'ai pas de bonheur!

Il s'assoit près de la table et se met la tête dans ses mains.

DUTRÉCY, à part.

Il va retirer sa demande. (Haut.) Après ça, vous n'y pouvez rien, vous... Armand est jeune... il se consolera!...

GEORGES, vivement.

Ah! vous croyez qu'il se consolera?

DUTRÉCY.

C'est-à-dire... je n'en sais rien! Il ne faudrait pas prendre au pied de la lettre... (A part.) J'ai eu tort de dire cela. (Haut.) Il en mourra peut-être!

GEORGES, à lui-même, sans écouter Dutrécy.

Thérèse! Thérèse!

DUTRÉCY.

Ce brave Armand! En voilà un qui sait aimer ses amis... Il n'hésite pas! On dit qu'il a été très-bien pour vous dans ce voyage? (Il attend une réponse de Georges qui reste muet la tête dans ses mains. — A part.) Qu'est-ce, qu'il fait là?... il dort! (Toussant.) Hum! (Haut.) On dit qu'il a été très-bien pour vous dans ce voyage?

GEORGES.

Oh! parfait, monsieur! parfait!

DUTRÉCY.

Oui, parfait... (A part.) Il est froid... (Haut.) Quelle réponse faudra-t-il porter à ce pauvre garçon?

GEORGES.

Eh! monsieur, épargnez-moi... donnez-moi le temps... quand il faut s'arracher le cœur de ses propres mains...

DUTRÉCY.

C'est juste, prenez votre temps. (A part, en sortant.) Il est un peu personnel, le petit jeune homme... mais il y viendra!... Armand!... laissons-les ensemble!

Il sort.

GEORGES, seul.

Renoncer à Thérèse! mais je ne peux pas! je ne peux pas!

SCÈNE IX.

GEORGES, ARMAND.

ARMAND, entrant.

Mon ami...

GEORGES.

Armand!

ARMAND.

Je te cherchais... Je voulais te demander la permission de me retirer!... As-tu eu l'obligeance d'écrire ces lettres de recommandation que je t'avais demandées pour New-York?..

GEORGES.

Non... j'espérais toujours que tu ne partirais pas.

ARMAND.

Ce départ est nécessaire... indispensable.

GEORGES.

Armand!

ARMAND.

Quoi?

GEORGES.

Tu nous écriras, n'est-ce pas?

ARMAND.

Oh! souvent! Et tu me répondras, tu me donneras de tes nouvelles... de celles de Thérèse... (Avec effort.) de ta femme...

GEORGES.

Oh! si tu savais comme je souffre!

ARMAND.

En effet... tu es pâle...

GEORGES.

Je lutte... je combats... contre une douleur...

ARMAND.

Une douleur? laquelle?

GEORGES, vivement.

Celle de te voir partir... D'un autre côté...

prends... parce que... Adieu!... je vais écrire ces lettres...
(A part.) Oh! je ne peux pas, je l'aime trop!

Il entre à droite.

SCÈNE X.

ARMAND, puis DUTRÉCY

ARMAND, seul.

Ce visage ému... ces paroles sans suite... Est-ce que je me serais trahi?... Oh! non! je connais Georges; s'il avait eu seulement un soupçon, il ne serait pas allé écrire ces lettres!

DUTRÉCY, entrant.

Ça n'a pas le sens commun! Ils ouvrent une fenêtre, juste au moment où Thérèse vient de valser! Je vais chercher sa fourrure.

ARMAND.

Mon oncle...

DUTRÉCY.

Ah! c'est toi, mon ami!... Eh bien, tu as vu Georges?

ARMAND.

Il me quitte à l'instant.

DUTRÉCY.

Ah! Eh bien?

ARMAND.

Quoi?

DUTRÉCY.

Il ne t'a rien dit?

ARMAND.

Non.. Que voulez-vous qu'il me dise?

DUTRÉCY.

C'est bien étonnant! Enfin, qu'est-ce que tu veux, mon pauvre garçon! ce n'est pas ma faute... tu as parlé trop tard!

ARMAND.

Moi?

DUTRÉCY.

C'était mon rêve!... Deux enfants que j'ai élevés!

ARMAND.

Mais de quoi me parlez-vous?

DUTRÉCY.

De Thérèse, que tu aimes!

ARMAND, vivement.

Oh! taisez-vous, si Georges vous entendait!

DUTRÉCY.

Lui : il sait tout? je lui ai dit...

ARMAND.

Comment! vous avez dit à Georges que j'aimais Thérèse?

DUTRÉCY.

Parfaitement!

ARMAND.

Et qu'a-t-il répondu?

DUTRÉCY.

Rien!

ARMAND.

Ah!...

DUTRÉCY.

Ah!... il a fait semblant de dormir.

ARMAND.

Oh! c'est impossible!

DUTRÉCY.

C'est une âme sans élévation... après ce que tu as fait pour lui.

ARMAND.

Oh! ne parlons pas de ça!

DUTRÉCY.

Au contraire! parlons-en. Je crois que, si tu lui adressais quelques paroles véhémentes! si tu lui disais : « Georges, j'ai porté ton arbre, porte le mien! »

ARMAND.

A quoi bon?

DUTRÉCY.

Tiens! ça romprait tout... et je pourrais... et tu pourrais épouser Thérèse... cela vaut la peine d'y penser!... Où est le vestiaire?... ah! je dis que ça vaut la peine d'y penser!... (A part.) Je ne suis pas mécontent de moi!

Il sort.

SCÈNE XI.

ARMAND, GEORGES.

ARMAND, seul.

Oh! non! je ne lui dirai pas un mot! (Apercevant Georges qui entre.) Lui, c'est lui!

GEORGES, entre avec ses lettres à la main, il est très-pâle et très ému.

Voici les lettres que tu m'as demandées... Il y en a deux... je voulais en écrire plusieurs... mais ce soir... la main me tremble. L'une est pour notre correspondant à New-York ; je le prie de t'ouvrir un crédit...

ARMAND.

C'est bien !

GEORGES.

L'autre est adressée à MM. Anderson et Blum, deux armateurs qui, sur mes instances...

ARMAND.

Merci !

GEORGES s'approche d'Armand et déchire tout à coup les deux lettres.

Non, tu ne partiras pas, c'est impossible !

ARMAND.

Ah !

Ils se jettent dans les bras l'un de l'autre.

GEORGES.

Tu aimes Thérèse... épouse-la.... emmène-la ! mais que je ne la revoie plus !

ARMAND, lui tendant les bras.

Ah ! Georges !

GEORGES, s'y précipitant.

Mon ami, mon ami, pardonne-moi d'avoir hésité... mais je l'aimais tant !

ARMAND.

Cher enfant ! je n'accepte pas ton sacrifice... je le désirais... je l'attendais... mais je n'en veux pas... Eh bien, mon oncle!... et vous, monsieur de la Porcheraie, il y a encore sous le ciel des gens qui s'aiment et qui se dévouent ! Cher Georges! je partirai tranquille... car je suis sûr maintenant que Thérèse épouse un brave cœur!

GEORGES.

Oh! tais-toi! ne me tente pas... je redeviendrais faible... lâche...

ARMAND.

Georges!

GEORGES.

Non! je sais ce qu'il me reste à faire.

Il sort vivement

SCÈNE XII.

ARMAND, puis THÉRÈSE.

ARMAND, seul.

Où vas-tu?... Ah! fais ce que tu voudras... demain, je serai parti. (Apercevant Thérèse qui entre.) Thérèse!... Oh! mon cœur!... non! je ne veux pas la voir!

Il se dirige vers la porte du fond.

THÉRÈSE.

Eh bien, mon cousin, on se sauve quand j'arrive ?

ARMAND.

Pardon... je ne vous voyais pas...

THÉRÈSE.

Voilà plus d'une heure que je te cherche des yeux par tout le bal.

ARMAND, se rapprochant d'elle.

Vraiment! vous pensez à moi?

THÉRÈSE.

Je crois bien!... Ton tour est arrivé...

ARMAND.

Quel tour?

THÉRÈSE.

Je t'ai inscrit pour la huitième contredanse...

ARMAND.

Ah! c'est pour cela?... je vous demande pardon... mais ce soir... je ne suis pas disposé...

THÉRÈSE.

Comment! vous ne voulez pas danser?

ARMAND.

Excusez-moi...

THÉRÈSE.

Il fallait donc me le dire!... moi qui ai refusé trois invitations... Vous allez voir que je vais manquer la contredanse... Je retourne à ma place.

Fausse sortie.

ARMAND, la retenant.

Restez... je vous prie... Puisque vous avez bien voulu m'accorder une contredanse... occupons-la... à causer... voulez-vous?

THÉRÈSE.

Ce n'est pas la même chose!

ARMAND, lui faisant signe de s'asseoir

Thérèse...

THÉRÈSE, à part.

Il est ennuyeux.

ARMAND.

Je vous ai à peine vue depuis mon retour... n'avez-vous rien à me dire?

THÉRÈSE.

Mais on ne vient pas au bal pour causer... il me semble que nous avons assez bavardé ce matin... et je ne vois pas... Ah si, une rencontre... tu sais bien, Lucie...

ARMAND.

Lucie?... non!

THÉRÈSE.

Mais si... tu la voyais au parloir... Elle est mariée.

ARMAND.

Ah!

THÉRÈSE.

Elle est allée l'année dernière aux eaux d'Aix avec dix-sept robes; est-elle heureuse!

ARMAND.

Oh! oui! de façon qu'une personne qui y serait allée avec dix-huit robes serait encore plus heureuse?

THÉRÈSE.

Ce n'est pas cela que je veux dire. (On entend la musique à côté.) Entends-tu l'orchestre... on commence...

ARMAND.

Allez, je me reprocherais de vous retenir plus longtemps.

THÉRÈSE.

Oh! il est trop tard maintenant... tout le monde est placé... Voyons, qu'avais-tu à me communiquer?

ARMAND.

Oh! rien de bien intéressant... je voulais vous parler

de nos souvenirs... de notre amitié d'enfance... nous étions séparés... mais quel bonheur quand nous pouvions nous réunir... quand mon oncle m'emmenait avec lui au parloir de votre pension... le cœur me battait !

THÉRÈSE.

Oh! à moi aussi!

ARMAND.

Vrai?

THÉRÈSE.

Tu m'apportais toujours un sac de marrons glacés!

ARMAND.

Ah!

THÉRÈSE.

Tu étais bien aimable de penser ainsi à moi...

ARMAND.

C'étaient mes pauvres petites économies d'un mois.

THÉRÈSE.

Je les aimais surtout à la vanille.

ARMAND.

Malheureusement! Ceux-là coûtaient deux francs de plus que les autres.

THÉRÈSE.

Pauvre Armand! étais-tu bon !... (Riant.) Mais étais-tu drôle avec ton habit de collégien... trop court.

ARMAND.

Hein?

THÉRÈSE.

Ah! tu nous faisais bien rire avec ces demoiselles! Les grandes dessinaient ta caricature... Moi, je trouvais ça mal!

ARMAND.

Thérèse! est-ce bien vous, vous si grave, si bienveillante... qui marchiez toujours les yeux baissés?

THÉRÈSE.

Ça... c'est notre professeur de maintien qui me l'avait recommandé.

ARMAND.

Comment! ces regards longs et tristes?...

THÉRÈSE.

Ah! j'ai eu bien de la peine à me les mettre dans la tête! mais le professeur me disait toujours : « Mademoiselle Thérèse, vous riez trop! ce n'est pas convenable... pensez à quelque chose de triste! »

ARMAND.

Et à quoi pensiez-vous?

THÉRÈSE.

Je pensais que Boboche, notre petit chat de la pension allait mourir!... Qu'as-tu donc?...

ARMAND.

Rien. (A part.) Boboche!... (Haut.) Continuez... j'ai besoin de forces... j'ai besoin de vous entendre!... Ainsi, je vous paraissais bien ridicule?

THÉRÈSE.

Oh! je n'ai pas dit cela!

ARMAND.

Avec mes habits trop courts...

THÉRÈSE, riant.

Et tes gros souliers... toujours dénoués.

ARMAND.

Et vous n'avez jamais remarqué autre chose?

THÉRÈSE.

Non!... Quoi donc?...

ARMAND.

Oh! rien... (A part.) Oh! les rêves! les rêves!...

THÉRÈSE.

Armand!... tu souffres?...

ARMAND.

Ne faites pas attention... c'est la fièvre qui s'en va... elle part... elle est partie! Ah! je me sens mieux!

THÉRÈSE.

Veux-tu que j'appelle mon oncle?

ARMAND.

C'est inutile... (Lui prenant la main.) Vois, ma main serre la tienne et ne tremble pas... mon regard est ferme... Thérèse, je puis te faire danser maintenant... je ne crains plus rien...

THÉRÈSE.

Ah! désolée! mais ton tour est passé! Je suis engagée pour la neuvième...

ARMAND.

C'est juste!

THÉRÈSE.

Cela t'apprendra à perdre ton temps...

ARMAND.

Oh! je ne le regrette pas! (Lui tendant la main.) Adieu!

THÉRÈSE.

Au revoir!

ARMAND, l'examinant.

Ah! est-ce singulier! j'avais toujours cru que tu avais les yeux bleus!

THÉRÈSE.

Eh bien?

ARMAND.

Ils sont gris!

THÉRÈSE, retirant sa main.

Hein? il faut avouer, monsieur, que vous n'êtes guère aimable au bal... Je ne t'en veux pas!

Elle sort.

ARMAND.

Va vite, tu vas encore manquer la contredanse!

SCÈNE XIII.

ARMAND, puis MADAME DE VERRIÈRES.

ARMAND, seul.

Ah! j'ai le cœur plus libre... je respire... et mon brave Georges!... (Madame de Verrières entre.) Madame...

MADAME DE VERRIÈRES.

Monsieur Armand!

ARMAND.

Ah! madame, si vous saviez comme je suis heureux! Je viens de voir Thérèse!

MADAME DE VERRIÈRES.

Et moi, je quitte mon frère... Pauvre garçon! il fait peine à voir... mais il se conduira en galant homme...

ARMAND.

Il épousera Thérèse et je serai son témoin! et je danserai à sa noce!

MADAME DE VERRIÈRES.

Ah! mon Dieu!... monsieur... rappelez votre raison!...

ARMAND.

C'est ce que j'ai fait, madame... elle est revenue...

MADAME DE VERRIÈRES.

Comment?

ARMAND.

Pendant la huitième contredanse.

MADAME DE VERRIÈRES.

Je ne comprends pas...

ARMAND.

J'ai causé avec Thérèse... c'est un ange! Elle n'a aucun de mes goûts!... Elle aime le monde, le bal, les robes, le chat de sa pension, Boboche... Cinq minutes lui ont suffi pour démolir mon roman de fond en comble.

MADAME DE VERRIÈRES.

Comment! vous ne l'aimez plus?

ARMAND.

Je ne l'ai jamais aimée... c'est une autre... c'est une Thérèse de fantaisie que j'aimais... les marins sont habitués à ces sortes de déceptions... Avez-vous navigué, madame?...

MADAME DE VERRIÈRES.

Oh! fort peu!

ARMAND.

Que de fois il m'est arrivé de m'éprendre à distance pour une de ces jolies petites villes qui fleurissent entre les rochers, au bord de la mer... Un rayon de lune... une disposition de l'esprit, vous les font apparaître douces, reposées, mélancoliques... C'est là qu'on voudrait finir ses jours dans le calme et le silence du cœur... On approche, on aborde... cette ville est pleine de violons, d'éclats de rire et de tambours! Alors, on se rembarque au plus vite, pour se remettre à la recherche d'un idéal... qu'on ne rencontrera peut-être jamais.

MADAME DE VERRIÈRES.

Pourquoi donc? il ne faut pas désespérer.

ARMAND.

Non, voyez-vous, je cherche l'impossible... je cherche une femme sans coquetterie...

MADAME DE VERRIÈRES, à part.

Il est galant!

ARMAND.

Mais ne parlons pas de moi... parlons de Georges.

MADAME DE VERRIÈRES.

Mon pauvre frère... va-t-il être heureux... quand je lui apprendrai qu'il peut aimer Thérèse sans crainte... sans remords!...

ARMAND.

Cher enfant... si vous aviez été témoin de son courage... Je refusais son sacrifice, mais avec quelle joie je le voyais se dévouer!

MADAME DE VERRIÈRES.

Ah! quel ami vous faites!

SCÈNE XIV.

Les Mêmes, FROMENTAL et FOURCINIER,
puis DUTRÉCY, puis GEORGES, puis THÉRÈSE

FROMENTAL, entrant avec Fourcinier.

Comment! docteur, vous nous quittez déjà?

FOURCINIER

Il le faut!

FROMENTAL.

A propos, vous avez un jardin à Passy?

FOURCINIER.

Oui!

FROMENTAL.

Qu'est-ce que vous faites de ça?

FOURCINIER

Mais... je m'y promène... (A part.) Qu'est-ce qu'ils ont donc tous à me parler de mon jardin?

GEORGES, entrant et à part.

M. Dutrécy est introuvable...

ARMAND.

Georges!...

GEORGES.

Mon ami...

ARMAND.

Cours vite récrire ces lettres de recommandation que tu as déchirées!

GEORGES.

Comment?

ARMAND.

Mon départ est décidé! Rien ne saurait l'empêcher.

GEORGES.

C'est bien. Compte sur moi. (A part.) Un éclat, c'est le seul moyen.

DUTRÉCY, entrant avec un mantelet de fourrure.

Le voilà, j'avais perdu le numéro!

ACTE DEUXIÈME.

GEORGES, à part.

Monsieur Dutrécy, pouvez-vous m'accorder un instant d'entretien?

DUTRÉCY.

Je suis tout à vous, jeune homme.

GEORGES.

Je viens vous prier de reprendre la parole que nous nous sommes donnée mutuellement.

TOUS.

Comment?

ARMAND, à Georges.

Malheureux! que fais-tu?

DUTRÉCY.

Monsieur... un pareil affront! fait à moi et à ma famille!

ARMAND.

Mais, mon oncle...

DUTRÉCY.

Armand, je te défends de te battre!

ARMAND.

Eh! je n'y songe pas! mais...

DUTRÉCY.

Pas un mot de plus!

FROMENTAL.

Mon cher condisciple!

DUTRÉCY, apercevant Thérèse.

Thérèse!... Ah! messieurs, ménageons la sensibilité de cette enfant.

THÉRÈSE.

Que se passe-t-il donc?

DUTRÉCY.

Rien... (Embrassant Thérèse.) Ton oncle te reste. (Mouvement de Thérèse.) Partons!... quittons cette maison pour toujours.

TOUS.

Monsieur Dutrécy!

DUTRÉCY.

Je n'écoute rien... je suis indigné,.. je suis... Prenons garde aux courants d'air...

MADAME DE VERRIÈRES, bas, à Armand

Restez!... il faut que je vous parle!

ACTE TROISIÈME.

Chez Dutrécy. Même décor qu'au premier acte.

SCÈNE PREMIÈRE.

DUTRÉCY, THÉRÈSE, AUBIN.

Dutrécy et Thérèse déjeunent. Aubin les sert.

AUBIN, à part, sur le devant.

Je ne sais comment dire ça à monsieur?... J'ai trouvé une autre place... cent francs de plus et rien à frotter.

THÉRÈSE, à part.

Armand ne revient pas... Mon oncle, pourquoi avez-vous avancé le déjeuner d'une demi-heure?

DUTRÉCY.

Je ne sais pas... ce matin, après ma douche, je me suis senti en appétit...

THÉRÈSE.

Mais mon cousin Armand arrivera quand nous aurons fini...

DUTRÉCY, à part.

Je l'espère bien!... il est gênant, ce neveu. (Haut.) Est-ce que cela t'ennuie de déjeuner en tête-à-tête avec moi?

THÉRÈSE.

Oh! par exemple! Je suis au contraire très-heureuse de me trouver avec vous.

DUTRÉCY.

Vraiment?

THÉRÈSE, à part.

J'ai une peur terrible maintenant qu'il ne me renvoie chez mademoiselle Pinta! (Haut.) Je vais découper le poulet!

DUTRÉCY.

Non, laisse... je vais appeler Cyprien.

THÉRÈSE.

Oh! ça me fait tant plaisir de m'occuper de vous!...

DUTRÉCY.

Cher trésor! (La regardant découper. — A part.) Comme ses petites mains sont adroites... elle a l'air de chiffonner une broderie.

THÉRÈSE.

Tenez!... voici une aile!

DUTRÉCY.

Prends l'autre!

THÉRÈSE.

Oh! non...

DUTRÉCY.

Pourquoi?

THÉRÈSE.

Si par hasard vous vouliez manger les deux...

DUTRÉCY, à part, avec ravissement.

Elle pense à tout! C'est un ange! (Appelant.) Aubin!

ACTE TROISIÈME.

AUBIN, s'approchant.

Monsieur!

DUTRÉCY, bas.

Donne-lui du cachet rouge!

AUBIN.

Oui, monsieur...

Il met la bouteille au cachet vert sous son bras et verse du cachet rouge à Thérèse.

DUTRÉCY, à Thérèse.

Goûte-moi ça...

THÉRÈSE.

Attendez.

Elle se verse de l'eau.

DUTRÉCY.

Oh! non!... pas d'eau!...

THÉRÈSE.

Je n'aime pas le vin pur!... (Après avoir bu.) C'est encore trop fort!...

Elle reprend la carafe et se verse.

DUTRÉCY.

Aubin!

AUBIN.

Monsieur?

DUTRÉCY, bas.

J'ai réfléchi... puisqu'elle y met de l'eau, tu lui redonneras du cachet vert.

AUBIN.

Oui, monsieur. (A part.) Voici le moment de lui demander mon compte... Monsieur...

DUTRÉCY, à Thérèse.

Tantôt, je prendrai le coupé... et nous irons ensemble au bois.

THÉRÈSE.

Est-ce qu'il va pleuvoir?

DUTRÉCY.

Non! mais il faut que tu sortes, que tu prennes des distractions... nous suivrons une allée déserte...

AUBIN.

Monsieur...

DUTRÉCY.

Quoi?

AUBIN.

J'aurais une communication à faire à monsieur.

DUTRÉCY.

C'est bien... plus tard!

AUBIN.

C'est que...

DUTRÉCY.

Laisse-nous! va-t'en!

THÉRÈSE.

Allez!... je servirai moi-même le café!

Elle se lève.

AUBIN, sortant et à part.

Il faudra pourtant bien que je le prévienne.

Il disparaît.

DUTRÉCY.

C'est insupportable d'avoir toujours un grand escogriffe derrière soi!...

THÉRÈSE, apportant le café.

Voici votre café... ne bougez pas!... je vais le verser... (Elle verse.) Il est bouillant... Maintenant, le sucre... (Elle va chercher le sucrier sur le buffet.) Combien de morceaux?

DUTRÉCY.

Trois.

THÉRÈSE.

Un, deux, trois! et ce petit-là par-dessus le marché!

DUTRÉCY, à part, — béatement renversé dans son fauteuil.

Voilà... voilà le bonheur!... Tu as oublié l'eau-de-vie.

THÉRÈSE.

C'est exprès... cela vous fait mal.

DUTRÉCY.

Tu ne veux pas que j'en prenne?

THÉRÈSE.

Non.

DUTRÉCY.

Eh bien, je n'en prendrai pas! (A part.) Cette enfant-là me fera vivre dix ans de plus!

THÉRÈSE, à part.

Il est bien disposé... Si j'osais lui parler de Georges...

DUTRÉCY, savourant sa tasse.

Je n'ai jamais pris de meilleur café!... (A part.) Après, je me ferai lire le journal.

THÉRÈSE.

Mon oncle...

DUTRÉCY.

Mon enfant?...

THÉRÈSE.

N'est-ce pas que c'est bien inconcevable ce que ce jeune homme a fait hier?...

DUTRÉCY.

Quel jeune homme?

THÉRÈSE.

Vous savez bien... M. Georges?

DUTRÉCY.

C'est un petit drôle!... refuser ta main!...

THÉRÈSE.

Tenez, mon oncle, ça ne me paraît pas possible! Bien sûr, vous aurez mal entendu... et si j'avais été là...

DUTRÉCY.

Oh! j'ai de bonnes oreilles!...

THÉRÈSE.

Mais quel motif?

DUTRÉCY.

Qui sait?... il a peut-être un autre amour en tête?

THÉRÈSE.

Oh! pour cela, je suis bien sûre que non!...

DUTRÉCY.

Vois-tu, avec les jeunes gens, on ne peut compter sur rien... les idées de l'homme ne se fixent véritablement que de cinquante à cinquante-quatre ans...

THÉRÈSE, naïvement.

C'est bien la peine...

DUTRÉCY.

Mais, sois tranquille... nous te trouverons un autre mari...

THÉRÈSE.

Un autre!...

DUTRÉCY.

Eh! mon Dieu!... il n'est peut-être pas aussi loin qu'on le croit... et, en l'attendant, nous ferons notre petit ménage ensemble.

Il lui embrasse la main.

THÉRÈSE.

Alors, je ne retournerai plus chez mademoiselle Pinta?

DUTRÉCY.

Jamais!

THÉRÈSE.

Bien sûr? bien sûr?

DUTRÉCY.

Je te le jure!

THÉRÈSE.

Ah! quel bonheur! (A part.) Je pourrai revoir Georges!

DUTRÉCY, à part.

Je crois qu'elle s'attache à moi! (Haut.) Où est mon journal?

THÉRÈSE, sans se déranger.

Sur la table.

DUTRÉCY, sans bouger.

Allons!... je vais le chercher!... (Voyant que Thérèse ne se dérange pas, il se lève.) Je vais le chercher moi-même!... (A part.) Elle grignote son biscuit...

SCÈNE II.

Les Mêmes, AUBIN, DE LA PORCHERAIE.

AUBIN, paraissant.

M. de la Porcheraie!

Il enlève la table.

DUTRÉCY, contrarié. A part.

Ah! il vient nous déranger!...

DE LA PORCHERAIE, entrant. — Il est très-agité. — A Dutrécy.

A l'heure du déjeuner, j'étais sûr de vous rencontrer...

DUTRÉCY.

Qu'y a-t-il? vous avez la figure toute décomposée... vous si calme ordinairement...

DE LA PORCHERAIE.

Calme!... certainement, je suis calme pour les affaires des autres, mais si vous saviez ce qui m'arrive...

DUTRÉCY.

Quoi donc?

DE LA PORCHERAIE.

Une chose extrêmement désagréable... une chose inouïe... (Saluant Thérèse.) Mademoiselle...

THÉRÈSE.

Je me retire...

DE LA PORCHERAIE, à Thérèse.

Pardon... c'est l'affaire d'une minute...

DUTRÉCY.

C'est l'affaire d'une minute...

Thérèse sort.

DE LA PORCHERAIE, à Dutrécy.

Figurez-vous, mon cher, qu'en rentrant tout à l'heure chez moi... (Apercevant Aubin.) Qu'est-ce que tu fais là, toi?

AUBIN.

J'attends que vous ayez fini... j'ai aussi à parler à monsieur...

DUTRÉCY, à Aubin.

Veux-tu me laisser tranquille!...

AUBIN.

C'est que...

DUTRÉCY.

Je n'ai pas le temps de t'écouter... va-t'en!

AUBIN, à part.

Il faudra bientôt lui demander une audience!

Il sort

SCÈNE III.

DUTRÉCY, DE LA PORCHERAIE.

DUTRÉCY.

Voyons... parlez!

DE LA PORCHERAIE.

Eh bien, mon ami... voilà ma femme qui fait des siennes...

DUTRÉCY.

Quoi donc?

DE LA PORCHERAIE.

Elle vient de me faire sommation par huissier d'avoir à la recevoir dans le domicile conjugal!

DUTRÉCY.

Comment! une déclaration de guerre?

DE LA PORCHERAIE, remettant un papier timbré à Dutrecy.

Tenez!... voilà son projectile!...

DUTRÉCY.

Voyons!... (Lisant.) « L'an mil huit cent soixante-quatre, le 23 février, à la requête de madame... »

DE LA PORCHERAIE.

Passez! passez!

DUTRÉCY, lisant.

« J'ai dit et déclaré à mondit sieur de la Porcheraie, que, si la requérante est demeurée pendant quelques années séparée de fait avec ledit sieur de la Porcheraie, c'était par suite d'un commun accord avec ce dernier et ladite requérante; que madame de la Porcheraie entend aujourd'hui réintégrer le domicile conjugal... »

DE LA PORCHERAIE.

Qu'est-ce qui lui prend, après onze ans d'une séparation sans nuage?

DUTRÉCY.

« Que cependant, si le sieur de la Porcheraie refuse de la recevoir, ce refus n'est pas fondé puisqu'il n'est appuyé sur aucun motif légitime; qu'en effet, aucune séparation de corps n'a été prononcée entre les deux époux; qu'aux termes de l'art. 214 du code Napoléon, la femme a le droit d'habiter avec son mari et de le suivre partout où il jugera convenable de résider... »

DE LA PORCHERAIE.

C'est de l'arbitraire!...

DUTRÉCY, lisant.

« En conséquence, j'ai huissier susdit, soussigné, fait sommation à mondit sieur de la Porcheraie... »

DE LA PORCHERAIE.

Passez! passez!...

DUTRÉCY, lisant.

« Et afin qu'il n'en ignore, je lui ai, en parlant comme ci-dessus, laissé la présente copie, dont le coût est de cinq francs quatre-vingt-dix centimes (Parlé.) Ce n'est pas trop cher!... cinq francs quatre-vingt-dix!...

DE LA PORCHERAIE.

Voyons, que me conseillez-vous? D'abord, je refuse de recevoir la requérante!... Je n'en veux pour rien au monde, de la requérante!...

DUTRÉCY.

Cependant si l'article 214...

DE LA PORCHERAIE.

L'article 215 doit le détruire. Si ce n'est pas celui-là, c'est un autre... Il s'agit de le trouver... Quelle faute de se marier sans avoir fait son droit!...

DUTRÉCY.

C'est bien simple!... allez consulter un avoué.

DE LA PORCHERAIE.

Mais je n'en connais pas... je n'ai jamais eu de procès.

DUTRÉCY.

Attendez!... (Allant chercher un livre.) J'ai là un Annuaire du Palais... vous trouverez tous les renseignements.

DE LA PORCHERAIE, prenant le volume.

Merci!... J'étais si heureux!... je sortais de chez Fourcinier...

DUTRÉCY.

A propos! est-ce conclu?

DE LA PORCHERAIE.

Oui!... nous sommes tombés d'accord à cent cinquante-cinq mille francs!

DUTRÉCY.

Comment! il a encore augmenté de cinq mille francs?

DE LA PORCHERAIE.

Qu'est-ce que vous voulez!... il a retrouvé un oncle...

DUTRÉCY.

Un oncle?

DE LA PORCHERAIE.

Qui a habité aussi la maison blanche... à volets verts... Mais l'opération est magnifique!... je lui ai dit que vous étiez de moitié dans l'affaire, et il va venir tout à l'heure pour signer le sous-seing.

DUTRÉCY.

Mais il n'est pas prêt, le sous-seing!

DE LA PORCHERAIE.

Dépêchez-vous...

DUTRÉCY.

Je vais le rédiger pendant que vous allez choisir avoué...

Il entre à gauche.

SCÈNE IV.

DE LA PORCHERAIE, feuilletant l'annuaire, puis **ARMAND**.

DE LA PORCHERAIE.

Lequel prendre? (Lisant.) Bonnivet... Bonivard... Boniveau... (Parlé.) Où est le bon?

ARMAND, entrant par le fond.

Je viens de chez Georges... il était sorti... mais j'ai rencontré sa sœur... quelle adorable femme!

DE LA PORCHERAIE.

Ah! c'est vous?

ARMAND.

Que faites-vous donc là?

DE LA PORCHERAIE.

Je cherche un avoué... à tâtons. Vous n'en connaîtriez pas un... célibataire... ou séparé... cela vaudrait encore mieux!

ARMAND.

Non.

DE LA PORCHERAIE, se levant.

Je suis bien bon... je vais aller au Palais... je questionnerai, je m'informerai... (A Armand.) Mon ami, ne vous mariez jamais!... on ne sait pas tout ce que le mariage cache de piéges... Article 214...

Il sort.

SCÈNE V.

ARMAND, THÉRÈSE, puis GEORGES.

ARMAND, seul.

Quoi, article 214?...

THÉRÈSE.

Ah! je te guettais! je t'ai vu rentrer... Eh bien, as-tu vu M. Georges?

ARMAND.

Non... il était sorti... mais j'ai causé avec madame de Verrières... Ah! Thérèse, quel cœur! quelle âme! quel charme!...

THÉRÈSE.

Oui, mais Georges...

ARMAND.

Il était sorti! Hier déjà, après le bal, j'ai passé plus d'une heure avec elle... on m'a raconté sa vie... une vie de sacrifice et de dévouement!

THÉRÈSE, impatientée.

Mais Georges?

ARMAND.

Il va venir... dès qu'il sera rentré, elle le conduira elle-même ici... elle est si bonne! car il faut la connaitre...

THÉRÈSE.

Alors, il m'aime toujours?

ARMAND.

Certainement... Son abord paraît froid, sévère même...

THÉRÈSE.

Mais pourquoi a-t-il renoncé à ma main?

ARMAND.

Qui ça?

THÉRÈSE.

Georges!

ARMAND.

Ah! parce que... non!... je ne puis te le dire... mais c'est l'homme le plus loyal et le plus dévoué que je connaisse... c'est le frère de sa sœur!... esprit, sensibilité, bienveillance!...

THÉRÈSE.

Georges?

ARMAND.

Sa sœur! Georges aussi?

THÉRÈSE.

Et il va venir?

ARMAND.

Je les attends... il fera de nouveau sa demande, il s'excusera près de notre oncle... qui se laissera attendrir... je compte beaucoup sur madame de Verrières...

THÉRÈSE

Oh! mon oncle fera tout ce que je voudrai!... Il est excellent pour moi... il me regarde avec une douceur toute paternelle... Hier soir, en rentrant, j'avais du chagrin... il me baisait les mains...

ARMAND.

Comment! lui?

THÉRÈSE.

Ça lui arrive souvent...

ARMAND.

C'est singulier... et qu'est-ce qu'il te dit en te baisant les mains ?

THÉRÈSE.

Oh! je n'ose pas le répéter... Il me dit que je suis bien gentille... et que nous ferons très-bon ménage ensemble.

ARMAND, à part, repoussant un soupçon.

Allons donc! je suis absurde!

THÉRÈSE.

Par exemple, ce matin, il m'a fait de la peine... sans le vouloir... il soupçonne Georges...

ARMAND.

De quoi?

THÉRÈSE.

D'avoir un amour dans le cœur pour une autre personne...

ARMAND.

C'est une calomnie!

THÉRÈSE.

Il prétend que les idées de l'homme ne se fixent véritablement que de cinquante à cinquante-quatre ans.

ARMAND, à part.

Juste! son âge!... Parbleu! j'éclaircirai ça!...

Georges paraît au fond

THÉRÈSE, l'apercevant.

Ah! voilà M. Georges!

GEORGES.

Mademoiselle... j'hésite à me présenter devant vous... Pardonnez-moi... je ne suis pas coupable... ce que j'ai fait, je devais le faire... mais je n'ai jamais cessé de vous aimer...

ACTE TROISIÈME.

THÉRÈSE.

Ah! je le savais bien!...

ARMAND.

Tu es seul? Je croyais que madame de Verrières...

GEORGES.

Elle est restée en bas, dans la voiture.

ARMAND.

Mais pourquoi?... nous avons besoin de son appui... Je vais la chercher.

GEORGES.

Non... reste! j'ai à te parler!

THÉRÈSE.

Je vais la faire prier de monter... (A Armand.) Toi, préviens mon oncle... il est dans son cabinet...

Elle sort par le fond.

SCÈNE VI.

ARMAND, GEORGES.

GEORGES.

Armand, avant de tenter une nouvelle démarche près de M. Dutrécy, j'ai voulu t'adresser une question à laquelle je te prie de répondre loyalement et sincèrement.

ARMAND.

Parle.

GEORGES.

Est-ce bien vrai que tu n'aimes pas Thérèse?

ARMAND, vivement.

Oh! mon ami, je te le jure!... certainement Thérèse est jolie!...

GEORGES.

Ravissante! elle a les yeux d'un bleu...

ARMAND, à part.

Lui aussi, il les croit bleus!... (Haut.) Mais tu comprends... ses goûts ne sont pas les miens... son caractère...

GEORGES.

Il est charmant! Je ne sais pas ce que tu peux lui reprocher?...

ARMAND.

Je ne lui reproche rien... c'est une enfant, elle a les défauts de son âge, légère, étourdie!

GEORGES.

C'est une erreur, tu ne la connais pas... Thérèse est posée, réfléchie.

ARMAND.

Ah! par exemple, je t'assure que non!

GEORGES.

Mais je t'assure que si!

ARMAND.

Je t'assure que non!

GEORGES.

Je t'assure que si!

ARMAND.

Voyons, ne vas-tu pas me chercher querelle parce que je ne suis pas amoureux de ta femme?

GEORGES.

C'est que tu as l'air de dire que Thérèse est étourdie...

si elle avait un défaut, elle serait plutôt trop sérieuse... elle baisse les yeux...

ARMAND.

Ça... je sais pourquoi !

GEORGES.

Pourquoi?

ARMAND.

Mais... par modestie apparemment...

GEORGES.

Ah !

ARMAND.

Tiens, veux-tu que je te donne une meilleure raison de mon indifférence pour Thérèse?

GEORGES.

Oui... car celles-là sont pitoyables !

ARMAND.

Eh bien! mon ami... je crois que j'aime une autre femme...

GEORGES.

Allons donc! depuis quand?

ARMAND.

Depuis hier...

GEORGES.

Diable!... tu vas bien, toi!... Et peut-on connaitre l'objet de ta nouvelle passion? Une femme très-grave, sans doute.

ARMAND.

Ah! mon ami, une femme... comme il n'en existe pas deux sous le ciel!...

GEORGES.

Je te remercie pour Thérèse.

ARMAND.

C'est une veuve... qui a juré de ne pas se remarier..

GEORGES.

Allons, bon! alors, qu'est-ce que tu veux en faire?

ARMAND.

Je veux l'aimer et ne pas le lui dire!

GEORGES.

Mon Dieu! que vous êtes drôles dans la marine! Si je parlais pour toi?

ARMAND.

C'est inutile!... sa position de fortune me défend de penser à elle...

GEORGES.

Je la connais.

ARMAND.

Oui!

GEORGES.

Qui?

ARMAND.

Je ne peux pas le dire...

GEORGES.

A moi?...

ARMAND.

Je t'en prie... laisse-moi ce secret... le seul qu'il y aura entre nous.

GEORGES.

Tu as tort de refuser mes services, je suis très-éloquent pour mes amis.

ARMAND.

Eh bien, tâche de l'être un peu pour toi... Je vais chercher mon oncle, et je prévois des difficultés.

GEORGES.

Lesquelles?...

ARMAND.

Non... je ne suis pas assez sûr... d'ailleurs, nous verrons bien... attends-moi !...

Il entre à gauche.

SCÈNE VII.

GEORGES, MADAME DE VERRIÈRES,
puis THÉRÈSE.

MADAME DE VERRIÈRES, *paraissant au fond en parlant à la cantonade.*

Il est charmant! c'est une merveille!

GEORGES.

A qui parles-tu?

MADAME DE VERRIÈRES.

A Thérèse... Elle est en extase! on lui apporte de la part de son oncle un magnifique mantelet de dentelles... C'est décidément un très-bon homme que cet oncle-là...

GEORGES.

Je viens d'avoir mon explication avec Armand.

MADAME DE VERRIÈRES.

Eh bien, tu l'as trouvé radicalement guéri?...

GEORGES.

C'est-à-dire... tu ne sais pas... il est amoureux d'une autre femme!

MADAME DE VERRIÈRES, tressaillant.

Ah!

GEORGES, à part.

Tiens! elle a tressailli! Est-ce que?...

MADAME DE VERRIÈRES.

M. Armand, amoureux!... quelle plaisanterie!...

GEORGES.

C'est très-sérieux. Il n'a pas voulu me nommer la personne. Je sais seulement qu'elle est veuve...

MADAME DE VERRIÈRES.

Ah!

GEORGES, à part.

Encore! (Haut.) Une veuve qui ne veut pas se remarier!...

MADAME DE VERRIÈRES.

Vraiment?

GEORGES.

Et qui d'ailleurs occupe une position telle...

MADAME DE VERRIÈRES.

Une position de fortune?...

GEORGES, l'observant.

Oui... c'est la veuve... d'un amiral...

MADAME DE VERRIÈRES.

Ah! mon Dieu!

GEORGES, vivement.

Non! d'un colonel!... Tu l'aimes!...

ACTE TROISIÈME.

MADAME DE VERRIÈRES.

Tais-toi !... je n'ai rien dit !...

GEORGES.

Moi, j'ai entendu !... Tiens, embrasse-moi !...

THÉRÈSE, entrant.

Ah! qu'il est bon, mon oncle! il a choisi ce qu'il y avait de plus cher! Le voici!

SCÈNE VIII.

LES MÊMES, DUTRÉCY, ARMAND.

ARMAND.

Venez, mon oncle.

DUTRÉCY, saluant.

Madame... monsieur Georges... Je vous avoue que je ne m'attendais pas à recevoir votre visite après le scandale d'hier.

MADAME DE VERRIÈRES.

Mon frère, en effet, n'osait pas se présenter... c'est moi qui l'ai amené...

GEORGES.

Monsieur Dutrécy... veuillez recevoir mes excuses... J'avais un peu perdu la tête... je croyais remplir un devoir... heureusement, je me suis trompé... Je viens donc vous prier de me rendre vos bonnes grâces... et la parole que vous m'aviez donnée...

DUTRÉCY.

Mon cher monsieur Georges... vous me voyez désolé...

mais, après votre refus... j'ai dû me croire libre... et j'ai promis la main de Thérèse à une autre personne.

TOUS.

Comment?

THÉRÈSE, bas.

Un autre prétendu? je n'en veux pas!...

DUTRÉCY, de même.

Thérèse, taisez-vous!...

THÉRÈSE, de même.

Vous m'aviez promis de m'accorder tout ce que je vous demanderais...

DUTRÉCY, de même.

Voulez-vous retourner chez mademoiselle Pinta?

THÉRÈSE, de même.

Non!

DUTRÉCY, de même.

Alors, taisez-vous!

GEORGES.

De grâce, monsieur, ne brisez pas par un refus mes espérances les plus chères... il est impossible qu'en aussi peu de temps vous vous soyez engagé d'une façon irrévocable...

DUTRÉCY.

Irrévocable!

GEORGES.

Puis-je au moins connaître la personne?

DUTRÉCY.

C'est un homme qui a toutes mes sympathies... qui rendra ma nièce heureuse, j'en suis certain... mais je ne puis encore le nommer...

ARMAND, à part.

C'est lui!... (Haut.) Mon oncle, puis-je vous dire deux mots en particulier?

DUTRÉCY.

A moi? Certainement, mon ami.

ARMAND, aux autres.

Vous permettez?... une minute seulement..

MADAME DE VERRIÈRES, à part.

Que va-t-il faire?

DUTRÉCY.

Thérèse... montez chez vous!

THÉRÈSE.

Oh! comme vous êtes changé, mon oncle!...

> Georges, madame de Verrières entrent à gauche, Thérèse sort par le fond.

SCÈNE IX.

ARMAND, DUTRÉCY.

ARMAND, à part.

S'il aime Thérèse... je vais le savoir!...

DUTRÉCY, à part.

Que diable peut-il me vouloir?...

ARMAND.

Ah! mon oncle!! j'avais hâte d'être seul avec vous... et maintenant, je ne sais comment vous remercier... les expressions me manquent pour vous témoigner ma reconnaissance.

DUTRÉCY.

A moi?... Pourquoi?

ARMAND.

Je me souviens de ce que vous m'avez dit hier à ce bal...
« Te marier à Thérèse... c'était mon rêve! »

DUTRÉCY.

Permets!

ARMAND.

Oh! je vous ai deviné... Ce mari qui doit rendre Thérèse heureuse... qui a toutes vos sympathies... c'est moi!

DUTRÉCY, vivement.

Non! ne va pas te monter la tête!...

ARMAND.

Vous n'avez pas voulu vous jouer de moi... ce que vous me disiez hier...

DUTRÉCY.

Certainement tu es une bonne nature... je t'aime beaucoup... mais tu n'as pas de fortune... pas de position...

ARMAND.

Oh! avec la dot de ma femme, je saurai m'en faire une...

DUTRÉCY.

Ta femme!... ta femme!... je te dis de ne pas te monter la tête!...

ARMAND.

Est-ce qu'on peut résister à tant de charmes? Si vous la connaissiez... car je suis sûr que vous ne l'avez pas regardée!...

DUTRÉCY.

Oh! si.

ARMAND, à part.

Ah!... (Haut.) Elle est si belle!

DUTRÉCY.

Avec ses yeux bleus!...

ARMAND, à part.

Décidément l'amour porte des lunettes bleues!... (Haut. Et sa voix! quelle douceur! et ses mains!

DUTRÉCY.

Oh! oui!... et ses pieds!... On ne l'entend pas marcher... on la sent passer... comme un souffle! comme une brise dont la fraîche haleine...

ARMAND, l'interrompant.

Allons, tranchons le mot, vous l'aimez!...

DUTRÉCY, vivement.

Moi? je n'ai pas dit cela!...

ARMAND.

Vous en rougissez! c'est déjà quelque chose!

DUTRÉCY.

Je n'en rougis pas!

ARMAND.

Alors, mon oncle, je le regrette pour vous... une pareille folie...

DUTRÉCY.

Monsieur Armand, je n'ai que faire de vos conseils.

ARMAND.

Permettez-moi cependant de vous les offrir... respectueusement... mais avec la ferme volonté de m'opposer à vos projets.

DUTRÉCY.

Comment! je ne peux pas me marier si cela me fait plaisir! et l'on viendra chez moi!... (Se calmant.) Non... je ne veux pas me mettre en colère... Fourcinier me l'a défendu... Et l'on viendra chez moi... mais vous trouverez bon que je me passe de vos avis... Je ferai ce que je croirai devoir faire, et je ne céderai ni devant vos prières, ni devant vos menaces...

ARMAND.

C'est ce que nous verrons...

DUTRÉCY.

Et, après ce que je viens de vous dire, je n'ai pas besoin d'ajouter que, me trouvant très-petitement logé, vous pouvez dès aujourd'hui faire choix d'un autre appartement...

ARMAND.

Eh bien, puisque vous me rendez ma liberté, j'en profite... Vous voulez la lutte? soit! je l'accepte.

DUTRÉCY.

Hein?

Georges et madame de Verrières paraissent.

ARMAND.

Entrez!... il faut que tout se passe au grand jour!...

SCÈNE X.

Les Mêmes, GEORGES, MADAME DE VERRIÈRES, puis AUBIN.

DUTRÉCY.

Que va-t-il faire?

ARMAND.

Vous ne connaissez pas le prétendu de notre chère Thérèse?

ACTE TROISIÈME.

DUTRÉCY.

Plus tard!

ARMAND.

Permettez-moi de vous le présenter.

Il indique Dutrécy

MADAME DE VERRIÈRES.

M. Dutrécy!

GEORGES.

Lui!

ARMAND, bas, à Dutrécy.

Vous voyez l'effet!...

GEORGES.

Mais, monsieur, ce n'est pas possible.

DUTRÉCY.

Et pourquoi donc, monsieur, s'il vous plaît?

GEORGES.

Vous ne l'aimez pas... vous ne pouvez pas l'aimer... à votre âge... tandis que moi... si vous me l'enlevez... j'en mourrai!

DUTRÉCY.

Eh bien, moi aussi, j'en mourrai! et j'aime mieux que ce soit vous. (A part.) Il faut me débarrasser de tous ces gens-là!... (Aubin paraît.) Faites avancer une voiture... vous reviendrez prendre les malles de M. Armand qui part...

GEORGES, à Armand.

On te chasse... viens chez moi... chez toi!

AUBIN, à part.

Encore des malles! (A Dutrécy.) J'aurais quelque chose d'important à dire à monsieur...

DUTRÉCY.

Plus tard! Laisse-moi tranquille.

Aubin sort.

ARMAND, à Dutrécy.

Je ne vous dis pas adieu, mon oncle, nous nous reverrons!... Merci, Georges! viens...

Il entre dans sa chambre avec Georges.

SCÈNE XI.

DUTRÉCY, MADAME DE VERRIÈRES.

DUTRÉCY, à part.

C'est inimaginable! venir me braver... dans ma maison!...

MADAME DE VERRIÈRES.

Monsieur Dutrécy...

DUTRÉCY, à part.

Tiens, la sœur est restée... (Haut.) Madame...

MADAME DE VERRIÈRES.

J'espère encore vous faire renoncer à un projet... qui n'est pas raisonnable...

DUTRÉCY.

Permettez, madame, je suis d'âge à savoir ce que je fais...

MADAME DE VERRIÈRES.

Précisément... considérez votre âge et celui de Thérèse.

DUTRÉCY.

Je me porte très-bien... et je me soigne merveilleusement!

MADAME DE VERRIÈRES.

Monsieur Dutrécy... veuillez m'écouter! vous ne savez pas par quelles douleurs vous allez faire passer cette enfant. Moi aussi, je fus mariée jeune... à un galant homme.. comme vous...

DUTRÉCY.

Madame! (A part.) Au moins elle est polie!

MADAME DE VERRIÈRES.

Le colonel de Verrières, mon mari, avait vingt-deux ans de plus que moi...

DUTRÉCY.

Il n'y a pas cette distance entre Thérèse et moi.

MADAME DE VERRIÈRES

On vous donne cinquante-quatre ans.

DUTRÉCY.

A peine!

MADAME DE VERRIÈRES.

Thérèse en a dix-neuf.

DUTRÉCY.

Passés!

MADAME DE VERRIÈRES.

Cela fait trente-cinq ans...

DUTRÉCY, vivement.

Je n'en sais rien! je ne sais pas calculer de tête!

MADAME DE VERRIÈRES.

Eh bien, monsieur, je vais vous avouer... ce que je n'ai dit encore à personne... Je ne fus pas heureuse avec mon mari...

DUTRÉCY.

Ah! pardon, et lui?

MADAME DE VERRIÈRES.

Oh! lui ne le sut jamais... Je l'entourais de soins... d'attentions... de prévenances...

DUTRÉCY, à lui-même.

Eh bien, alors?

MADAME DE VERRIÈRES.

Mais je ne trouvais pas dans son cœur ce qu'il y avait dans le mien... la jeunesse... les élans... les aspirations...

DUTRÉCY.

Oh! ça...

MADAME DE VERRIÈRES.

Les goûts de M. de Verrières n'étaient plus les miens... il finissait, et, moi, je commençais... Je sus néanmoins remplir mes devoirs... sacrifier mes penchants...

DUTRÉCY, à lui-même.

Eh bien, alors?... Elle est très-bien cette dame!

MADAME DE VERRIÈRES.

Mon mari fut pris de la goutte!

DUTRÉCY.

Ah! voilà!

MADAME DE VERRIÈRES.

Et, à l'âge des distractions et des plaisirs, je dus me résigner à partager son sort. Je passai les cinq plus belles années de ma vie à soigner un vieillard exigeant, morose... injuste souvent... Je ne le quittais pas, je souriais près de son chevet... sauf à pleurer quand je me trouvais seule.

DUTRÉCY.

Pauvre femme! Et lui... il fut heureux?

MADAME DE VERRIÈRES.

Oh! jusqu'au dernier moment!...

ACTE TROISIÈME.

DUTRÉCY, à lui-même.

Eh bien, alors? (Haut.) Madame je vous remercie de ces bonnes paroles... j'avais besoin de les entendre.

MADAME DE VERRIÈRES.

Ah! je savais bien que je finirais par vous convaincre.

DUTRÉCY.

Oui, je suis convaincu... et je ne demande au ciel qu'une chose, c'est que Thérèse me soit une épouse aussi accomplie, aussi dévouée que vous l'avez été, madame...

MADAME DE VERRIÈRES.

Comment, monsieur, après ce que je viens de vous confier...

DUTRÉCY.

J'ai besoin d'un intérieur... Veuillez recevoir, madame, l'expression de ma sincère admiration et de ma profonde estime...

MADAME DE VERRIÈRES, sèchement.

Je vous remercie... Me permettrez-vous de faire mes adieux à Thérèse?

DUTRÉCY.

Comment donc! Thérèse ne peut puiser que de bons exemples dans votre compagnie!

MADAME DE VERRIÈRES, à part.

Ah le vilain homme!

Elle entre chez Thérèse

SCÈNE XII.

DUTRÉCY, puis DE LA PORCHERAIE.

DUTRÉCY, seul.

Charmante femme! après tout, il a été heureux, ce colonel! et je serai comme lui, à la barbe de M. Armand. Il est bien long à déménager... il conspire avec son ami... Nous voilà en guerre... ça me contrarie... je n'aime pas la lutte, moi... ça trouble mon repos... mes habitudes... mes digestions... Il me faudrait trouver un moyen... doux..

DE LA PORCHERAIE, entrant vivement.

Ah! vous voilà!

DUTRÉCY, à part.

De la Porcheraie! encore!

DE LA PORCHERAIE.

Ah! mon ami, donnez-moi un siége.

Il s'assied

DUTRÉCY.

Qu'est-il arrivé?

DE LA PORCHERAIE.

Un sinistre! un éboulement! ma femme est revenue! Elle a réintégré!

DUTRÉCY, à part.

Ah! si ce n'est que ça!...

DE LA PORCHERAIE

En rentrant, je l'ai trouvée installée chez moi avec ses domestiques, ses paquets et un petit chien... qui mord! ils ont violé mon domicile!

DUTRÉCY.

Eh bien, le mal n'est pas si grand... J'ai bien d'autres inquiétudes, moi!... quand vous conduiriez madame de la Porcheraie deux ou trois fois au bal... Figurez-vous que Thérèse...

DE LA PORCHERAIE.

Ah bien, oui!... le bal! Ce n'est plus ça... elle est devenue dévote!...

DUTRÉCY.

Dévote!... Figurez-vous...

DE LA PORCHERAIE.

Ils lui ont persuadé qu'elle ne pouvait vivre honorablement que sous le toit conjugal.

DUTRÉCY.

On ne peut pas trop les blâmer... Figurez-vous que Thérèse...

DE LA PORCHERAIE, se levant.

Je vous demande un peu de quoi on se mêle!... il y a des gens qui ont la rage de troubler les ménages en y faisant rentrer les femmes!

DUTRÉCY.

Eh! mon Dieu, calmez-vous!

DE LA PORCHERAIE.

Vous voulez que je me calme quand j'ai marché dans mon antichambre sur trois bedeaux et une loueuse de chaises. — Voyons, connaissez-vous un moyen?

DUTRÉCY.

J'en cherche un... (A part.) Si je pouvais réexpédier Armand en Amérique!

DE LA PORCHERAIE.

Et mes gravures! c'est trop fort! vous savez combien je suis amateur!

DUTRÉCY.

Oui.

DE LA PORCHERAIE.

Daphnis et Chloé... Diane au bain... Le Jugement de Pâris...

DUTRÉCY.

Collection de célibataire... (A part.) Non... il refuserait.

DE LA PORCHERAIE.

Ma femme venait de les retourner... face au mur.

DUTRÉCY.

Ah! et vous?

DE LA PORCHERAIE.

Moi? je les ai remises face au public!

DUTRÉCY.

Eh bien, qu'a-t-elle fait?

DE LA PORCHERAIE.

Elle a levé les yeux au plafond, c'est son habitude maintenant, elle est toujours comme ça... aussi je vais le faire peindre à fresque... mon plafond... je vais lui camper un Enlèvement d'Europe et un Triomphe de Galathée.

DUTRÉCY.

J'irai voir ça... Ah! j'ai trouvé!

DE LA PORCHERAIE.

Quoi?

DUTRÉCY.

Le moyen!... un voyage!... je l'emmène!... je l'enlève!...

ACTE TROISIÈME.

DE LA PORCHERAIE.

Ma femme?... (Le remerciant.) Ah! cher ami!

DUTRÉCY.

Non! ma nièce! comme tuteur, j'en ai le droit!

DE LA PORCHERAIE.

Ah çà! à quoi jouons-nous? je vous parle de ma femme...

DUTRÉCY.

Et moi de Thérèse!...

DE LA PORCHERAIE.

Thérèse! qu'est-ce que ça me fait?

DUTRÉCY.

Ah bien! qu'est-ce que ça me fait, votre femme? Je ne peux pourtant pas continuellement m'occuper de vos affaires... il faut être raisonnable.

DE LA PORCHERAIE.

C'est juste... Vous avez aussi des préoccupations?

DUTRÉCY.

Oui... Figurez-vous que Thérèse...

DE LA PORCHERAIE.

D'abord je veux épuiser avant de nous séparer tous les moyens de conciliation...

DUTRÉCY.

Mais je suis enchanté de mon idée... parce que, un voyage...

DE LA PORCHERAIE.

On m'a indiqué un avocat qui est dans le mouvement.. il plaide contre sa femme...

DUTRÉCY.

Nous partirons le soir...

DE LA PORCHERAIE.

Un homme étonnant pour séparer.

DUTRÉCY.

Mystérieusement... à la brune.

DE LA PORCHERAIE.

Il séparerait Philémon et Baucis.

DUTRÉCY.

Sans bagages, comme pour une promenade !

DE LA PORCHERAIE.

Je dois le voir à cinq heures.

DUTRÉCY.

Aubin nous rejoindra avec les malles.

DE LA PORCHERAIE, tirant sa montre.

Moins sept !

DUTRÉCY.

Et de cette façon...

DE LA PORCHERAIE.

Je me sauve...

Il sort vivement.

DUTRÉCY, seul, continuant.

Et de cette façon... en ne faisant part de notre itinéraire à personne... et en cachant notre adresse à tout le monde, je dépisterai les poursuites...

SCÈNE XIII.

DUTRÉCY, puis FOURCINIER, entrant par le fond et donnant la main à Dutrécy.

DUTRÉCY, l'apercevant.

Tiens, c'est le docteur!

FOURCINIER.

Oui, c'est moi!

DUTRÉCY, à part.

Il arrive à propos.

FOURCINIER.

Je viens pour le sous-seing.

DUTRÉCY.

Le sous-seing?

FOURCINIER

Le jardin.

DUTRÉCY.

Ah! le jardin! vous faites là une bonne affaire!

FOURCINIER.

C'est à son prix.

DUTRÉCY.

Eh bien, en retour, je voudrais vous demander un petit service.

FOURCINIER.

Parlez!

DUTRÉCY.

C'est de voir ma nièce et de lui ordonner une saison aux eaux.

FOURCINIER.

Quelles eaux?

DUTRÉCY.

Oh! celles que vous voudrez... les eaux de Spa, par exemple... elles me réussissent assez!

FOURCINIER.

Elle est donc malade?

DUTRÉCY.

Non... c'est moi qui les prendrai... mais je désire soustraire Thérèse à certaines poursuites qui m'inquiètent... enfin, il faut que nous partions!

FOURCINIER.

Rien n'est plus simple!

DUTRÉCY.

Je vous demanderai une ordonnance... cela a l'air plus sérieux...

FOURCINIER.

Très-bien... je verrai Thérèse.

DUTRÉCY.

Merci! Elle est dans sa chambre... moi, je vais chercher notre acte de vente!... Heureux docteur! qu'est-ce qu'il fera de tout cet argent-là?... A tout à l'heure... les eaux de Spa, entendez-vous?

Il sort.

SCÈNE XIV.

FOURCINIER, GEORGES.

FOURCINIER.

Soyez tranquille!... A quelles poursuites veut-il donc

soustraire Thérèse?... Après tout, ça ne me regarde pas... nous disons Spa!... le ferrugineux ne fait de mal à personne.

GEORGES, entrant.

Les malles sont faites!... (Appelant.) Aubin !

FOURCINIER.

Monsieur Georges!...

GEORGES.

Vous, docteur!... Est-ce qu'il y a quelqu'un de malade ici?

FOURCINIER.

Non. Je viens pour affaire... je vends mon jardin de Passy à de la Porcheraie et à Dutrécy.

GEORGES.

Comment! votre jardin situé rue des Dames?...

FOURCINIER.

Trois arpents... cent cinquante-cinq mille francs... c'est un beau prix!

GEORGES.

Ne faites pas cela, c'est une sottise!

FOURCINIER.

Comment?

GEORGES.

Vous ne savez donc pas qu'on doit percer une nouvelle rue qui traversera votre terrain dans toute son étendue?... Cela vaut six cent mille francs.

FOURCINIER.

Six cent mille!... ah! les coquins!... mais vous êtes bien sûr?

GEORGES.

On est venu nous proposer l'affaire... J'ai refusé cause de vous... J'allais vous écrire...

FOURCINIER.

Ah! mon ami... un quart d'heure de plus.., j'étais pris... je comprends maintenant l'histoire de l'abattoir!

GEORGES.

Quelle histoire?

FOURCINIER.

Ah! je l'attends avec son sous-seing! Il saura ce que je pense de lui!... un homme atroce!

GEORGES.

Oh! oui! qui s'avise d'aimer sa nièce!

FOURCINIER.

Comment? Thérèse?

GEORGES.

Et il veut l'épouser!

FOURCINIER.

Lui! un monsieur qui cherche à me subtiliser mon terrain!... elle serait malheureuse en ménage!

GEORGES.

Certainement!

FOURCINIER.

Car vous ne le connaissez pas... moi, je l'ausculte tous les mercredis... c'est un maniaque, un despote, un égoïste qui ne pense qu'à sa personne... et à mon terrain... il vaut six cent mille francs, mon terrain!... et il a eu le courage de m'offrir...

GEORGES.

Je l'entends!

FOURCINIER.

Ah! tant mieux. Je vais lui dire ce que j'ai sur le cœur.

GEORGES, se retirant.

Du calme, docteur... (A part.) Ma foi, qu'ils s'arrangent!

Il sort.

SCÈNE XV.

FOURCINIER, DUTRÉCY.

DUTRÉCY, entrant.

Voici notre petit sous-seing... nous allons collationner.

FOURCINIER, à part, le regardant.

Et ça veut se marier! ah! quelle idée... oui!

DUTRÉCY.

« Entre les soussignés... »

FOURCINIER.

Attendez... je suis à vous...

Il se met à la table et écrit.

DUTRÉCY.

Vous faites l'ordonnance?

FOURCINIER.

Oui... (A part, tout en écrivant.) Ah! tu jettes des abattoirs dans le jardin des médecins! nous allons voir...

DUTRÉCY.

Vous mettez Spa?

FOURCINIER.

Soyez tranquille. (Se levant.) Mais avant tout, mon cher

Dutrécy, donnez-moi la main... ce que vous faites est très-bien.

DUTRÉCY.

Quoi donc?

FOURCINIER.

Je viens d'apprendre votre mariage avec Thérèse.

DUTRÉCY.

Ah! et vous ne me désapprouvez pas trop!

FOURCINIER.

Par exemple!

DUTRÉCY.

Et au point de vue de ma santé... vous ne voyez aucun inconvénient?

FOURCINIER.

Aucun!

DUTRÉCY.

Très-bien! Du reste, je continuerai mon régime.

FOURCINIER.

Mon ami, pardonnez-moi, je vous avais méconnu... c'est beau! c'est grand!... au nom de l'humanité, je vous remercie!

DUTRÉCY.

Pourquoi au nom de l'humanité?

FOURCINIER.

Comme vous me l'avez recommandé, je viens de voir Thérèse... Je ne l'ai pas trouvée bien...

DUTRÉCY, étonné.

Quoi?...

ACTE TROISIÈME.

FOURCINIER.

Oh! mais pas bien du tout!

DUTRÉCY.

Comment?...

FOURCINIER.

Vous aviez raison, c'est une nature maladive... chétive... languissante...

DUTRÉCY.

Elle n'a jamais été malade!

FOURCINIER.

Pas d'illusions!... Dites-moi... est-ce qu'elle n'a pas éprouvé aujourd'hui une secousse, une contrariété?...

DUTRÉCY.

Si!... nous avons eu une petite scène...

FOURCINIER.

Voilà! mais, un peu plus tôt ou un peu plus tard, cela devait arriver...

DUTRÉCY.

Mais, enfin, qu'est-ce qu'elle a?

FOURCINIER.

Mon ami, c'est tout l'organisme qui est à refaire?

DUTRÉCY.

Tant que ça!...

FOURCINIER.

Le cœur souffre, susceptibilité nerveuse... impressionnabilité de la muqueuse...

DUTRÉCY.

Mais elle n'a rien de bon alors?...

FOURCINIER.

Ce sera long... très-long.

DUTRÉCY.

Combien de temps à peu près?

FOURCINIER.

Quatre ans... six ans... dix ans!... on ne sait pas ! c'est une femme qui traînera...

DUTRÉCY.

Oui, il faudra toujours la soigner?...

FOURCINIER.

Voici l'ordonnance... je reviendrai ce soir.

DUTRÉCY, prenant l'ordonnance.

C'est-à-dire que je vais être garde-malade!

FOURCINIER.

Ah!... j'oubliais... il faudra passer l'hiver à Malte, peut-être en Égypte...

DUTRÉCY.

En Égypte!... à mon âge!... où est Georges? Georges est-il parti?...

SCÈNE XVI.

Les Mêmes, GEORGES, ARMAND,
MADAME DE VERRIÈRES, THÉRÈSE, puis AUBIN,
puis DE LA PORCHERAIE.

DUTRÉCY, voyant entrer Georges avec Armand.

Il n'est pas parti... Entrez! approchez, mon ami!... mon cher Georges!...

ACTE TROISIEME.

GEORGES.

Qu'y a-t-il, monsieur Dutrécy?

DUTRÉCY.

Attendez!...

FOURCINIER.

L'effet de mon ordonnance!...

DUTRÉCY, allant à la porte de gauche.

Thérèse!... Madame!... on va me connaître.

THÉRÈSE.

Qu'est-ce donc, mon oncle?

DUTRÉCY.

Mes enfants, le cœur d'un oncle est presque celui d'un père! je ne veux pas plus longtemps contrarier une sympathie... Georges!... je vous rends ma parole!

TOUS.

Comment?

GEORGES et MADAME DE VERRIÈRES.

Ah! monsieur Dutrécy!...

ARMAND, à part.

On me l'a changé!

THÉRÈSE et ARMAND

Ah! mon oncle!...

On se groupe autour de Dutrécy et on le félicite.

FOURCINIER, à part, sur le devant.

Il devrait se faire peindre comme ça!... un Greuze!...

DUTRÉCY.

Je sais aussi me sacrifier quand il le faut...

MADAME DE VERRIÈRES.

Monsieur Dutrécy, vous avez reconquis mon estime.

DUTRÉCY.

Ah! madame!... (Bas, à Fourcinier.) Voilà la femme qui me conviendrait... bonne... dévouée... bien portante!... (A part.) Il faudra que j'en touche un mot à Fromental... comme barbiste... (Haut.) Madame...

ARMAND.

Adieu, mon oncle!

DUTRÉCY.

Quoi?

ARMAND.

Georges est heureux... je puis partir...

DUTRÉCY.

Où vas-tu?...

ARMAND.

A New-York!...

MADAME DE VERRIÈRES.

Comment?....

GEORGES.

Non... c'est défendu.

ARMAND.

Pourquoi?

GEORGES.

Ma sœur ne veut pas que son mari voyage sans elle...

MADAME DE VERRIÈRES.

Georges!

ARMAND.

Que dis-tu?

GEORGES.

Eh! parbleu!... vous vous aimez!...

ACTE TROISIÈME.

ARMAND.

Madame?... Ah! mon oncle!...

Il se jette dans les bras de Dutrécy.

DUTRÉCY, à part.

Trop tard! je perds une femme délicieuse... mais il me reste une famille pour me soigner...

THÉRÈSE.

Ah! mon bon oncle, soyez heureux et jouissez du bonheur que vous avez fait.

DUTRÉCY.

Oui, mon enfant!...

THÉRÈSE.

Après la cérémonie, nous partirons pour la Suisse... tous les quatre!

TOUS.

Oui! oui! c'est charmant!

DUTRÉCY.

La Suisse!...

MADAME DE VERRIÈRES.

Ma voiture est en bas... Allons vite annoncer cette bonne nouvelle à mon père.

Ils sortent.

DUTRÉCY, à Fourcinier.

Ils m'abandonnent... après ce que j'ai fait pour eux!...

FOURCINIER.

C'est affreux!

Aubin paraît.

DUTRÉCY.

Aubin! le dévouement! la Bretagne! Approche, mon ami; tu m'aimes, toi?....

AUBIN, embarrassé.

Dame!... un petit peu...

DUTRÉCY.

Tu avais à me parler; que veux-tu?

AUBIN, embarrassé.

Je voulais demander à monsieur... si c'était un effet d la bonté de monsieur...

DUTRÉCY.

Quoi?

AUBIN.

De me renvoyer de chez monsieur!

DUTRÉCY.

Comment! tu veux me quitter?

AUBIN.

Je trouve une porte... (Il fait le geste de tirer le cordon.) Une gérance... avec cent francs de plus...

DUTRÉCY, révolté.

Oh!

AUBIN.

Dans un quartier plus aéré... et dame! comme l'a fort bien dit monsieur... on n'a pas trop de soi...

DUTRÉCY, vivement.

Assez!... Je ne te retiens pas!... (A part.) La Bretagne s'en va!...

Entre de la Porcheraie en costume de voyage.

AUBIN, sortant.

M. de la Porcheraie!

DUTRÉCY.

De la Porcheraie!... Je ne resterai donc pas seul!...

ACTE TROISIÈME.

DE LA PORCHERAIE.

Mon cher, je pars...

DUTRÉCY.

Comment?

DE LA PORCHERAIE.

Ma femme a positivement le droit de vivre chez moi... Alors, je ne veux plus avoir de chez moi... je vais voyager... je me défendrai par la fuite.

DUTRÉCY.

Et vous venez me faire vos adieux?

DE LA PORCHERAIE.

Non! je viens pour le sous-seing...

DUTRÉCY.

Ah! oui... le sous-seing!... signons toujours...

FOURCINIER.

Plus tard... quand la rue sera percée...

Il sort.

DE LA PORCHERAIE.

C'est un faiseur!...

DUTRÉCY.

Un homme sans bonne foi!

DE LA PORCHERAIE.

Voilà l'heure du chemin de fer, je m'en vais.

DUTRÉCY.

Nous nous écrirons...

DE LA PORCHERAIE.

Oh! à quoi bon? nous n'avons rien à nous dire!

DUTRÉCY.

Mais nous ne nous reverrons plus!

DE LA PORCHERAIE.

Eh bien, est-ce que cela vous fait quelque chose?

DUTRÉCY.

Dame! et à vous?

DE LA PORCHERAIE.

Moi!... ça ne me fait rien.

Il sort.

DUTRÉCY, seul.

Ah! les hommes! les hommes! je finirai par ne plus aimer que moi!

FIN DE MOI.

LES DEUX TIMIDES

COMÉDIE-VAUDEVILLE

EN UN ACTE

Représentée pour la première fois, à Paris, sur le théâtre du GYMNASE,
le 16 mars 1860.

COLLABORATEUR : M. MARC-MICHEL

PERSONNAGES

	ACTEURS qui ont créé les rôles.
THIBAUDIER.	MM. Lesueur.
JULES FRÉMISSIN.	Priston.
ANATOLE GARADOUX.	Leménil.
CÉCILE, fille de Thibaudier.	Mlles Albrecht.
ANNETTE, femme de chambre.	Georgina.

La scène est à Chatou, chez Thibaudier.

LES DEUX TIMIDES

Salon de campagne, ouvrant au fond sur un jardin par une grande porte. — Porte à gauche. — Portes dans les pans coupés. — Cheminée à droite — Une pendule et des vases sans fleurs sur la cheminée. — Une table avec encrier, papier et plumes, à gauche. — A droite, un guéridon. — Un petit buffet après la porte de gauche. — Chaises, fauteuils.

SCÈNE PREMIÈRE.

ANNETTE, puis CÉCILE.

ANNETTE, venant du fond une bouilloire à la main et entrant par la gauche, pan coupé.

Monsieur, c'est votre eau chaude... (Descendant en scène.) Il est drôle, le futur de mademoiselle, M. Anatole Garadoux... il passe tous les matins une heure et demie à sa toilette... ses ongles surtout lui prennent un temps! il les brosse, il les ratisse, il a un tas de petits instruments... Il travaille ça comme de la bijouterie, c'est curieux à voir! Je ne sais pas si c'est par là qu'il a séduit M. Thibaudier, toujours est-il que le bonhomme s'est laissé prendre comme.. Au fait, comme il se laisse prendre par tout le monde. C'est incroyable! un homme de son âge... pas plus de défense qu'un enfant... une timidité... il n'ose jamais dire non... Ah! quelle différence avec sa fille! Voilà une petite tête qui, avec son petit air tout doux, ne fait que ce qui lui plaît. (On entend chanter Cécile dans le jardin.) Ah! je l'entends. Elle revient de sa promenade du matin avec une botte de fleurs dans son panier et son petit volume à la main.

CÉCILE, venant du jardin.

AIR de *la Clef des champs* (Deffès).

Le bon La Fontaine
Nous peint le tableau
D'un robuste chêne,
D'un frêle roseau.
La force inutile
De l'un n'est qu'un nom ;
Le roseau débile
Résiste et tient bon.
Par peur, par faiblesse,
On voit des papas
Qui tremblent sans cesse
Au moindre embarras.
Mais, dans les familles,
L'on peut, en ce cas,
Voir des jeunes filles
Qui ne tremblent pas.
Le bon La Fontaine,
    Etc.

Annette! vite! les vases de la cheminée.

ANNETTE.

Voilà, mademoiselle. (Elles disposent ensemble les fleurs dans les vases qu'Annette pose sur le guéridon.) Dites donc, mademoiselle... il se lève... Je viens de lui porter son eau chaude.

SCÈNE PREMIÈRE.

CÉCILE.

A qui?.

ANNETTE.

A M. Garadoux...

CÉCILE.

Eh bien, qu'est-ce que ça me fait?

ANNETTE.

Avez-vous remarqué ses ongles?

CÉCILE.

Non...

ANNETTE.

Comment vous n'avez pas remarqué ses ongles?... Ils sont longs comme ça! Mais l'autre jour, en voulant ouvrir sa fenêtre, il en a cassé un!...

CÉCILE, ironiquement.

Voilà un grand malheur!

ANNETTE.

Je sais bien que ça repousse... mais il a paru vivement contrarié... car, depuis ce temps-là, il me sonne pour ouvrir la fenêtre.

CÉCILE.

Je t'ai déjà priée de ne pas me parler sans cesse de M. Garadoux... cela m'est désagréable, cela m'agace!

ANNETTE, étonnée.

Votre futur?

CÉCILE.

Oh! mon futur! le mariage n'est pas encore fait! Où est mon père?

Elle porte un vase sur la cheminée.

ANNETTE.

M. Thibaudier?... il est dans son cabinet depuis une grande heure avec un particulier venu de Paris...

CÉCILE, venant vivement à elle.

De Paris? un jeune homme... un jeune avocat? blond... l'air doux... les yeux bleus?

ANNETTE.

Non... celui-là est brun... avec des moustaches et une barbe comme du cirage.

CÉCILE, désappointée.

Ah!

ANNETTE.

Je crois que c'est un commis voyageur en vins... Monsieur ne voulait pas le recevoir... mais il a presque forcé la porte avec ses fioles.

CÉCILE.

Pourquoi papa ne le renvoie-t-il pas?

ANNETTE.

Monsieur?... il est bien trop timide pour cela!
Elle porte le deuxième vase sur la cheminée.

CÉCILE.

Ça, c'est bien vrai!

SCÈNE II.

Les Mêmes, THIBAUDIER.

THIBAUDIER, venant du pan coupé de droite, à la cantonade. en saluant.

Monsieur, c'est à moi de vous remercier... enchanté.

SCÈNE DEUXIÈME.

(Montrant deux petites bouteilles d'échantillon.) Je n'en avais pas besoin... mais j'en ai pris quatre pièces.

CÉCILE.

Vous avez acheté du vin?

ANNETTE.

Votre cave est pleine.

Elle remonte.

THIBAUDIER.

Je sais bien... Mais le moyen de refuser un monsieur bien mis... qui vient de faire quatre lieues... de Paris à Chatou... pour vous offrir sa marchandise... Car, enfin, il s'est dérangé, cet homme!

CÉCILE.

Mais c'est vous qu'il a dérangé.

ANNETTE, au fond.

Est-il bon, au moins, son vin?

THIBAUDIER.

Veux-tu goûter?

ANNETTE, prenant un verre sur le buffet.

Voyons! (Elle boit et jette un cri.) Brrr!

THIBAUDIER.

C'est ce qu'il m'avait semblé... J'ai même osé lui dire... avec ménagement: « Votre vin me paraît un peu jeune! » J'ai cru qu'il allait se fâcher... Alors, j'en ai pris quatre pièces...

ANNETTE, prenant les échantillons.

Voilà de quoi faire de la salade. (On sonne à gauche.) C'est M. Garadoux qui sonne pour me faire ouvrir sa fenêtre.

Elle entre à gauche, pan coupé.

SCÈNE III.

THIBAUDIER, CÉCILE, puis ANNETTE.

THIBAUDIER.

Comment! il n'est pas encore levé, M. Garadoux?

CÉCILE.

Non. Il ne paraît jamais avant dix heures..

THIBAUDIER.

Ça ne m'étonne pas... Tous les soirs, il s'empare de mon journal... Dès qu'il arrive, il le monte dans sa chambre... et il le lit pour s'endormir.

CÉCILE.

Eh bien... et vous...?

THIBAUDIER.

Moi?... je le lis le lendemain...

CÉCILE.

Ah! c'est un peu fort...

THIBAUDIER.

Je t'avoue que ça me prive; et, si tu pouvais lui en toucher un mot... sans que cela ait l'air de venir de moi!

CÉCILE.

Soyez tranquille! je lui parlerai!

THIBAUDIER.

Vrai! tu oseras?..

CÉCILE, résolûment.

Tiens!

THIBAUDIER.

J'admire ton assurance... A dix-huit ans... Moi, c'est plus

SCÈNE TROISIÈME.

fort que moi... La présence d'un étranger dans ma maison... ça me trouble... ça m'anéantit...

ANNETTE.

Pauvre père!

THIBAUDIER.

Mais cela va bientôt finir, Dieu merci!

CÉCILE.

Comment?

THIBAUDIER.

Oui, toutes ces demandes, ces présentations... j'en suis malade !... Que veux-tu ! j'ai passé ma vie dans un bureau... à l'administration des Archives... et des Archives secrètes, encore! Nous ne recevions jamais personne... ça m'allait... Voilà pourquoi je n'aime pas à causer avec les gens que je ne connais pas.

CÉCILE.

Vous connaissez donc beaucoup M. Garadoux?

THIBAUDIER.

Pas du tout, mais il m'a été recommandé par mon notaire, que je ne connais presque pas non plus. Il s'est présenté carrément... Nous avons causé pendant deux heures... sans que j'aie eu la peine de placer quatre mots... Il faisait les demandes et les réponses... cela m'a mis tout de suite à mon aise:

AIR du *Piége*.

« Bonjour monsieur, comment vous portez-vous?
Bien! je le vois... Grand merci, moi de même.
Maître Godard vous a parlé pour nous...
    Tant mieux! Ma joie en est extrême.
Croyez, monsieur, que je serais flatté
    D'être admis dans votre famille...
Hein?... Pas un mot?... Allons! c'est arrêté;
    Vous m'accordez la main de votre fille. »

CÉCILE.

Et vous lui...?

THIBAUDIER.

Et il paraît que je lui ai accordé ta main... à ce qu'il m'a dit. Alors, il est venu s'installer ici depuis quinze jours... et, aujourd'hui même, nous devons aller à la mairie pour faire les publications.

CÉCILE.

Aujourd'hui?

THIBAUDIER.

C'est lui qui a décidé ça... moi, je ne me mêle de rien!

CÉCILE.

Mais papa...

THIBAUDIER.

Quoi?

CÉCILE.

Est-ce qu'il vous plaît beaucoup, M. Garadoux?

THIBAUDIER.

C'est un charmant garçon... qui a une facilité de parole...

CÉCILE.

Il est veuf! je ne veux pas épouser un veuf.

THIBAUDIER.

Mais...

CÉCILE.

Mais si, par hasard... un autre prétendu se présentait?

THIBAUDIER.

Comment! un autre prétendu?... encore des demandes? des entrevues? il faudrait recommencer? ah! non, non!

Il va s'asseoir près de la table, à gauche

SCÈNE TROISIÈME.

CÉCILE.

Celui dont je parle n'est pas un étranger... vous savez bien... M. Jules Frémissin... un avocat...

THIBAUDIER.

Un avocat!... je ne pourrai jamais causer avec un avocat!

CÉCILE.

C'est le neveu de ma marraine...

THIBAUDIER.

Le neveu! le neveu! je ne l'ai jamais vu!

CÉCILE.

Je croyais que ma marraine vous avait écrit...

THIBAUDIER.

Il y a trois mois... avant Garadoux... ce n'était qu'un projet en l'air... et, puisque ce monsieur n'a pas paru, c'est qu'il n'a jamais pensé à toi!

CÉCILE.

Oh! si papa... j'en suis sûre.

THIBAUDIER.

Comment! tu es sûre? voyons, parle-moi franchement... que s'est-il passé?

Elle s'assied sur ses genoux.

CÉCILE.

Oh! rien! il ne m'a jamais parlé!

THIBAUDIER.

Eh bien?

CÉCILE.

Mais, le jour de ce grand dîner que ma tante a donné pour sa fête... et où vous n'avez pas voulu venir...

THIBAUDIER.

Je n'aime pas les réunions... où il y a du monde.

CÉCILE.

J'étais à table, près de M. Frémissin... il rougissait... ne faisait que des gaucheries.

THIBAUDIER.

Je connais ça... Lesquelles?

CÉCILE.

D'abord, il a cassé son verre!

THIBAUDIER.

Ce n'est pas un symptôme... c'est une maladresse.

CÉCILE.

Ensuite, quand je lui ai demandé à boire... il m'a passé la salière.

THIBAUDIER.

Il est peut-être sourd.

CÉCILE.

Oh! non, papa, il n'est pas sourd... Il était troublé. Voilà tout.

THIBAUDIER.

Eh bien?

CÉCILE.

Eh bien, pour qu'un jeune homme qui est avocat... qui parle en public... soit troublé à ce point... (Baissant les yeux.) il faut bien qu'il y ait une raison...

THIBAUDIER.

Et cette raison... c'est qu'il t'aime?

CÉCILE, se levant

Dame, papa!... si cela était?

SCÈNE TROISIÈME.

THIBAUDIER, se levant.

Si cela était, il serait venu... Il n'est pas venu... donc cela n'est pas! et j'en suis bien aise, car, au point où sont les choses avec M. Garadoux...

ANNETTE, entrant par le fond.

Monsieur, c'est une lettre que le facteur apporte.

Elle sort.

CÉCILE, vivement.

L'écriture de ma marraine!

THIBAUDIER.

Voyons, ne te monte pas la tête. Encore quelque invitation... c'est insupportable! (Lisant.) « Cher monsieur Thibaudier... permettez-moi de vous adresser M. Jules Frémissin, mon neveu, dont je vous ai parlé il y a quelques mois... Il aime notre chère Cécile... »

CÉCILE, avec joie.

J'en étais bien sûre!

THIBAUDIER.

Allons bon! des complications! (Reprenant sa lecture.) « Son rêve serait d'obtenir sa main... Je devais l'accompagner aujourd'hui pour traiter cette importante affaire, mais je suis retenue par une indisposition, il se présentera seul... »

CÉCILE.

Il va venir!

THIBAUDIER.

Je n'y suis pas!

CÉCILE.

Ah! papa!

THIBAUDIER.

Mais c'est impossible, j'ai donné ma parole à Garadoux... tu vas me lancer dans des difficultés...

CÉCILE.

Je vous soutiendrai, papa!

THIBAUDIER.

Mais qu'est-ce que tu veux que je devienne entre deux prétendus?

CÉCILE.

Vous congédierez M. Garadoux!

THIBAUDIER.

Moi?... (Apercevant Garadoux qui sort de sa chambre.) Chut! le voici!

SCÈNE IV.

Les Mêmes, GARADOUX, ANNETTE.

GARADOUX, entrant par la gauche, pan coupé.

Bonjour... cher beau-père...

THIBAUDIER, saluant.

Monsieur Garadoux...

GARADOUX, saluant Cécile.

Ma charmante future... vous êtes fraîche, aujourd'hui, comme un bouquet de cerises.

CÉCILE.

Je vous remercie... pour ma fraîcheur des autres jours!

Elle remonte à la table.

SCÈNE QUATRIÈME.

THIBAUDIER, à part.

Oh! elle va trop loin! (Haut.) Ce cher Garadoux!... Vous avez bien dormi?

GARADOUX.

Parfaitement! (A Cécile.) Je me suis levé un peu tard peut être?...

CÉCILE.

Je n'ai pas dit cela!

THIBAUDIER.

Le fait est que vous n'aimez pas la campagne, le matin... (Vivement.) Ce n'est pas un reproche!

GARADOUX.

Moi? assister au réveil de la nature, je ne connais pas de plus magnifique tableau! Les fleurs ouvrent leurs calices, le brin d'herbe redresse sa tête pour rendre hommage au soleil levant. (Il examine ses ongles.) Le papillon essuie ses ailes encore humides des baisers de la nuit...

Il tire un petit instrument de sa poche et lime ses ongles.

THIBAUDIER, à part, s'asseyant.

Le voilà parti!... C'est très-commode!

CÉCILE, à part.

Il fait sa toilette!

GARADOUX, continuant à faire sa toilette.

L'abeille diligente commence ses visites à la rose pendant que la fauvette à tête noire...

CÉCILE, à part.

C'est impatientant! (Brusquement, à Garadoux.) Quoi de nouveau dans le journal?

GARADOUX.

Comment, le journal?

CÉCILE.

Vous l'avez monté, hier soir... et mon père n'a pu le lire...

THIBAUDIER, à part, se levant.

Oh!... a-t-elle un aplomb!

GARADOUX.

Mille pardons, monsieur Thibaudier, c'est par inadvertance!

THIBAUDIER.

Oh! il n'y a pas de mal!

GARADOUX, tirant le journal de sa poche.

Je ne l'ai pas même lu...

THIBAUDIER.

Vous ne l'avez pas lu? Alors, gardez-le, monsieur Garadoux!

GARADOUX, insistant pour le rendre.

Non, je vous en prie!

THIBAUDIER, refusant.

Moi, je vous en supplie...

GARADOUX, le remettant dans sa poche.

Allons, puisque vous le voulez!

Il va à la cheminée et arrange sa cravate devant la glace.

THIBAUDIER, à part.

J'aurais pourtant bien voulu voir le cours de la rente!

ANNETTE, entrant.

Monsieur...

THIBAUDIER.

Qu'est-ce?

SCÈNE QUATRIÈME.

ANNETTE.

C'est la carte de visite d'un monsieur qui attend là... à la grille...

Elle remet la carte à Thibaudier.

CÉCILE, se rapprochant vivement de son père.

Un monsieur?... (Après avoir jeté un coup d'œil.) C'est lui! M. Jules!

THIBAUDIER, bas.

Saprelotte!... et devant l'autre!... Que faire?

CÉCILE, bas.

Vous ne pouvez pas lui refuser votre porte. (Haut, à Annette.) Faites entrer!

Annette sort.

GARADOUX.

Une visite?... Ah ça, beau-père, n'oubliez pas qu'à midi nous allons à la mairie pour les publications.

THIBAUDIER.

Certainement, mon cher Garadoux, certainement! (Bas, à Cécile.) Au moins, emmène-le.

CÉCILE.

Voulez-vous m'accompagner, monsieur Garadoux?

GARADOUX.

Volontiers, mademoiselle... où allons-nous?

CÉCILE.

Arroser mes fleurs.

GARADOUX, froidement.

Ah!... c'est que le soleil est bien ardent.

CÉCILE.

Raison de plus! mes corbeilles meurent de sécheresse.. Allons! venez!

GARADOUX.

Avec plaisir!

CÉCILE, à part.

S'il pouvait encore se casser un ongle!

AIR de *l'Omelette à la Follembuche.*

CÉCILE.

Venez, monsieur, arroser mes fleurs,
Comptez sur leur reconnaissance,
En doux parfums, en riches couleurs
Elles paieront votre assistance.

GARADOUX.

Voyez mon obéissance!

THIBAUDIER, à part.

Que faire en cette occurrence?

ENSEMBLE.

CÉCILE.

Venez, venez, arroser mes fleurs,
En doux parfums, en riches couleurs
Elles paieront votre assistance.
Allons, venez arroser mes fleurs!

GARADOUX.

Allons, je vais arroser vos fleurs.
Mais pour les soins donnés à vos sœurs,
De vous j'attends ma récompense.
Allons, allons arroser vos sœurs.

THIBAUDIER, à part.

Quel sort cruel! deux adorateurs!
Voilà de quoi combler mes malheurs!
A qui donner la préférence
Entre ces deux adorateurs?

Garadoux et Cécile sortent par le fond

SCÈNE V.

THIBAUDIER, ANNETTE.

THIBAUDIER, seul.

Mon Dieu! mon Dieu! mon Dieu! quelle situation! un prétendu accepté... installé!... et un autre!... un avocat encore!... il doit avoir une langue!... il va m'entortiller avec sa langue!... je me connais, je suis capable de lui dire : « Oui... » comme à l'autre!... ça en fera deux!

ANNETTE, annonçant au fond.

M. Frémissin!

Elle sort par la droite.

THIBAUDIER, effrayé.

Lui!... que lui dire?... (Se regardant et saisissant ce prétexte :) Ah! je n'ai pas d'habit... je vais mettre un habit!

Il se sauve par la première porte de gauche au moment où Frémissin paraît au fond.

SCÈNE VI.

FRÉMISSIN, seul. Il entre par le fond timidement, très-décontenancé et salue tout bas.

Monsieur... madame... j'ai bien l'honneur... (Regardant autour de lui.) Tiens! personne! Ah! tant mieux! ce que je redoutais le plus, c'était de rencontrer quelqu'un... Je frissonne à l'idée de me trouver en présence de ce père... qui sait que j'aime sa fille... (Avec feu.) Ah! oui, je l'aime!... Depuis ce dîner où j'ai cassé un verre... je viens tous les jours à Chatou pour faire ma demande... J'arrive par le convoi de midi, je n'ose pas entrer, et je repars par celui d'une heure. Si cela devait continuer, je prendrais un abonnement au chemin de fer... mais aujourd'hui... j'ai eu du courage, j'ai franchi la grille! sans ma tante! que n'a pu m'accompagner... et je vais être obligé... moi-même... tout seul, de... (Effrayé.) Mais est-ce que ça se peut? est-ce qu'il est possible de dire à un père... qu'on ne connaît pas : « Monsieur, voulez-vous avoir l'obligeance de me donner votre fille pour l'emmener chez moi et... » (Se révoltant.) Non! on ne peut pas dire ces choses-là! et jamais je n'oserai... (Tout à coup.) Si je m'en allais!... personne ne m'a vu... je m'en vais! je reviendrai demain... à midi.

Il remonte vers le fond et se rencontre vers la porte avec Cécile.

SCÈNE VII.

CÉCILE, FRÉMISSIN.

FRÉMISSIN, s'arrêtant.

Trop tard!

CÉCILE, jouant la surprise.

Je ne me trompe pas... M. Jules Frémissin?

FRÉMISSIN, troublé.

Oui, monsieur...

CÉCILE.

Hein?

FRÉMISSIN, se reprenant:

Oui, mademoiselle...

CÉCILE.

À quel heureux hasard devons-nous l'honneur de votre visite?

SCÈNE SEPTIÈME.

FRÉMISSIN.

C'est bien le hasard, en effet... je passais... je cherchais le notaire...

CÉCILE.

Ah!

FRÉMISSIN.

J'ai affaire au notaire de Chatou... j'ai vu une grille... j'ai sonné... mais je vois que je me suis trompé... (Saluant.) Mademoiselle, j'ai bien l'honneur...

CÉCILE.

Mais attendez donc!... mon père sera charmé de vous voir...

FRÉMISSIN.

Oh! ne le dérangez pas! je me retire...

CÉCILE.

Du tout! vous me feriez gronder... Veuillez vous asseoir...

FRÉMISSIN, se heurtant à une chaise.

Avec plaisir... je ne suis pas fatigué.

Il ôte ses gants et les remet vivement.

CÉCILE, à part.

Pauvre garçon! comme il est troublé!

FRÉMISSIN, à part.

Qu'elle est jolie!

CÉCILE.

Vous me permettez de garnir mon sucrier?

Elle va prendre sur le buffet un sucrier et une boîte à sucre.

FRÉMISSIN.

Comment donc! si je vous gêne...

CÉCILE.

Mais pas du tout!... et même si je ne craignais d'être indiscrète...

FRÉMISSIN.

Parlez, mademoiselle!

CÉCILE.

AIR de Couder.

C'est agir sans cérémonie,
Mais vous voudrez bien m'excuser...

FRÉMISSIN.

De quoi s'agit-il, je vous prie?

CÉCILE.

Eh bien, allons! je vais oser!
Abusant de cette obligeance,
Puis-je, monsieur, vous supplier...

FRÉMISSIN.

De quoi?

CÉCILE.

D'avoir la complaisance
De me tenir mon sucrier?

FRÉMISSIN, parlé.

Avec bonheur! avec transport!...

ENSEMBLE.

CÉCILE.	FRÉMISSIN.
Pardon de la peine.	Je vous rends sans peine
A part.	Ce service-là.
Mais comme cela,	*A part.*
Je suis bien certaine	Ce charmant sans-gêne
Qu'il nous restera!	M'enhardit déjà!

Cécile choisit les morceaux de sucre dans la boîte et les met un à un dans le sucrier.

SCÈNE SEPTIÈME.

FRÉMISSIN, à part, tenant le sucrier.

Si son père nous surprenait dans cette position!... Il faut pourtant que je lui dise quelque chose... j'ai l'air d'un idiot! (Surmontant sa timidité, haut.) Mademoiselle Cécile!...

CÉCILE, avec un sourire encourageant.

Monsieur Jules?

FRÉMISSIN, balbutiant.

Il est bien blanc votre sucre!...

CÉCILE.

Comme tous les sucres...

FRÉMISSIN, avec tendresse.

Oh! non, pas comme tous les sucres!

CÉCILE, à part.

Qu'est-ce qu'il a donc?

FRÉMISSIN, à part.

J'ai été trop loin. (Haut.) Est-il de canne ou de betterave?

CÉCILE.

Je ne sais pas... je n'en connais pas la différence.

FRÉMISSIN.

Oh! elle est très-grande... l'un est bien plus... tandis que l'autre... est récolté par les nègres...

CÉCILE, le regardant très-étonnée.

Ah! je vous remercie!

Elle reprend son sucrier, s'éloigne de lui et va au buffet

FRÉMISSIN, à part.

C'est bien fait! pourquoi vais-je me fourrer dans la question des sucres?

CÉCILE, voyant entrer Thibaudier.

Voici mon père!

FRÉMISSIN.

Ah! mon Dieu!

SCÈNE VIII.

FRÉMISSIN, CÉCILE, THIBAUDIER.

Thibaudier entre par la gauche, très-décontenancé. Il est en habit noir.

CÉCILE.

Papa, c'est M. Jules Frémissin...

Thibaudier et Frémissin se tiennent aux deux extrémités de la scène, très-embarrassés et n'osant lever les yeux l'un sur l'autre.

THIBAUDIER, à part.

Allons, il le faut! (Saluant Jules de loin.) Monsieur... je suis très-heureux... certainement...

FRÉMISSIN, balbutiant.

C'est moi, monsieur, qui... certainement...

THIBAUDIER, à part.

Qu'il a l'air imposant!

FRÉMISSIN, à part.

J'aurais bien mieux fait de m'en aller!

CÉCILE.

Vous avez sans doute à causer.... je vous laisse.

THIBAUDIER et FRÉMISSIN, voulant la retenir.

Comment!

CÉCILE.

Il faut que je prépare mon dessert. (A Frémissin.) Asseyez vous... (A son père.) Vous aussi, papa... (Tous deux s'asseyent. Bas, à Frémissin.) Courage ! (Bas, à son père.) Courage !

Elle sort par la gauche.

SCÈNE IX.

THIBAUDIER, FRÉMISSIN. Ils sont assis en face l'un de l'autre, et sont très-embarrassés.

THIBAUDIER, à part.

Nous voilà seuls... — Il a l'air d'avoir un aplomb de tous les diables !

FRÉMISSIN, à part.

Jamais je n'ai été si mal à mon aise. (S'inclinant.) Monsieur...

THIBAUDIER, s'inclinant.

Monsieur... (A part.) Il va me faire sa demande !...

FRÉMISSIN.

Vous avez sans doute reçu une lettre de ma tante?

THIBAUDIER.

Et comment se porte-t-elle, cette chère dame?

FRÉMISSIN.

Parfaitement...

THIBAUDIER.

Allons, tant mieux ! tant mieux !

FRÉMISSIN.

Sauf ses rhumatismes, qui ne la quittent pas depuis huit jours.

THIBAUDIER.

Allons, tant mieux! tant mieux!

FRÉMISSIN.

Mais j'espère que le beau temps... le soleil..

THIBAUDIER, vivement.

Mon baromètre monte!

FRÉMISSIN.

Le mien aussi... C'est drôle! deux baromètres qui montent en même temps.

THIBAUDIER.

C'est fâcheux pour mes rosiers, ils vont griller.

FRÉMISSIN.

Vous êtes amateur?

THIBAUDIER.

Passionné... je fais des semis!

FRÉMISSIN.

Moi aussi!

THIBAUDIER.

Allons, tant mieux! tant mieux! (A part.) Jusqu'à présent, ça marche très-bien!

FRÉMISSIN, à part.

Il a l'air bonhomme... Si j'essayais... (Haut, très-ému, se levant.) Dans sa lettre... ma tante daignait... vous annoncer ma visite...

THIBAUDIER, à part, se levant.

Nous y voilà... (Haut.) En effet!... en effet!... mais elle ne m'indiquait pas précisément... le but...

FRÉMISSIN.

Comment! elle ne vous a pas dit...?

SCÈNE NEUVIÈME.

THIBAUDIER.

Non ! elle ne m'en a pas soufflé mot...

FRÉMISSIN, à part.

Ah ! mon Dieu !... mais alors... c'est encore plus difficile. (Haut avec effort.) Monsieur... c'est en tremblant...

THIBAUDIER, éludant la question.

Quel soleil ! regardez donc ce soleil ! ça va tout brûler...

FRÉMISSIN.

Oui... moi, je couvre avec des paillassons... (Reprenant.) C'est en tremblant que je viens solliciter la faveur de...

THIBAUDIER, de même.

Voulez-vous vous rafraîchir ?

FRÉMISSIN.

Merci ! je ne bois jamais entre mes repas.

THIBAUDIER.

Moi non plus... Une fois, j'avais très-chaud... j'ai voulu boire un verre de bière... ça m'a fait mal.

FRÉMISSIN.

Allons ! tant mieux ! tant mieux ! — Je viens solliciter la faveur...

THIBAUDIER, éludant toujours.

Ah ! vous cultivez des rosiers ?...

FRÉMISSIN.

J'ai exposé l'année dernière *l'Etendard de Marengo*.

THIBAUDIER.

Et moi *le Géant des batailles*... trois pouces de diamètre !

FRÉMISSIN.

Avez-vous *le Triomphe d'Avranches* ?

THIBAUDIER.

Non... mais j'ai *les Prémices de Pontoise !*

FRÉMISSIN, reprenant.

Monsieur, c'est en tremblant...

THIBAUDIER, lui offrant une prise.

En usez-vous, monsieur?

FRÉMISSIN.

Jamais entre mes repas... — C'est en tremblant que je viens solliciter... la faveur... d'obtenir...

THIBAUDIER.

Quoi?

FRÉMISSIN, déconcerté.

Mais... quelques-unes de vos greffes !...

THIBAUDIER, vivement.

Comment donc! jeune homme... avec plaisir...

FRÉMISSIN.

Mais, monsieur...

THIBAUDIER, vivement.

Je cours les envelopper moi-même dans de la mousse mouillée...

FRÉMISSIN, à part.

Il s'en va?... (Haut.) Monsieur Thibaudier...

THIBAUDIER.

Enchanté, cher monsieur... enchanté!... (A part.) Je l'échappe belle!... ouf!

Il sort vivement par le fond et tourne à droite.

SCÈNE X.

FRÉMISSIN, CÉCILE.

FRÉMISSIN.

Il est parti!... et je n'ai pas trouvé un mot!... Imbécile... brute!... âne!... crétin!...

CÉCILE, entrant gaiement du fond.

Eh bien, monsieur Jules?

FRÉMISSIN.

Elle!

CÉCILE.

Vous avez causé avec mon père?

FRÉMISSIN.

Oui, mademoiselle...

CÉCILE.

Et... avez-vous été content de l'entrevue?

FRÉMISSIN.

Enchanté!... Et la preuve c'est qu'il est allé me chercher ce que je lui demandais...

CÉCILE, naïvement.

Il me cherche?

FRÉMISSIN.

Non! pas vous... des greffes de rosier!

CÉCILE, étonnée.

Des greffes!

FRÉMISSIN.

Oui, mademoiselle... pendant un quart d'heure... c'est

à ne pas y croire! nous n'avons parlé que du *Géant des batailles* et du *Triomphe d'Avranches.*

CÉCILE.

Mais pourquoi cela?

FRÉMISSIN.

Ah! parce que... parce que je suis possédé d'une infirmité déplorable : je suis timide!...

CÉCILE.

Vous aussi?

FRÉMISSIN.

Mais timide jusqu'à l'idiotisme, jusqu'à l'imbécillité! Ainsi, on me tuerait plutôt que de me faire dire tout haut ce que je me dis tout bas depuis trois mois... c'est-à-dire que je vous aime! que je vous adore! que vous êtes un ange!...

CÉCILE.

Mais il me semble que vous le dites très-bien!

FRÉMISSIN, stupéfait de son audace.

Je l'ai dit!... Oh! pardon! ça ne compte pas, ça m'a échappé!... Je ne vous le dirai plus... jamais... je vous le jure!...

CÉCILE, vivement.

Ne jurez pas... Je ne vous demande pas de serment!... Timide... un avocat! ça doit bien vous gêner pour plaider.

FRÉMISSIN.

Aussi je ne plaide jamais!... ça m'est arrivé une fois... et ça ne m'arrivera plus.

CÉCILE.

Que s'est-il donc passé?

FRÉMISSIN.

Ma tante m'avait procuré un client... car Dieu m'est

SCÈNE DIXIÈME.

témoin que je n'ai pas été le chercher. C'était un homme violent... il avait laissé tomber sa canne sur le dos de sa femme...

CÉCILE.

Et vous le défendiez?

FRÉMISSIN.

Vous allez voir si je l'ai défendu!... Le grand jour arrive... tous mes camarades étaient à l'audience... J'avais préparé une plaidoirie brillante... Je la savais par cœur... Tout à coup, un grand silence se fait... et le président me dit en m'adressant un geste bienveillant : « Avocat, vous avez la parole! » Je me lève... Je veux parler... impossible! rien, pas un mot! pas un son! Le tribunal me regardait, le président me répétait : « Vous avez la parole... » Je ne l'avais pas du tout! Mon client me criait: « Allez donc! allez donc! » Enfin, je fais un effort! quelque chose d'inarticulé sort de mon gosier : « Messieurs, je recommande le prévenu à... toute la sévérité du tribunal. » Et je retombe sur mon banc!

CÉCILE.

Et votre client?

FRÉMISSIN.

Il a été condamné au maximum: six mois de prison!

CÉCILE.

C'est bien fait!

FRÉMISSIN.

C'était trop peu pour ce qu'il m'avait fait souffrir! Aussi, je n'ai jamais voulu recevoir d'honoraires... Il est vrai qu'il a négligé de m'en offrir. — Et maintenant que vous me connaissez... voyez s'il m'est possible d'adresser moi-même à monsieur votre père... une demande..

CÉCILE.

Je ne puis pourtant pas lui demander ma main pour vous...

FRÉMISSIN, naïvement.

Non! ça ne serait pas convenable; alors, j'attendrai que ma tante soit guérie!

CÉCILE, vivement.

Attendre!.. mais vous ne savez donc pas qu'il y a ici un autre prétendu?

FRÉMISSIN, tressaillant.

Un autre?

CÉCILE.

Installé... accueilli par mon père!

FRÉMISSIN.

Ah! mon Dieu! une lutte! un rival!

CÉCILE.

Mais je ne l'aime pas, et, si l'on me force à l'épouser, je mourrai certainement de chagrin!

FRÉMISSIN.

Mourir, vous? (Avec résolution.) Où est votre père? qu'il vienne!

CÉCILE.

Vous parlerez?

FRÉMISSIN.

Oui, je parlerai.

CÉCILE.

A la bonne heure!

FRÉMISSIN.

Envoyez-moi monsieur votre père!

CÉCILE.

Je vais le chercher!... Courage! courage!

Elle sort par le fond et tourne à gauche

SCÈNE XI.

FRÉMISSIN, seul.

Oui, je parlerai!... c'est-à-dire non!... Je ne parlerai pas... j'ai un autre moyen... meilleur... je vais écrire : j'ai la plume très-hardie! (S'asseyant à la table.) C'est ça... une lettre! (Il écrit rapidement tout en parlant.) Au moins une lettre ne rougit pas, ne tremble pas... On peut casser les vitres!... et je les casse! (Il plie et met l'adresse.) « A monsieur Thibaudier. » (Mettant un timbre par habitude.) Un timbre... Voilà ce que c'est.

THIBAUDIER, au dehors.

Tenez-les au frais! on va venir les prendre!

FRÉMISSIN, ému.

Lui! déjà! (Montrant sa lettre.) Je ne peux pas lui mettre ça dans la main... Ah! sur la pendule.

Il met vivement sa lettre sur la pendule et s'en éloigne.

SCÈNE XII.

FRÉMISSIN, THIBAUDIER.

THIBAUDIER, entrant par le fond et venant de la droite.

Cher monsieur, vos greffes sont prêtes...

FRÉMISSIN, troublé.

Merci. (A part.) Il n'a pas vu sa fille!

THIBAUDIER.

J'ai fait ajouter au paquet *le Comice de Seine-et-Marne.*

FRÉMISSIN.

Mille fois trop bon! (Indiquant du geste.) Sur la pendule!.. sur la pendule!

THIBAUDIER.

Plaît-il?

FRÉMISSIN.

Une lettre! Je reviendrai chercher la réponse.

Il sort vivement par le fond.

SCÈNE XIII.

CÉCILE, THIBAUDIER.

THIBAUDIER, seul.

Sur la pendule?... une lettre?

Il la prend.

CÉCILE, entrant par la gauche, première porte.

Ah! papa, je vous cherche partout. (Regardant étonnée.) Eh bien et M. Frémissin?

THIBAUDIER.

Il sort à l'instant, mais il parait qu'il vient de m'écrire... sur la pendule!

CÉCILE.

Comment?

THIBAUDIER, regardant l'adresse.

C'est bien pour moi... Tiens! il a mis un timbre!

CÉCILE, impatiente.

Voyons, papa, voyons vite!...

SCÈNE TREIZIÈME.

THIBAUDIER, lisant.

« Monsieur, j'aime mademoiselle votre fille!... non, je ne l'aime pas!... »

CÉCILE.

Hein?

THIBAUDIER, continant.

« Je l'adore! »

CÉCILE.

Ah!

THIBAUDIER.

Mais éloigne-toi donc, tu ne dois pas écouter ça!

CÉCILE.

Oh! papa, je le savais!

THIBAUDIER.

Ah! c'est différent. (Reprenant sa lecture.) « Je l'adore! » (S'interrompant.) Tu le savais, mais comment l'as-tu appris?

CÉCILE.

Il me l'a dit!...

THIBAUDIER.

Ah! je disais aussi... (Se ravisant.) Mais c'est fort impertinent de sa part.

CÉCILE.

La suite? la suite?

THIBAUDIER.

Oui... (Lisant.) « Vous n'avez que deux choses à m'offrir... sa main ou une loge à Charenton! »

CÉCILE.

Eh bien, papa?

THIBAUDIER.

Eh bien, puisqu'il me laisse le choix; je lui offre la loge!

CÉCILE.

Oh! petit père!

THIBAUDIER.

Ne cherche pas à m'attendrir!...

CÉCILE.

Vous qui m'aimez tant!

THIBAUDIER.

Non, mademoiselle! je ne vous aime pas... tant que ça!

CÉCILE, le câlinant.

Oh! je le sais bien!

AIR de *Broskovano* (Deffès).

Vous n'aimez pas votre Cécile,
Vous ne voulez pas son bonheur.
Vous supplier est inutile,
Rien ne peut toucher votre cœur.
Mon malheur, j'en suis bien certaine,
Voilà votre vœu le plus doux.
Et je n'ai droit qu'à votre haine,
Pour tout l'amour que j'ai pour vous.

THIBAUDIER, à part.

Est-elle gentille! (Il l'embrasse.) Mais qu'est-ce que tu veux que je dise à M. Garadoux?

CÉCILE.

Oui... je comprends... votre timidité!

THIBAUDIER.

Comment! ma timidité? mais je ne suis pas timide!

SCÈNE TREIZIÈME.

CÉCILE.

Oh, ça!..

THIBAUDIER.

Un homme en vaut un autre.

CÉCILE.

Certainement.

THIBAUDIER.

Je n'ai pas peur de M. Garadoux! et je saurai bien lui dire... sans me gêner, que... que... (A sa fille.) Qu'est-ce qu'il faudra lui dire?

CÉCILE.

Oui... c'est là l'embarras... parler! — (Vivement.) Faites comme M. Frémissin!

THIBAUDIER.

Quoi?

CÉCILE.

Ne parlez pas... écrivez!

THIBAUDIER, enchanté.

Écrire!... Parbleu!... tu as raison!... s'il ne s'agit que d'écrire!...

CÉCILE, le faisant asseoir à la table.

Vite! vite! mettez-vous là!

THIBAUDIER, s'asseyant et prenant une plume.

Tu vas voir! (Écrivant.) « Monsieur... » (S'arrêtant.) C'est un peu sec... (Écrivant.) « Cher monsieur. » (A sa fille.) Après? Qu'est-que tu mettrais?

CÉCILE, dictant.

« Votre recherche me flatte...

THIBAUDIER, écrivant.

» Et m'honore. » (Parlé.) Adoucissons!... adoucissons!...

CÉCILE, dictant.

« Mais il m'est impossible de donner suite à vos projets de mariage avec ma fille. »

THIBAUDIER, écrivant.

« Avec ma fille. » (Parlé.) Mais ça ne suffit pas, il faut trouver une raison !

CÉCILE.

J'en ai une !

THIBAUDIER.

Ah ! voyons !

CÉCILE, dictant.

« Croyez bien, cher monsieur, que je n'obéis en cette circonstance qu'à des considérations toutes particulières et toutes personnelles qui n'affaiblissent en rien les sentiments avec lesquels j'ai l'honneur d'être... »

THIBAUDIER.

Tu appelles ça une raison ?

CÉCILE.

C'est une raison diplomatique.

GARADOUX, dans la coulisse.

Portez ça dans ma chambre !

THIBAUDIER.

C'est lui !...

CÉCILE.

Je vous laisse...

THIBAUDIER.

Comment ! tu t'en vas ?

CÉCILE.

Sonnez Annette, et... chargez-la de remettre votre lettre.

SCÈNE QUATORZIÈME.

THIBAUDIER.

C'est juste! (A part.) Elle est pleine d'idées, ma fille.

CÉCILE, lui présentant son front.

Adieu, petit père... quand vous le voulez, vous êtes charmant!

Elle sort par la gauche.

SCÈNE XIV.

TRIBAUDIER, GARADOUX.

THIBAUDIER, seul.

L'enfant gâté! (Il sonne.) Appelons Annette.

GARADOUX, paraît au fond.

Comment, beau-père, vous n'êtes pas encore prêt?

THIBAUDIER, à part, se levant.

Ce n'est pas Annette. (Haut.) Prêt... pour quoi faire?

GARADOUX.

Pour aller à la mairie... dépêchez-vous.

THIBAUDIER.

Oui. (A part.) Si cette bête d'Annette était venue! (Haut.) Mon gendre... Non! cher monsieur, en vous attendant... j'ai écrit une lettre... une lettre importante.

GARADOUX, sans l'écouter.

Une grande nouvelle! mais pas un mot à votre fille.

THIBAUDIER.

Quoi donc?

GARADOUX.

La corbeille vient d'arriver.

THIBAUDIER.

Quelle corbeille?

GARADOUX.

La corbeille de noce.

THIBAUDIER.

Comment! vous avez acheté...? (A part, avec désespoir.) Il a acheté la corbeille!

GARADOUX, tirant son petit instrument et se limant les ongles.

Vous verrez!... Je crois que ce n'est pas mal!... il y a surtout deux bracelets!... (A lui-même.) Je me suis encore cassé un ongle en arrosant. (A Thibaudier.) Style renaissance... bleu sur fond d'or.

THIBAUDIER, à part.

Bleu sur fond d'or! (Haut, faisant un effort.) La lettre que je viens d'écrire...

GARADOUX.

J'ai aussi pensé à vous, papa Thibaudier!

THIBAUDIER.

A moi?

GARADOU, tirant de sa poche une tabatière d'or.

Un souvenir... une tabatière.

THIBAUDIER.

Comment?

GARADOUX.

C'est du Louis XV... sans restauration.

THIBAUDIER, touché.

Comment, monsieur... non! mon gendre... vous avez eu la bonté...?

GARADOUX.

Ce cher papa Thibaudier!... Je vous aime, moi, allez!

SCÈNE QUINZIÈME.

THIBAUDIER.

Moi aussi! (A part.) Un homme qui vous donne des tabatières!... C'est impossible!

GARADOUX.

Diable! midi! Dépêchons-nous, votre maire va nous attendre!

THIBAUDIER, ahuri.

Ma mère? (Se ravisant.) Ah!... je n'ai qu'une cravate à mettre!

GARADOUX.

Et moi, un habit. (Regardant sa main, à part.) Diable d'ongle! (A Thibaudier.) Je suis à vous dans cinq minutes.

Il entre dans sa chambre, pan coupé à gauche.

SCÈNE XV.

THIBAUDIER, puis FRÉMISSIN.

THIBAUDIER, seul.

Il n'y avait vraiment pas moyen! il a acheté la corbeille. Je vais déchirer ma lettre... Et l'autre? Frémissin, qui va venir chercher ma réponse!... Quel embarras!... ça n'a pas de nom!... (Jetant les yeux sur la lettre qu'il tient.) Mais ma lettre non plus n'a pas de nom!... (Allant à la table.) Je vais y mettre celui de Frémissin... Ma fille ne peut pas en épouser deux.... et, puisque l'autre a acheté la corbeille... (Il rit.) « A monsieur Jules Frémissin, avocat au barreau de Paris. » — Mettons un timbre. — (Se levant.) Et maintenant... sur la pendule!...

Il met sa lettre sur la pendule.

FRÉMISSIN, entrant du fond.

Pardon, monsieur, c'est moi !

THIBAUDIER.

Sur la pendule!... sur la pendule!...

Il sort par la gauche.

SCÈNE XVI.

FRÉMISSIN, CÉCILE.

FRÉMISSIN, seul.

Sur la pendule? (Il court prendre la lettre.) Est-ce qu'il n'a pas lu? Ah! si, c'est la réponse. Sur la pendule, notre boîte aux lettres. Je suis ému! je n'ose pas l'ouvrir! (Lisant.) « Cher monsieur, votre recherche me flatte et m'honore. » (Parlé.) Ah! qu'il est bon! (Lisant.) « Mais il m'est impossible de donner suite à vos projets de mariage... » (Tombant assis près du guéridon, sur une chaise.) Ah!... refusé!... j'en étais sûr !

CÉCILE, entrant du fond.

Monsieur Jules, vous avez vu...

FRÉMISSIN.

Votre père? Oui, mademoiselle... voilà sa réponse !

Il lui donne la lettre.

CÉCILE, la regardant.

Hein? ma lettre?... mais elle n'est pas pour vous !

FRÉMISSIN, lui montrant l'adresse.

« A monsieur Jules Frémissin, avocat au barreau de Paris. »

SCÈNE SEIZIÈME.

CÉCILE.

Et c'est lui qui vous l'a remise?

FRÉMISSIN.

Lui-même! sur la pendule!

CÉCILE, indignée.

Oh! c'est trop fort! me manquer de parole! me jouer comme une enfant!

FRÉMISSIN, de même.

Vous sacrifier!

CÉCILE, avec résolution.

Oh! mais nous allons voir! je ne suis pas timide, moi! Monsieur Jules!

FRÉMISSIN, de même.

Mademoiselle?

CÉCILE.

Envoyez-moi chercher une voiture.

FRÉMISSIN.

Une voiture? pour qui?

CÉCILE.

Vous le saurez... Allez!

FRÉMISSIN.

Tout de suite, mademoiselle. (A part.) Quelle énergie!

Il sort vivement par le fond.

SCÈNE XVII.

CÉCILE, puis THIBAUDIER, puis ANNETTE.

CÉCILE.

Ah! c'est comme ça que mon père se joue de ses promesses!

AIR de *la Clef des champs* (Deffès.)

On verra, l'on verra.
Qui des deux cédera;
　Mon cher petit père,
　J'ai du caractère!
On verra, l'on verra
　Si j'aime qui m'aime,
　Et si malgré moi-même.
　On me mariera!
　Je suis trop gentille.
　Pour le régenter;
　Ce n'est qu'à sa fille
　Qu'il sait résister;
　Mais son cœur est tendre
　Pour sa pauvre enfant.
　Je saurai le prendre.
　En le tourmentant.
Je vais alarmer sa tendresse;
Il faut, il faut lui faire peur,
Et conquérir par la frayeur
Ce qu'il refuse par faiblesse!
　On verra, l'on verra,
　　Etc.

Elle prend, sur une chaise au fond, son châle et son chapeau qu'elle met vivement.

THIBAUDIER, entrant de la gauche.

J'ai mis ma cravate. (Apercevant sa fille.) Cécile! où vas-tu?

SCÈNE DIX-SEPTIÈME.

CÉCILE, descendant en nouant les rubans de son chapeau.

Je pars... Je vous quitte!

THIBAUDIER.

Où vas-tu?

CÉCILE.

Me jeter dans un couvent... humide et froid.

THIBAUDIER.

Brrr!... Un couvent humide et froid? toi?...

CÉCILE.

Puisque vous n'avez pas la force d'aimer votre fille... de la délivrer d'un prétendu qu'elle déteste...

THIBAUDIER.

Mais c'est impossible! il a acheté la corbeille! une corbeille délicieuse et il vient de m'offrir, à moi, une tabatière Louis XV.

CÉCILE.

Ainsi vous sacrifiez votre enfant à une tabatière! Adieu, mon père!...

THIBAUDIER.

Mais non! je ne te sacrifie pas! Il est charmant, ce jeune homme, et puis il est trop tard... il passe un habit pour aller à la mairie.

CÉCILE.

Dites-lui que vous ne pouvez l'accompagner... que vous êtes malade...

Elle quitte son chapeau et son châle.

THIBAUDIER.

Malade! ce serait un moyen! mais il vient de me quitter il y a cinq minutes!

CÉCILE.

Qu'est-ce que ça fait ? un éblouissement ! c'est très facile. (Appelant.) Annette, vite la robe de chambre de mon père !

THIBAUDIER, protestant.

Mais non ! mais je ne veux pas !

ANNETTE, apportant de la gauche une robe de chambre.

Voilà, monsieur... Qu'est-ce qu'il y a donc ?

CÉCILE.

Rien ! un éblouissement ! (A Annette.) Un verre d'eau sucrée ! (Donnant la robe de chambre à Thibaudier.) Mettez ça, je vais vous aider.

THIBAUDIER, endossant la robe de chambre.

Je veux bien mettre ma robe de chambre, mais je proteste contre une pareille comédie.

CÉCILE.

L'autre manche !

THIBAUDIER.

Et je te préviens que je ne dirai pas un mot... Je ne me mêle de rien.

CÉCILE.

C'est convenu. (Le faisant asseoir dans un fauteuil.) Asseyez-vous ! Annette ! un coussin, un tabouret ?

ANNETTE, apportant les objets demandés.

Voilà ! voilà !

CÉCILE.

Je l'entends!

> Elle prend vivement le verre d'eau sucrée et le retourne près fauteuil de son père.

SCÈNE XVIII.

Les Mêmes, GARADOUX, en habit.

GARADOUX, entrant par le pan coupé de gauche.

Vous m'appelez, beau-père ? me voilà prêt... Partons-nous ? (Apercevant Thibaudier.) Ah ! mon Dieu !

CÉCILE.

Mon père vient d'être pris subitement...

GARADOUX.

De quoi ?

ANNETTE.

D'un éblouissement !

CÉCILE.

Il souffre beaucoup, il lui sera tout à fait impossible de sortir aujourd'hui. N'est-ce pas, petit père !

THIBAUDIER, à part, sans répondre.

Je proteste par mon silence.

GARADOUX.

Pauvre M. Thibaudier !... Il faudrait peut-être appliquer quelques sangsues.

ANNETTE.

Ah ! oui !

THIBAUDIER, vivement.

Ah ! non !

CÉCILE, vivement.

Cela va mieux ! (Donnant le verre d'eau sucrée à Thibaudier.) Buvez, mon père !

THIBAUDIER, à part.

Mais je n'ai pas soif.

Bois.

GARADOUX, regardant sa main.

Il ne faut pas jouer avec sa santé. (Prenant son instrument et se limant les ongles.) La santé est comme la fortune... On ne l'apprécie réellement que lorsqu'on l'a perdue!

ANNETTE, bas, à Cécile, lui montrant Garadoux.

Mam'zelle, regardez-le donc travailler !... Il s'est remis à son établi.

THIBAUDIER, à part.

Est-ce que nous allons rester toute la journée comme ça?... J'ai très-chaud sous cette robe de chambre.

CÉCILE, à Garadoux.

L'indisposition de mon père peut durer quelques jours, monsieur, et, si vos affaires vous rappelaient à Paris...

GARADOUX.

Par exemple!... quitter M. Thibaudier quand il est souffrant? Jamais!

THIBAUDIER, à part.

Excellent jeune homme!

GARADOUX.

Du reste, cette indisposition ne retardera pas notre mariage... Je puis aller seul à la mairie.

CÉCILE.

Comment?

GARADOUX.

La présence de M. Thibaudier n'est pas nécessaire... une autorisation écrite suffit...

SCÈNE DIX-HUITIÈME.

CÉCILE.

Oh! mon père est tellement fatigué!

GARADOUX, prenant sur la table un buvard, du papier et une plume.

Une simple signature.

Il donne tout cela à Thibaudier.

CÉCILE, bas, à son père.

Ne signez pas!

GARADOUX.

Veuillez signer...

THIBAUDIER, très-embarrassé.

Mais c'est que...

CÉCILE, à part.

Que faire?

Elle prend vivement l'encrier et le cache derrière son dos.

THIBAUDIER.

Où est donc l'encrier?

GARADOUX, après l'avoir cherché sur la table.

Mademoiselle à la bonté de vous le tenir...

THIBAUDIER.

Oh! merci, ma fille, merci!

CÉCILE, à part, remettant l'encrier sur la table.

Tout est perdu!

SCÈNE XIX.

Les Mêmes, FRÉMISSIN.

FRÉMISSIN, accourant par le fond.

La voiture est à la grille!

GARADOUX.

Quelle voiture?

FRÉMISSIN.

Tiens! monsieur Garadoux!

GARADOUX, à part.

Ah! diable, quelle rencontre!

FRÉMISSIN.

Et ça va bien, depuis...?

GARADOUX, vivement.

Parfaitement!

THIBAUDIER.

Vous vous connaissez?

FRÉMISSIN.

Oui, j'ai eu l'honneur de défendre monsieur... C'est mon premier client.

CÉCILE.

Ah bah! (A son père.) Six mois de prison!

THIBAUDIER, se levant effrayé.

Hein! (A Garadoux.) Vous avez été en prison?

Il met le buvard et l'encrier sur le guéridon à droite.

SCÈNE DIX-NEUVIÈME.

GARADOUX.

Oh!... une querelle... un moment de vivacité!

CÉCILE.

Monsieur a laissé tomber sa canne sur sa première femme!

ANNETTE, descendant à gauche.

Ah! l'horreur!

Elle range le fauteuil et le tabouret.

THIBAUDIER.

Comment! monsieur...

GARADOUX.

Oh! une canne, c'était une petite badine!

THIBAUDIER, embrassant sa fille.

Oh! ma pauvre Cécile! (A Garadoux.) Retirez-vous, monsieur, battre une femme!... Vous pouvez remporter la corbeille! Voici votre tabatière!

Il lui donne, par mégarde, sa tabatière en corne.

GARADOUX.

Pardon! ce n'est pas celle-là!

THIBAUDIER, avec dignité, lui rendant l'autre.

La voici! Je ne prise pas de ce tabac-là!

GARADOUX.

Je suis heureux, monsieur, que ce petit incident vous ait rendu la santé. (Sortant, à Frémissin.) Imbécile!

SCÈNE XX.

FRÉMISSIN, CÉCILE, THIBAUDIER.

THIBAUDIER, remontant.

Hein ! qu'est qu'il a dit?

CÉCILE, bas et vivement, à Frémissin.

Maintenant, faites votre demande... Mettez vos gants

FRÉMISSIN.

Mais c'est que...

CÉCILE.

N'ayez donc pas peur... Il est plus timide que vous !

FRÉMISSIN, bravement.

Ah! il est timide?

Il met ses gants.

CÉCILE, bas, à Thibaudier.

Il va vous faire sa demande... Mettez vos gants !

THIBAUDIER.

Mais c'est que...

CÉCILE.

N'ayez donc pas peur... Il est plus timide que vous.

THIBAUDIER, bravement.

Ah! il est timide?

Il met ses gants.

FRÉMISSIN, résolûment.

Monsieur!

THIBAUDIER, de même.

Monsieur!

SCÈNE VINGTIÈME.

FRÉMISSIN, d'un ton résolu.

Pour la deuxième fois, je vous demande la main de votre fille !

THIBAUDIER.

Monsieur, vous me la demandez sur un ton...

FRÉMISSIN.

Le ton qui me convient, monsieur !

THIBAUDIER, s'emportant.

Mais puisque je vous l'accorde, monsieur !

FRÉMISSIN.

Vous me l'accordez sur un ton...

THIBAUDIER.

Le ton qui me convient, monsieur !

FRÉMISSIN.

Monsieur !!!

THIBAUDIER.

Monsieur !!!

CÉCILE, intervenant, à part.

Eh bien, est-ce qu'ils vont se quereller, à présent ? (Haut.) Monsieur Jules, papa vous invite à dîner ; voilà ce qu'il voulait vous dire.

THIBAUDIER.

Soit ! mais à condition que vous ne casserez pas mes verres. (A part.) Tiens ! je vais lui faire goûter mon nouveau vin.

ENSEMBLE.

AIR de Couder.

Ici point d'imprudence !
Point de témérité.

Implorons l'indulgence
Avec timidité.

CÉCILE, au public.

AIR de Broskovano (Diffès).

Pour sauver ce léger ouvrage,
Messieurs, deux timides m'ont dit :
« Va, nous comptons sur ton courage, »
Mais mon courage est si petit!
Devant vous les plus intrépides
Tremblent s'il faut vous implorer...
Ce n'est plus deux... c'est trois timides,
Que vous avez à rassurer...
Daignez tous trois les rassurer!

REPRISE DU CHŒUR.

FIN DES DEUX TIMIDES.

EMBRASSONS-NOUS

FOLLEVILLE!

COMÉDIE-VAUDEVILLE

EN UN ACTE

Représentée pour la première fois, à Paris, sur le théâtre de la MONTANSIER, le 6 mars 1850.

COLLABORATEUR : M. LEFRANC

PERSONNAGES

	ACTEURS
	qui ont créé les rôles.
LE MARQUIS DE MANICAMP.	MM. SAINVILLE.
LE VICOMTE DE CHATENAY.	DERVAL.
LE CHEVALIER DE FOLLEVILLE.	LACOURIÈRE.
BERTHE, fille de Manicamp.	M'lle SCRIWANECK.
Un Chambellan du prince de Conti.	M. REMI.
DOMESTIQUES.	

EMBRASSONS-NOUS
FOLLEVILLE!

Le théâtre représente un salon Louis XV. — A droite, premier plan, une porte; au troisième plan, une croisée. — A gauche, deuxième plan, une porte. — Au fond, une cheminée; de chaque côté de la cheminée, une porte; celle de droite est celle qui conduit au dehors. Sur la cheminée deux vases de porcelaine; sur une console, à gauche, autre vase en porcelaine avec des fleurs. Chaises, fauteuils, etc.

SCÈNE PREMIÈRE.

FOLLEVILLE, seul, à la cantonade.

Prévenez M. le marquis de Manicamp que le chevalier de Folleville l'attend au salon. (Descendant la scène.) Allons, c'est décidé, il faut que j'en finisse aujourd'hui. Comprend-on ce Manicamp?... se prendre tout à coup d'une belle passion pour moi à propos de je ne sais quelle aventure de chasse et vouloir à toute force me faire épouser sa fille. Tous les matins, j'entre ici avec la ferme résolution de rompre... mais, dès que Manicamp m'aperçoit... il m'ouvre les bras, me caresse, m'embrasse en m'appelant son cher Folleville... son bon Folleville... le moyen de dire à un père aussi souriant: « Votre fille n'est pas mon fait, cherchez un autre gendre... » Alors j'hésite, je remets au lendemain, les jours se passent, et, si ça continue je me trouverai marié sans m'en apercevoir... Ce n'est pas que mademoiselle Berthe de Manicamp soit plus mal qu'une autre... Au contraire, elle est jolie, spirituelle, riche... oui, mais elle a un défaut, elle est petite... oh! mais petite!... tandis que ma cousine Aloïse!... une cousine de cinq pieds quatre pouces!...

AIR de *la Colonne.*

Sa taille svelte, élancée et bien prise
A sur mon cœur des charmes tout-puissants;
J'ai constaté d'ailleurs, avec surprise,
Qu'elle grandit encore tous les ans,
Elle grandit encore tous les ans.
Plus je la vois qui s'élève et progresse,
Plus mon amour va pour elle en croissant,
A ce jeu-là, je ne sais pas vraiment
Où doit s'arrêter ma tendresse.

D'ailleurs, notre mariage est arrêté depuis longtemps entre les deux familles... Ma foi! j'en suis fâché pour mademoiselle Berthe, mais je vais déclarer tout net à Manicamp...

SCÈNE II.

FOLLEVILLE, MANICAMP.

MANICAMP, dans la coulisse.

Où est-il? où est-il? (Paraissant.) Ah! vous voilà! mon cher Folleville!... mon bon Folleville!

SCÈNE DEUXIÈME.

FOLLEVILLE, à part.

Voilà que ça commence.

MANICAMP.

Embrassons-nous, Folleville!

FOLLEVILLE.

Avec plaisir, Manicamp.

Ils s'embrassent.

MANICAMP.

Ne m'appelez pas Manicamp... ça me désoblige... appelez-moi beau-père...

FOLLEVILLE.

C'est que je suis venu pour causer avec vous... sérieusement.

MANICAMP.

Parlez... je vous écoute... mon gendre...

FOLLEVILLE, à part, mécontent.

Son gendre! (Haut.) Croyez, marquis, que c'est après avoir mûrement réfléchi...

MANICAMP, avec attendrissement.

Ce bon Folleville!... ce cher Folleville! Embrassons-nous, Folleville!

FOLLEVILLE, s'y prêtant froidement.

Avec plaisir, Manicamp. (Ils s'embrassent. — Reprenant.) Croyez, marquis, que c'est après avoir mûrement réfléchi...

MANICAMP.

A propos, les dentelles sont achetées!

FOLLEVILLE.

Quelles dentelles?

MANICAMP.

Pour la corbeille.

FOLLEVILLE, à part.

Allons, bon! (Haut.) Mais nous avions le temps.

MANICAMP.

Du tout... du tout... Hier, j'ai annoncé officiellement votre mariage au prince de Conti.

FOLLEVILLE.

Comment?

MANICAMP.

Je ne pouvais m'en dispenser; c'est mon protecteur le plus fervent auprès du roi Louis XV.

FOLLEVILLE.

Mais rien ne pressait. Vous allez! vous allez!

MANICAMP.

Dites donc, il a promis de signer au contrat... Un prince du sang, hein! quel honneur!

FOLLEVILLE.

Sans doute... je suis extrêmement flatté, mais...

MANICAMP.

Ah çà! vous ne m'avez pas encore remis l'état de vos biens.

FOLLEVILLE.

Pour quoi faire?

MANICAMP.

Pour le contrat. J'ai rendez-vous aujourd'hui chez mon notaire.

FOLLEVILLE, à part.

Le contrat? ah çà! il m'enlace! il me garrotte!...

MANICAMP, avec attendrissement.

Et dans quelques jours... ma fille sera... ah! mon cher Folleville! mon bon Folleville!... Embrassons-nous, Folleville!

FOLLEVILLE.

Avec plaisir, Manicamp. (Ils s'embrassent.) Sans reproches, c'est la troisième fois.

MANICAMP.

C'est possible! mais je vous aime tant!

FOLLEVILLE.

Voyons, Manicamp, pas d'exaltation... Qu'est-ce que je vous ai fait pour être aimé comme ça?

MANICAMP.

Voici comment ça m'est venu. Nous chassions le canard sauvage...

FOLLEVILLE.

Ah! bah! vous pensez encore à cette vieille histoire?

MANICAMP.

Toute ma vie, Folleville, toute ma vie! car sans vous... sans votre magnanimité...

FOLLEVILLE.

A quoi bon rappeler...?

MANICAMP.

Si, si, je me suis conduit à votre égard comme un palefrenier... que voulez-vous! Je suis vif, je m'échauffe, je m'emporte comme une soupe au lait... et je deviens d'une brutalité! (Reprenant.) Nous chassions donc le canard...

FOLLEVILLE.

Assez, assez, je la connais...

MANICAMP.

Permettez... ce sera mon châtiment. (Reprenant.) Nous chassions le canard... aux environs de Versailles; nous marchions à petits pas, dans les roseaux qui bordent l'étang de Saint-Cucufa. Tout à coup, vous me dites avec une grande sagacité : « Marquis, pour approcher les canards, il faut prendre le vent. » Je vous réponds :« C'est juste, il vient de l'ouest, tournons à droite. — Il vient de l'est, répliquez-vous, tournons à gauche. — Par exemple! si ce vent-là vient de l'est!... je vous dis qu'il vient de l'ouest. — Je vous dis qu'il vient de l'est! » A ce moment, brrrou! une bande de canards sort des roseaux... pan! je tire!

FOLLEVILLE.

Moi aussi...

MANICAMP.

Il en tombe un... aussitôt vous criez : « Il est à moi! je l'ai tué! — C'est un peu fort!... vous avez tué ce canard-là, vous? — Oui, j'ai tué ce canard-là, moi! — Ça n'est pas vrai! — Marquis! — Chevalier!... » Alors, ma diable de tête se monte, se monte... vous me prenez le bras... je vous repousse : « Puisque tu l'as tué, apporte!... » et paf! vous voilà dans l'étang!

FOLLEVILLE

De tout mon long.

MANICAMP.

Au même instant, la chasse débouche, le roi en tête. Louis XV, la fine fleur de la courtoisie!... Que faire? une pareille brutalité! j'étais perdu, déshonoré!... enfin, on vous repêche, on vous questionne... Moi, j'enviais le sort des poules d'eau... pour plonger. « Rien de plus simple, répondez-vous avec calme, je causais avec Manicamp, mon pied a glissé et je suis tombé... » A ces mots, Folleville! ah! je sentis une douce larme perler sous mes longs cils bruns. J'étais sauvé!

SCÈNE DEUXIÈME.

FOLLEVILLE.

Oui, mais le lendemain je me présentais chez vous avec deux témoins.

MANICAMP.

Un duel! avec vous!... je n'eus que la force de vous dire : « Ah! Folleville! mon bon Folleville! embrassons-nous, Folleville! »

FOLLEVILLE, se méprenant et lui ouvrant les bras.

Avec plaisir, Mani... ah! non!

MANICAMP.

Alors, je vous offris ce que j'avais de plus précieux, ma fille, un trésor, une ange, une perle!

FOLLEVILLE.

Certainement, mais...

MANICAMP.

AIR : *Avec un fil pareil.*

Si nous voyons un plongeur intrépide
De l'Océan bravant l'épouvantail,
Descendre au fond d'un élément perfide...
C'est pour cueillir la perle ou le corail;
De même, hélas! un jour, dans une mare
N'avez-vous pas plongé comme un goujon;
Je vous devais, mon cher, la perle rare;
Moi qui vous ai procuré le plongeon;
Ma fille doit être la perle rare
Qui dédommage à l'instant du plongeon.

(Parlé.) D'ailleurs, vous l'aimez.

FOLLEVILLE.

Permettez...

MANICAMP.

On ne peut pas ne pas aimer ma fille!

FOLLEVILLE, à part.

Allons, il n'y a pas à hésiter. (Haut.) Croyez, marquis, que c'est après avoir mûrement réfléchi...

Bruit de vaisselle cassée à gauche.

SCÈNE III.

FOLLEVILLE, MANICAMP, BERTHE.

BERTHE, dans la coulisse de gauche, avec colère.

Vous êtes une sotte! une impertinente! une maladroite!

MANICAMP.

Ma fille! qu'y a-t-il donc?

BERTHE, entrant par la gauche.

Oh! je suis furieuse!... vous savez bien mon perroquet... mon beau perroquet bleu...?

MANICAMP.

Oui.

BERTHE.

Eh bien, Marton a laissé sa cage ouverte et il s'est envolé!

MANICAMP.

Ah! mon Dieu! et qu'est-ce que tu as fait?

BERTHE.

J'ai cassé un cabaret de porcelaine, vlan!

MANICAMP.

Ah! et dans quel but?

SCÈNE TROISIÈME.

BERTHE.

Dame! puisque mon perroquet s'est envolé.

Elle remonte et va à la fenêtre de droite

MANICAMP.

C'est juste. (A Folleville.) Elle est charmante... c'est tout mon portrait... — Berthe...

BERTHE.

Mon père...

MANICAMP.

Voilà Folleville... tu ne veux donc pas saluer Folleville?

BERTHE.

Ah! pardon!... (Saluant Folleville.) Monsieur...

FOLLEVILLE, saluant.

Mademoiselle!... (A part.) Elle me paraît encore plus petite qu'hier.

MANICAMP.

Quand tu es entrée, le chevalier me peignait son amour sous des couleurs...

FOLLEVILLE.

Moi?

MANICAMP.

Brûlantes! oh! mais brûlantes! Continuez, chevalier...

BERTHE.

En vérité, monsieur est bien bon...

FOLLEVILLE, d'un air contraint.

Certainement, mademoiselle... quand il s'agit.. d'une personne aussi jolie, aussi spirituelle, aussi...

MANICAMP, à part.

Tout ça, c'est froid! c'est froid! (Haut.) Ce pauvre chevalier... tu l'intimides.. lui qui était si bouillant tout à l'heure... car tu ne sais pas... il me pressait, il me pressait!

BERTHE.

Pourquoi?

MANICAMP.

Pour votre mariage. J'avais beau lui dire : « Mais, chevalier, il faut le temps, que diable! le contrat, les publications, la corbeille... » Sais-tu ce qu'il me répondait : « Mariez-nous! mariez-nous! mariez-nous! »

FOLLEVILLE.

Mais permettez...

MANICAMP, à Folleville.

Impétueux chevalier! (A Berthe.) Et, dans sa joie, il m'a chargé de t'offrir un gage... cet anneau des fiançailles.

FOLLEVILLE.

Moi?

MANICAMP, bas, à Folleville.

Taisez-vous donc! j'y ai pensé pour vous.

BERTHE.

Ah! le beau diamant!

MANICAMP.

Voyons... (L'examinant.) Oh! c'est magnifique... c'est trop beau, chevalier, vous la gâtez, allons, vous nous gâtez!...

FOLLEVILLE.

Mais non... je ne puis souffrir...

MANICAMP.

Tenez, Folleville, embrassez ma fille.

FOLLEVILLE, effrayé.

Hein?

SCÈNE TROISIÈME.

MANICAMP.

Allons, du feu! morbleu! du feu!

FOLLEVILLE.

Mais je ne sais pas si mademoiselle...

BERTHE.

Puisque papa le permet...

FOLLEVILLE

Certainement... mais...

BERTHE, avec impatience.

Mais dépêchez-vous donc! est-ce que vous seriez lent?

MANICAMP.

Lui? c'est un salpêtre! (Le poussant.) Allez donc! (Folleville, embrasse Berthe sur une joue et passe à droite.) Et l'autre?

FOLLEVILLE.

L'autre?... ah!... oui!...

Folleville embrasse lentement l'autre joue.

BERTHE, à part.

Il me fait bouillir...

MANICAMP, à Folleville.

Eh bien, en êtes-vous mort?

FOLLEVILLE, tristement.

Je suis au comble de la joie. (A part.) Impossible de ne pas l'épouser maintenant... je vais écrire à mon oncle pour rompre mon mariage avec ma cousine Aloïse. (Haut.) Marquis, où pourrais-je trouver ce qu'il faut pour écrire?

MANICAMP.

Là, dans ce cabinet. Mais revenez vite, car je ne peux pas me passer de vous...

Folleville entre à droite, premier plan.

SCÈNE IV.

MANICAMP, BERTHE.

MANICAMP.

Ah çà ! maintenant, à nous deux, mademoiselle... j'ai à vous gronder.

BERTHE.

Moi, mon père ?

MANICAMP.

Oui ; je n'ai pas voulu le faire devant Folleville, pour ne pas lui ôter ses illusions. Approchez, ma fille... hier, je vous ai permis d'aller au bal du surintendant en compagnie de votre tante, la duchesse de Pontmouchy.

BERTHE.

Oui, mon père.

MANICAMP.

A ce bal, qu'avez-vous fait ?

BERTHE, hésitant.

Dame !... j'ai dansé le menuet.

MANICAMP.

Et après ?...

BERTHE.

J'ai encore dansé le menuet.

MANICAMP.

Et pendant ce second menuet, qu'est-il advenu ?

BERTHE.

Mais, papa...

SCÈNE QUATRIÈME.

MANICAMP.

Qu'est-il advenu ?

BERTHE.

Écoutez donc... ce n'est pas ma faute : j'avais pour danseur un monsieur... si ridicule.

MANICAMP.

Le vicomte de Chatenay ridicule... un homme très-bien en cour, le favori du prince de Conti... du mari de votre marraine... et vous avez osé... lui donner un soufflet !... ah ! Berthe !

BERTHE, câlinant.

D'abord, papa, ce n'est pas un soufflet... c'est une petite tape... sur la joue.

MANICAMP.

Une petite tape sur la joue... ah ! Berthe !

BERTHE, se montant.

Ma foi ! il l'avait bien mérité : quand on ne sait pas danser, quand on est gauche, quand on est maladroit, on ne se lance pas dans un menuet, on n'expose pas une jeune fille à devenir la risée des assistants... Tant pis ! tant pis ! tant pis !

MANICAMP.

Ta ta ta ! là voilà partie !... mais enfin que t'a fait le comte de Chatenay pour nécessiter cet emploi de la force brutale ?

BERTHE.

Ce qu'il m'a fait ? d'abord il m'a fait manquer trois fois ma figure ; au lieu de chasser, monsieur déchasse !...

MANICAMP.

Eh bien ?

BERTHE.

Nous recommençons et, au lieu de déchasser, monsieur chasse.

MANICAMP.

Eh bien ?

BERTHE.

Enfin, au moment où je lui faisais ma révérence... une révérence que j'avais travaillée... qu'est-ce que je trouve?... son dos! Monsieur saluait... dans l'autre sens!... on riait, on se moquait de nous et, ma foi, la colère!... (Trépignant.) Tant pis! tant pis! tant pis!

MANICAMP, à part, avec satisfaction.

Je me reconnais là; elle est charmante! (Haut, sérieusement.) Ma fille, vous êtes une sotte!

BERTHE.

Mais pourtant...

MANICAMP.

Croyez-vous qu'un soufflet puisse enseigner le menuet à celui qui l'ignore?

BERTHE.

Non, papa.

MANICAMP.

Croyez-vous qu'un cabaret de porcelaine cassé soit un moyen de rappeler un perroquet qui s'envole?

BERTHE.

Non papa.

MANICAMP.

Très-bien. Maintenant, concluez!... concluez!

BERTHE.

C'est plus fort que moi... quand on me contrarie... j'ai envie d'égratigner!

SCÈNE QUATRIÈME.

MANICAMP.

Mais que va-t-on dire de toi dans le monde?... une jeune personne qui boxe avec ses danseurs!... On ne t'invitera plus.

BERTHE, avec coquetterie

Oh! que si!

MANICAMP.

Et le vicomte de Chatenay!... je suis passé ce matin chez lui pour lui faire mes excuses, je ne l'ai pas trouvé. Sais-tu qu'il serait en droit de me demander une réparation...? nous pourrions croiser le fer.

BERTHE.

Oh! mon Dieu!

MANICAMP.

Heureusement qu'on le dit homme d'esprit.. il se contentera de se moquer de toi.

BERTHE.

Comment! vous croyez...?

MANICAMP.

Parbleu! il va te cribler, te larder, te lapider, et ce sera bien fait!

BERTHE.

Ah! mon Dieu! mon Dieu! mais pourquoi ne sait-il pas danser le menuet?

MANICAMP, prêchant.

Ma fille, que cette leçon vous serve...

BERTHE.

Mais, mon père...

MANICAMP, continuant.

Qu'elle vous apprenne à commander à vos passions...

BERTHE.

Peut-être qu'en voyant le vicomte...

MANICAMP, continuant.

Que toujours une dignité calme...

BERTHE.

On pourrait le prier...

MANICAMP, continuant.

Une égalité parfaite...

BERTHE.

Le supplier...

MANICAMP, éclatant.

Mais écoutez-moi donc, sacrebleu! je vous prêche la patience, la modération, mille tonnerres! et vous ne m'écoutez pas, ventrebleu!

BERTHE.

C'est que vous prêchez... en jurant...

MANICAMP.

C'est juste, c'est plus fort que moi, c'est dans le sang!... (Remontant.) Tiens! je vais chez mon notaire... pour le contrat... ça me rafraîchira... Toi, tu tiendras compagnie à Folleville... ça l'émoustillera... c'est-à-dire... enfin... tu comprends que... Bonsoir, ma fille.

Manicamp sort par le fond à gauche.

SCÈNE V.

BERTHE, seule.

C'est vrai que je suis un peu vive... c'est égal, hier, j'ai été trop loin... quand je pense que, devant toute la cour...

au beau milieu du salon, j'ai osé...' et un bon encore! je l'ai toujours dans l'oreille. Que va-t-on penser de moi?... et le vicomte!... un homme que je suis exposée à rencontrer tous les jours... oh! s'il se présentait devant moi... il me semble que je mourrais de honte!

SCÈNE VI.

BERTHE, LE VICOMTE DE CHATENAY.

CHATENAY, entrant par le fond à droite.

Personne!... M. le marquis de Manicamp?

BERTHE.

Ah! mon dieu! c'est lui!

CHATENAY, apercevant Berthe.

Eh! mais... je ne me trompe pas...

BERTHE, à part.

Ah! je voudrais bien me sauver...

CHATENAY.

Ma jolie danseuse...

BERTHE, sans le regarder.

Oui, monsieur... c'est moi qui...

CHATENAY.

Enchanté, mademoiselle, de renouveler connaissance avec une personne... dont les rapports...

BERTHE.

C'est moi, monsieur, qui suis flattée.. (Saluant.) J'ai bien l'honneur de vous saluer.

CHATENAY.

Eh quoi! vous me quittez...?

BERTHE.

Je crois qu'on m'appelle...

CHATENAY.

J'ai beau prêter l'oreille...

BERTHE.

C'est que... mon père est sorti...

CHATENAY.

Ah! tant mieux!

BERTHE.

Comment?

CHATENAY.

Si vous le permettez... nous l'attendrons... en causant.

BERTHE.

Oui, monsieur. (A part.) Nous allons causer!

CHATENAY.

Vous paraissez aimer vivement la danse, mademoiselle?

BERTHE.

Oui, monsieur.

CHATENAY.

Et vigoureusement le menuet?

BERTHE, à part.

Nous y voilà.

CHATENAY.

Eh bien, vous avez raison, car vous y déployez une grâce, une souplesse une vivacité... une vivacité surtout!

SCÈNE SIXIÈME.

BERTHE, à part.

Il veut parler de...

Elle fait le geste de donner un soufflet.

CHATENAY.

J'ai beaucoup voyagé... j'ai vu danser à peu près toutes les cours de l'Europe, et, sans flatterie, nulle part je n'ai rencontré cette élégance facile, cette distinction sans raideur...

BERTHE.

Ah! monsieur! (A part.) Mais il n'est pas méchant du tout. (Haut, avec hésitation.) Et vous, monsieur, vous ne dansez donc pas?

CHATENAY.

Moi? quelquefois... hier par exemple...

BERTHE, à part.

Aïe!

CHATENAY.

Mais j'ai si peu de succès...

BERTHE, à part.

J'ai eu tort de lui demander ça.

CHATENAY.

Pour que je me lance, pour que je me décide à exposer en public ma gaucherie naturelle, il faut que je sois entraîné, fasciné...

BERTHE.

Ah! monsieur! (A part.) Dire que j'ai donné un soufflet a ce grand monsieur-là.

CHATENAY.

Alors, je perds la tête... j'oublie mon insuffisance... je vais... je vais... jusqu'à ce qu'un accident imprévu...

Quelquefois je glisse sur le parquet... quelquefois je me cogne contre un meuble... ou contre... autre chose... ça me réveille, je rentre en moi-même... je suis honteux du désordre que j'ai causé... et je n'existe plus jusqu'au moment où il m'est permis de présenter à ma danseuse mes excuses et mes regrets.

BERTHE.

Des excuses? mais c'est moi qui vous en dois... et je vous prie bien d'oublier un mouvement... d'impatience!

CHATENAY.

L'oublier? jamais. Il y a dans ce qui m'est arrivé... par votre intermédiaire... je ne sais quoi d'imprévu, de piquant, d'original qui me séduit... qui m'enchante... Croiriez-vous que, depuis hier... cette charmante petite... rencontre ne me sort pas de la tête... elle me trotte... elle me galope... enfin je n'y tenais plus... j'avais besoin de vous voir, de vous dire...

BERTHE.

Ah! monsieur, n'accusez que ma vivacité...

CHATENAY.

Vous êtes vive? oh! j'adore ces caractères-là!... mais, moi aussi, je suis vif, emporté, bouillant...

BERTHE.

Ah bah!

CHATENAY.

Tenez, ce matin, au moment de sortir, j'ai brisé un vase de chine.

BERTHE.

Et moi un cabaret de porcelaine.

CHATENAY.

Vraiment? ah! c'est charmant! ça fait tant de bien de briser, de casser...

SCÈNE SIXIÈME.

BERTHE.

Oh! oui...

CHATENAY.

Et puis après, le dos tourné, on n'y pense plus.

BERTHE.

C'est comme moi...

CHATENAY.

AIR :

Quand le jour luit, quand l'orage s'apaise,
On redevient doux comme un Benjamin.
Ça ne dit pas qu'on ait l'âme mauvaise.

BERTHE.

C'est comme moi, j'ai le cœur sur la main.

CHATENAY.

Ah! j'aurais dû m'en douter, je l'avoue...

BERTHE

Pourquoi cela?

CHATENAY.

C'est qu'à ne pas mentir,
Hier au bal, j'avais bien cru sentir
Votre cœur tout près de ma joue.

BERTHE.

Monsieur... (A part.) C'est qu'il est aimable! très-aimable!

CHATENAY.

Il me reste une prière à vous adresser...

BERTHE.

Laquelle?

CHATENAY.

Seriez-vous assez bonne... pour m'apprendre...

BERTHE.

Quoi?

CHATENAY.

Le menuet?

BERTHE, à part.

Par exemple! (Haut.) Mais, monsieur.

CHATENAY.

C'est que... comme j'ai l'intention de vous inviter souvent... je craindrais de vous fatiguer... le bras!... Voyons, un menuet, je vous en prie!

BERTHE.

Mais, monsieur, on ne danse pas comme ça dans le jour.

CHATENAY, remontant.

Voulez vous que je revienne ce soir?

BERTHE, le suivant.

Mais non, monsieur.

CHATENAY.

Alors, un petit menuet.

BERTHE.

Oh! que vous êtes tourmentant... Allons, puisque vous le voulez absolument. (Elle se pose.) D'abord, si vous me regardez comme ça... je n'oserai jamais...

CHATENAY.

D'un autre côté, si je ne vous regarde pas, j'apprendrai difficilement...

BERTHE.

On peut voir sans regarder.

CHATENAY.

Ah!

SCÈNE SIXIÈME

BERTHE.

Nous autres demoiselles, nous voyons très-bien, très-bien... et nous ne regardons jamais.

CHATENAY, à part.

l'etite tartufe!

BERTHE

Je commence.

BERTHE, dansant.

AIR du menuet d'Exaudet.

Gravement,
Noblement
On s'avance :
On fait trois pas de côté,
Deux battus, un jeté,
Sans rompre la cadence.

CHATENAY.

Ah! vraiment!
C'est charmant!
Je me lance;
Par votre exemple, entraîné,
Oui, j'aime en forcené,
La danse.

BERTHE.

Mettez-y donc plus de grâce!

CHATENAY.

Faut-il reprendre ma place!

BERTHE.

Non, chassez,
Rechassez...
En mesure!...

Chatenay salue en tournant le dos.

Saluez... mais pas par là !
Vers moi tournez donc la
Figure!

CHATENAY.

M'y voici!
C'est ainsi.
Je suppose;
Pardon si je suis distrait,
Mon professeur en est
La cause.

CHATENAY, vivement.

Mademoiselle, je n'y tiens plus! je ne sais pas si c'est le menuet ou l'amour, mais je vous aime, je vous adore et je demande à vous épouser...

BERTHE.

Comment, monsieur?

CHATENAY.

Si vous me refusez, je me jette par la fenêtre.

Il court vivement à la fenêtre de droite et l'ouvre.

BERTHE.

Ah!

CHATENAY.

Prenez garde, je suis très-vif!

BERTHE, effrayée.

Arrêtez, monsieur, arrêtez!

CHATENAY, tenant la fenêtre.

M'aimez-vous?

BERTHE.

Mais... (Sur un mouvement de Chatenay.) Oui, monsieur!... oui, monsieur!

CHATENAY.

Ce n'est pas assez... M'adorez-vous?

BERTHE.

Dame!... (Nouveau mouvement de Chatenay.) Oui, monsieur! mais fermez la fenêtre!

SCÈNE SIXIÈME.

CHATENAY.

Consentez-vous à m'épouser?

BERTHE.

Avec plaisir! mais fermez la fenêtre.

CHATENAY.

Ah! mademoiselle, tant de bontés! pour moi, que vous connaissez à peine...

BERTHE.

Il le faut bien! vous avez une manière si pressante... Ah! mon Dieu! et Folleville!

CHATENAY.

Qu'est-ce que c'est que ça, Folleville?

BERTHE.

Un prétendu qui doit m'épouser dans quelques jours.

CHATENAY.

Vous l'aimez?

BERTHE.

Mais pas du tout!

CHATENAY.

Eh bien, alors...?

BERTHE.

C'est qu'il m'a donné une bague, une très-jolie bague.

CHATENAY.

Vous la lui rendrez.

BERTHE.

C'est juste!... j'en achèterai une autre quand je serai mariée.

CHATENAY.

Vous en aurez dix! vous en aurez vingt! vous en aurez cent!

BERTHE.

Ah ça! et mon père?

CHATENAY.

Qu'est-ce que ça lui fait, moi ou Folleville?

BERTHE.

Au fait.

CHATENAY.

Je suis riche, je suis noble, je vous aime... Il ne peut rien répondre à cela.

BERTHE.

Certainement.

CHATENAY.

Où est-il?

BERTHE.

Chez le notaire pour le contrat.

CHATENAY.

J'y cours, je lui fais ma demande et...

BERTHE.

Mais, monsieur...

CHATENAY.

Je vais rouvrir la fenêtre!

BERTHE, vivement.

Partez! partez!...

ENSEMBLE.

CHATENAY.

AIR du quadrille de Bayard. (Pantalon.)

Oui, dès aujourd'hui, je veux votre main
Et ne prétends pas attendre à demain,
Je suis, j'en suis sûr, l'époux qu'il vous faut,
Vous me reverrez bientôt.

BERTHE.

Quoi! déjà vraiment vous voulez ma main
Et sans vouloir même attendre à demain?
Vous êtes, je crois l'époux, qu'il me faut,
Mais aujourd'hui, c'est bientôt.

SCÈNE VII.

BERTHE, puis FOLLEVILLE.

BERTHE, seule.

Ah! je suis encore tout étourdie!... Eh bien, donnez donc des soufflets aux messieurs!... il est très-bien, le vicomte... et puis il a une manière d'arranger les choses... il est évident que, si je ne l'épouse pas, je serai malheureuse... oh! mais très-malheureuse!... d'abord nous nous aimons... C'est drôle, comme ça vient vite!... ça dépend aussi des personnes... avec Folleville ça n'est pas venu du tout... je vais lui rendre sa parole, sa bague et le prier de me laisser tranquille... (Elle remonte.) Justement le voici.

FOLLEVILLE, sortant du cabinet de droite une lettre à la main.

Allons, le sort en est jeté! Pauvre Aloïse! il est écrit que je ne t'épouserai pas.

BERTHE, à part.

Du courage! (Haut.) Monsieur le chevalier...

FOLLEVILLE.

Mademoiselle?

BERTHE.

Vous m'aimez, je le sais, et je ne vous en veux pas pour ça... de mon côté, j'ai fait ce que j'ai pu... et certainement ce n'est pas ma faute si... mais enfin... que voulez-vous!... (A part.) C'est très-difficile à dire ces choses-là.

FOLLEVILLE.

Expliquez-vous... je ne comprends pas...

BERTHE.

Enfin, monsieur, (Résolûment.) j'en aime un autre...

FOLLEVILLE, avec joie.

Comment!

BERTHE, vivement.

Un jeune homme très-bien, qui danse très-mal et à qui j'ai donné des gages...

FOLLEVILLE.

Est-il possible? ah! mademoiselle!

BERTHE, de même.

Ainsi, reprenez votre parole, voici votre bague, je n'ai plus rien à vous, nous sommes quittes... (Avec impatience.) Mais reprenez donc votre bague!

FOLLEVILLE, à part.

Elle n'est pas à moi... (Haut.) En conscience je ne le puis.

BERTHE, se montant.

Comment, monsieur, vous persistez à m'épouser... ah! c'est trop fort!

FOLLEVILLE.

Permettez...

SCÈNE SEPTIÈME.

BERTHE, s'animant.

Après ce que je vous ai dit? vous voulez faire violence à mon cœur, à mes sentiments?...

FOLLEVILLE.

Mais non...

BERTHE.

AIR: *Tourmentez-vous bien.* (Paul Henrion.)

Prenez garde à vous!
Je serai méchante!
En vain, mon époux
Patient et doux,
Chaque jour sera
Et se montrera
D'humeur indulgente,
Trahissant ses vœux,
Je prétends je veux
Qu'il soit malheureux!
J'entends aussi, pour allumer sa rage,
Prendre à son nez et choisir sous ses yeux
Des amoureux!... oui, beaucoup d'amoureux!
Je ne sais pas ce que c'est, mais je gage
Qu'en m'informant auprès du voisinage
On me le dit, vraiment, à qui mieux mieux!

FOLLEVILLE, parlé.

Mais enfin, mademoiselle...

BERTHE, reprenant l'air.

Prenez garde à vous,
Etc.

FOLLEVILLE.

Mais je ne vous aime pas! je ne vous aime pas!

BERTHE.

Comment?... alors, reprenez donc votre bague!

FOLLEVILLE, la prenant, à part.

Au fait, je la rendrai à Manicamp. (A Berthe.) Ah! mademoiselle ! vous me comblez de joie... car, moi aussi, j'en aime une autre...

BERTHE.

Ah bah !

FOLLEVILLE.

Et cette lettre, c'était pour rompre. (Il la déchire.) Pauvre Aloïse !

BERTHE.

Ainsi vous ne m'en voulez pas?...

FOLLEVILLE.

Au contraire... puisque je ne vous ai jamais aimée... je vous trouve trop petite.

BERTHE.

Par exemple !

FOLLEVILLE.

C'est votre père, c'est Manicamp... qui, à la chasse aux canards... mais, du moment que je ne vous épouse plus... vous êtes la plus adorable des femmes ! (Il lui embrasse la main.) Tenez ! tenez ! tenez !

SCÈNE VIII.

FOLLEVILLE, MANICAMP.

MANICAMP, paraissant au fond, à droite.

Bravo, mon gendre ! bravo !

BERTHE.

Oh !

Elle se sauve par la gauche.

SCÈNE HUITIÈME.

MANICAMP.

Ah! mon compliment, Folleville!... Je me disais toujours: « Quand il sera échauffé, il ira très-bien... il s'agit de l'échauffer. »

FOLLEVILLE.

N'allez pas croire au moins...

MANICAMP.

Que vous embrassiez ma fille?

FOLLEVILLE.

Si... mais qu'est-ce que ça prouve?... (A part.) Allons, il le faut. (Haut.) Marquis, j'ai à vous parler sérieusement.

MANICAMP.

A moi? je vous écoute.

FOLLEVILLE.

Croyez que c'est après avoir mûrement réfléchi...

MANICAMP.

A quoi?

FOLLEVILLE.

C'est bien malgré moi... mais... enfin je ne pourrai jamais épouser votre fille.

MANICAMP.

Comment? ah! voilà du nouveau! et pourquoi, monsieur, pourquoi?

FOLLEVILLE.

D'abord mademoiselle Berthe aime quelqu'un.

MANICAMP.

Ce n'est pas vrai.

FOLLEVILLE.

Et moi-même, de mon côté...

MANICAMP.

Ce n'est pas possible... vous aimez Berthe!

FOLLEVILLE, résolûment.

Eh bien, non, la!

MANICAMP.

On ne peut pas ne pas aimer Berthe.

FOLLEVILLE.

Cependant...

MANICAMP.

Et, puisque vous aimez Berthe, vous épouserez Berthe!

FOLLEVILLE.

Voyons... écoutez-moi marquis...

MANICAMP.

Je n'écoute rien! Ne pas épouser ma fille, vous, mon meilleur ami? je vous égorgerais plutôt!

FOLLEVILLE, à part.

Diable d'homme!

MANICAMP.

Je n'ai qu'une parole, moi, monsieur! et c'est quand le mariage est prêt, quand le notaire va venir, quand le prince de Conti est prévenu...

FOLLEVILLE.

Le prince! je n'y pensais plus.

MANICAMP.

Quand la chose a pris un caractère public, officiel...

FOLLEVILLE, à part.

Le fait est qu'il est un peu tard...

MANICAMP.

Enfin, c'est au moment où je vous trouve seul avec ma fille... l'embrassant!... que vous venez me dire...

SCÈNE NEUVIÈME.

AIR :

Voyons, monsieur, parlons raison,
Oubliez-vous que je suis père?
Des filles de notre maison,
Quel usage entendez-vous faire?
Sur leur front un baiser secret
Vaut d'un contrat les signatures
Et c'est un acte qui n'admet
Ni les renvois ni les ratures !

FOLLEVILLE, à lui-même.

Allons, puisqu'il le faut... il n'y a qu'une lettre à récrire... (A Manicamp.) et je vais de ce pas...

MANICAMP, le poursuivant les bras ouverts.

Ah! Folleville! mon cher Folleville!

FOLLEVILLE, reculant.

Adieu, adieu, Manicamp.

Il entre dans le cabinet à droite.

SCÈNE IX.

MANICAMP, puis CHATENAY.

MANICAMP.

Ce bon Folleville!... je sens une larme perler sous mes longs cils bruns.

CHATENAY, entrant très-vivement par le fond à droite. Il est essoufflé.

Enfin ! je vous trouve !

MANICAMP.

Le vicomte de Chatenay!... j'ai eu l'honneur de me présenter chez vous.

CHATENAY.

Moi aussi... je suis venu ce matin.

MANICAMP.

Ah! je suis désolé.

CHATENAY.

On m'a dit que vous étiez chez votre notaire, je suis allé chez votre notaire... vous veniez de repartir, je suis reparti, j'ai pensé que je vous trouverais ici, je vous y trouve, tout est pour le mieux.

MANICAMP.

Asseyez-vous donc, je vous en prie! que de peine vous prenez... (Ils s'asseyent.) croyez que je regrette sincèrement l'injure...

CHATENAY.

Quelle injure?

MANICAMP.

Hier, au bal...

CHATENAY.

Ce n'est pas une injure... c'est une faveur!

MANICAMP.

Oh! c'est trop de bonté... mais je l'ai arrangée de la belle façon, allez... je l'ai traitée de sotte...

CHATENAY.

Qui ça?

MANICAMP.

Ma fille.

CHATENAY.

Elle! oh! mais un instant! je ne souffrirai pas...

MANICAMP

Comment?

SCÈNE NEUVIÈME.

CHATENAY.

Votre fille est une ange, monsieur!

MANICAMP.

Je le sais bien... mais elle est trop vive, c'est un défaut.

CHATENAY.

Ce n'est pas un défaut... c'est une qualité!

MANICAMP.

Cependant...

CHATENAY.

J'ai reçu un soufflet! après?... si je les aime, si je ne m'en plains pas, ça ne regarde personne.

MANICAMP.

Convenez pourtant qu'elle a eu tort...

CHATENAY.

Je n'en conviens pas... quand on promet un menuet on ne livre pas une fricassée! et j'ai livré une fricassée!

MANICAMP, à part.

Il a livré une fricassée!... (Haut.) Enfin, monsieur, que voulez-vous?

CHATENAY.

Monsieur, j'aime votre fille!

MANICAMP.

Ça ne m'étonne pas. On ne peut pas ne pas aimer Berthe. Après?

CHATENAY.

J'ai cinquante mille écus de rente, je suis vicomte. (Se levant.) et j'ai l'honneur de vous demander sa main!

MANICAMP, se levant aussi.

Monsieur... j'ai cinquante mille écus de rente, je suis

marquis, je suis son père, et j'ai le regret de vous dire que c'est impossible.

CHATENAY.

Pourquoi?

MANICAMP.

Je suis engagé avec Folleville.

CHATENAY.

Vous vous dégagerez

MANICAMP.

N'y comptez pas.

CHATENAY, se contenant.

Marquis, je vous prie de remarquer que j'y mets des formes... j'ai l'honneur de vous demander la main de mademoiselle votre fille.

MANICAMP.

Et moi, j'ai l'honneur de vous la refuser.

CHATENAY, se montant peu à peu.

Ne me poussez pas à bout, je vous préviens que je suis très-vif.

Il repousse son fauteuil.

MANICAMP.

Qu'est-ce que ça me fait?... moi aussi, je suis vif.

Il repousse son fauteuil.

CHATENAY.

Voyons, ne nous emportons pas. Pourquoi ne voulez-vous pas être mon beau-père?

MANICAMP.

Parce que... parce que vous ne me plaisez pas

CHATENAY.

Mais si je plais à votre fille?

SCÈNE NEUVIÈME.

MANICAMP.

Vous ? c'est faux.

CHATENAY.

Marquis, je vous prie de remarquer que vous êtes mal honnête.

MANICAMP.

Je suis comme je suis !

CHATENAY.

Ah !... Eh bien, alors, je l'épouserai malgré vous

MANICAMP.

Vous ne l'épouserez pas.

CHATENAY.

Je l'épouserai !

MANICAMP.

Ah çà ! suis-je son père, oui, ou non ?

CHATENAY.

Parbleu ! pour la peine que ça vous a donné !

MANICAMP.

Vous êtes un faquin !

CHATENAY.

Et vous un Cassandre !

MANICAMP.

Un Cassandre ?... oh ! c'est trop fort ! m'insulter chez moi... Monsieur ! vous m'en rendrez raison

CHATENAY.

Quand vous voudrez !

MANICAMP.

Tout de suite !

CHATENAY.

Me refuser sa fille! (Dégaînant.) En garde!

MANICAMP, dégaînant aussi.

Un Cassandre! en garde!

Ils croisent le fer.

CHATENAY, abaissant son épée.

Marquis, pour la dernière fois, j'ai l'honneur de vous demander la main de votre fille.

MANICAMP.

Vicomte! pour la dernière fois, allez vous coucher!

CHATENAY.

AIR des quadrilles du *Cadeau du Diable* (pastourelle).

En garde... défendez-vous.

MANICAMP.

Redoutez tout mon courroux.

CHATENAY.

Et je serai son époux.

MANICAMP.

Oui, si je meurs sous tes coups.

SCÈNE X.

Les Mêmes, BERTHE.

BERTHE.

Qu'y a-t-il donc?... ce bruit!

MANICAMP.

Ma fille!... laisse-nous.

SCÈNE DIXIÈME.

BERTHE.

Des épées! (A Chatenay.) Que faites-vous?

CHATENAY.

Vous le voyez... je fais ma demande.

Il remet son épée

BERTHE, à Manicamp

Et vous?

MANICAMP.

Moi, je suis en train de le remercier.

Il remet son épée

CHATENAY.

Oui, monsieur votre père me refuse.

BERTHE, à son père.

Pourquoi?

CHATENAY.

Pourquoi?

BERTHE.

Puisque nous nous aimons!

CHATENAY.

Puisque nous nous adorons!

MANICAMP.

Mais...

BERTHE.

C'est de la tyrannie!...

CHATENAY.

C'est de la barbarie!

MANICAMP, éclatant.

Voulez-vous me laisser tranquille?

CHATENAY.

Vous n'avez pas le droit de faire notre malheur :

MANICAMP.

Monsieur!

BERTHE.

Et si nous voulons nous marier...

MANICAMP.

Ma fille!

CHATENAY.

Nous nous marierons!

MANICAMP.

Monsieur!

BERTHE.

Et tout de suite!

MANICAMP.

Ma fille!

CHATENAY.

A l'instant!

MANICAMP.

Monsieur! ah ça! vous tairez-vous?

CHATENAY et BERTHE.

Non! non! non!

MANICAMP.

Me braver!... me menacer!... oh! si je ne me retenais!
(Il prend le vase de fleurs sur la console à droite et le jette à terre.)
Tiens!...

CHATENAY.

Ah! c'est comme ça!... Vous croyez nous faire peur!
(Il prend un vase sur la cheminée au fond et le brise.) Tiens!

{SCÈNE ONZIÈME.

BERTHE, courant prendre le second vase sur la cheminée.

Vous croyez nous faire la loi. (Elle le jette par terre ou plétinant avec rage.) Tiens! tiens!

TOUS.

Ah!

CHŒUR.

AIR de *Blaise et Babet*.

Ah! c'est affreux, ah! quel outrage!
Mon cœur bondit de colère et de rage.
Quel outrage! (*Bis*.)
Je n'en puis subir (*Bis*.) davantage.

Pendant le chœur, Manicamp pousse dans un cabinet sa fille, qui résiste, et il l'enferme à double tour. Chatenay sort par le fond à droite.

SCÈNE XI.

MANICAMP, seul.

MANICAMP.

Ah! j'étouffe... je suffoque... (A la porte du fond.) Insolent!... (A la porte du cabinet.) Petite pécore!... Et mes porcelaines?... du vieux sèvres!... Oh! oh! s'il est possible... (Appelant.) Dominique!... après ça, c'est moi qui ai donné l'exemple... (Appelant.) Dominique!... (Ramassant un des débris.) C'est étonnant comme la porcelaine dure peu dans cette maison... On devrait la couler en bronze... comme les canons... (Appelant.) Dominique!...

Il sort par le fond à gauche.

SCÈNE XII.

CHATENAY, puis BERTHE, puis FOLLEVILLE.

CHATENAY, entrant vivement par le fond à droite.

Eh bien, non... je ne m'en irai pas!... Tes laquais, je les rosserai... et ta fille... je l'épouserai, ta fille! à ton nez, à ta barbe. (Bruit de vaisselle cassée dans le cabinet à gauche.) Hein!... c'est elle... je la reconnais!...

BERTHE, trépignant dans le cabinet.

Non! non! non! je n'aurai pas d'autre mari!... je le dirai, je le crierai... et je l'aurai!...

CHATENAY.

Pauvre petite! (Lui ouvrant.) Venez, mademoiselle, venez...

BERTHE, entrant vivement.

Ah! je suis d'une colère!... M'enfermer! me mettre en cage!... comme une pensionnaire! (Tout à coup à Chatenay.) Ça ne vous fait donc rien, ça, monsieur?...

CHATENAY.

Moi?...

BERTHE.

Dame!... vous êtes là... tranquille...

CHATENAY, se montant.

C'est vrai... je suis là tranquille... je ne dois pas être tranquille... je dois être furieux!... Ah! nous allons voir!

BERTHE.

A la bonne heure!...

SCÈNE DOUZIÈME.

CHATENAY.

Mademoiselle, je suis furieux... et, si je ne me retenais, je... je... (Cherchant une porcelaine pour la briser.) Tiens... il n'y en a plus!...

BERTHE, indiquant le cabinet.

Par là, c'est la même chose...

CHATENAY.

Oui, j'ai entendu les éclats... de votre douleur.

BERTHE.

Oh! d'abord... plutôt que d'épouser Folleville, j'entrerais dans un couvent...

CHATENAY.

Moi aussi...

BERTHE.

Dans un couvent d'Ursulines!...

CHATENAY.

Moi aussi!... c'est-à-dire...

BERTHE.

Et s'il faut résister...

CHATENAY.

Nous résisterons...

BERTHE.

Jusqu'à la mort!...

CHATENET.

Ce n'est pas assez...

BERTHE, changeant de ton.

Ah! mon Dieu! et si papa m'enferme encore!...

CHATENAY.

Ah! diable!

MANICAMP, dans la coulisse.

Dominique! Dominique!

BERTHE.

Ciel! le voici... Que faire?... d'abord je ne veux plus rentrer dans ma prison!... (Tout à coup.) Ah!

CHATENAY.

Quoi?

BERTHE, prenant sous son bras la queue de sa robe.

Monsieur... enlevez-moi!...

CHATENAY.

Hein?...

BERTHE.

Je vous en supplie... enlevez-moi!...

CHATENAY.

Au fait!... c'est un moyen... votre père sera bien forcé, après... (Remontant la scène.) Je reviens...

BERTHE.

Eh bien!... où allez-vous donc?...

CHATENAY.

Tout préparer... L'escorte, le carrosse...

BERTHE.

Un carrosse... c'est trop long... Enlevez-moi à pied!

FOLLEVILLE, paraissant à la porte de droite, et à part.

Qu'entends-je?... Un enlèvement!...

Il disparaît.

BERTHE.

Ah çà! où irons-nous?

CHATENAY.

Ah! oui!... où irons-nous?...

SCÈNE DOUZIÈME.

BERTHE, frappée d'une idée.

Ah!... chez ma marraine, la princesse de Conti... à deux pas d'ici... nous lui conterons nos peines... nous l'attendrirons, et, dans huit jours, nous serons mariés... (Avec impatience.) Mais enlevez-moi donc, monsieur !

CHATENAY.

Voilà ! (Avec la plus grande politesse.) Mademoiselle, voulez-vous me faire l'honneur d'accepter mon bras ?

BERTHE, faisant une révérence.

Avec plaisir, monsieur.

AIR du quadrille de *Jeanne d'Arc*. (Pastourelle.)

ENSEMBLE.

CHATENAY et BERTHE.

Prudemment,
Doucement
Et bien vite
Que la fuite
A nos cœurs
Pleins d'ardeurs
Donne tous les bonheurs.

FOLLEVILLE, reparaissant sur la reprise, et à part.

Ah! vraiment,
C'est charmant,
Voir sa belle
Infidèle
Galamment
S'échappant
Avec un amant.

Chatenay et Berthe sortent bras dessus, bras dessous par le fond à droite.

SCÈNE XIII.

FOLLEVILLE, puis MANICAMP, puis UN DOMESTIQUE.

FOLLEVILLE.

Eh bien! ne vous gênez pas! (Imitant Chatenay.) « Mademoiselle, voulez-vous me faire l'honneur d'accepter mon bras?» (Faisant une révérence comme Berthe.)—«Avec plaisir, monsieur!» Ils ont l'air d'aller danser un menuet... Eh bien, ça m'arrange, moi qui allais rompre avec ma cousine Aloïse... voici la lettre... et pour qui?... pour une prétendue de trois pieds neuf pouces qui court les champs! Ah! mais minute! je ne romps plus... (Déchirant sa lettre.) Je déchire...

MANICAMP, entrant par le fond à gauche.

Dominique!... (Apercevant Folleville.) Comment, Folleville, vous êtes encore là?...

FOLLEVILLE, gaiement.

Mais oui!...

MANICAMP.

Quand je vous ai prié de courir chez le notaire, et de le ramener incontinent!...

FOLLEVILLE, de même.

Pour quoi faire?

MANICAMP.

Pour quoi faire?... pour le contrat... (A part.) Dieu! que j'aurai un gendre stupide!

FOLLEVILLE, de même.

C'est inutile... le contrat ne se signera pas...

SCÈNE TREIZIÈME.

MANICAMP.

Comment?...

FOLLEVILLE, riant.

Il y a un obstacle... Devinez...

MANICAMP.

Ah! mon Dieu... le notaire est mort?...

FOLLEVILLE, riant de plus en plus.

Non... pas ça .. c'est encore plus drôle... Votre fille...

MANICAMP.

Eh bien?

FOLLEVILLE, éclatant.

Elle est enlevée!

MANICAMP.

Hein?

Il court à la porte du cabinet dans lequel il a enfermé sa fille.

FOLLEVILLE, sur le devant.

C'est à crever de rire.

MANICAMP.

Partie!... avec Chatenay sans doute... Vite... il faut courir...

Il remonte à la porte du fond à droite et se trouve arrêté par un domestique qui lui remet une lettre.

LE DOMESTIQUE.

De la part de monseigneur le prince de Conti.

MANICAMP.

Mon illustre protecteur!

LE DOMESTIQUE.

Monseigneur me charge de rassurer monsieur le marquis... Par son ordre, mademoiselle Berthe vient d'être ramenée à l'hôtel.

MANICAMP.

Ah !

FOLLEVILLE, au domestique qui le salue.

Que le diable t'emporte !...

Le domestique se retire.

MANICAMP.

Pauvre enfant... elle est revenue !...

FOLLEVILLE.

Oui, mais elle n'en a pas moins été enlevée.

MANICAMP.

Oh ! si peu... cinq minutes...

FOLLEVILLE.

Ça suffit...

MANICAMP.

Voyons... il n'y a pas un moment à perdre... courez chez le notaire.

FOLLEVILLE.

Permettez... après ce qui vient de se passer...

MANICAMP, le poussant vers la porte.

Oh ! Folleville ! mon bon Folleville !

FOLLEVILLE, résistant.

Je ne sais pas si je dois...

MANICAMP, même jeu.

Mon carrosse est attelé... et puis, vous comprenez... le prince de Conti, la corbeille, la chasse aux canards...

FOLLEVILLE, presque à la porte et résistant.

Oui... mais un enlèvement !...

MANICAMP, perdant patience.

Mais allez donc, sacrebleu !

Il le pousse dehors, Folleville disparaît.

SCÈNE XIV.

MANICAMP, puis UN DOMESTIQUE.

MANICAMP.

Voyons... lisons vite la lettre du prince de Conti... (Lisant.) « Mon cher Manicamp... » (Parlé.) Son cher Manicamp!... il a daigné écrire ça lui-même... de sa propre main!... quel prince!... (Lisant.) « Vous êtes un ours... un sauvage... un Turc à Maure... » (Parlé.) Il est gai, ce prince... (Lisant.) « J'ai entrepris de vous réconcilier avec cette mauvaise tête de Chatenay... » (Parlé.) Avec lui?... jamais! (Lisant.) « Et j'exige que vous l'invitiez à dîner aujourd'hui même. » (Parlé.) Comment recevoir à ma table un homme qui m'appelle Cassandre... et qui m'enlève ma fille?... oh! que nenni!... (Lisant.) *Post-scriptum.* — « Dans une heure, j'enverrai mon chambellan... » (Parlé.) Son chambellan! (Lisant.) « Pour s'assurer qu'on a fait droit à mes prières. » (Parlé.) A ses prières!... à ses ordres!... car c'est un ordre... et pas moyen de refuser... un prince du sang!... (Appelant.) Dominique!... (Parlé.) Mais qu'est-ce que je vais lui faire manger, à cet animal-là? (Appelant.) Dominique!... (Parlé.) Il me vient une idée. (Appelant.) Dominique!... Dominique!... non... Joseph!

UN DOMESTIQUE, entrant par le fond à gauche.

Monsieur le marquis?...

MANICAMP.

Mais que fait donc Dominique?

LE DOMESTIQUE.

Il ne fait rien, monsieur.

####### MANICAMP.

Très-bien... ne le dérange pas. Il me faut un dîner de deux couverts... tu diras au chef...

Il lui parle à l'oreille.

####### LE DOMESTIQUE, étonné

Comment?...

####### MANICAMP.

Je le veux... tu nous serviras ici... va. (Le domestique sort.) Où aller pêcher ce Chatenay maintenant... et comment le décider... il va croire que je lui fais des avances... Justement, le voici...

SCÈNE XV.

MANICAMP, CHATENAY.

####### CHATENAY, à part sans voir Manicamp.

Comprend-on le prince de Conti!... exiger que je me fasse inviter à dîner par Manicamp!... quand, il y a un quart d'heure à peine, nous voulions nous couper la gorge... (Apercevant Manicamp.) Ah! c'est lui!... (Saluant.) Marquis...

####### MANICAMP, lui rendant son salut.

Vicomte!... (A part.) Comment entamer la chose?...

####### CHATENAY, à part.

Je ne peux pas lui taper sur le ventre, et lui dire : « Allons nous mettre à table... » (Saluant Manicamp.) Marquis!...

####### MANICAMP, lui rendant son salut.

Vicomte!... (A part.) Voyons... il faut se décider... (Haut.) Monsieur, je n'ai aucun plaisir à vous voir...

SCÈNE QUINZIÈME.

CHATENAY.

Ni moi... (A part.) Ça commence bien.

MANICAMP.

Néanmoins, si vous voulez me faire... l'amitié de dîner avec moi...

CHATENAY.

Hein?...

MANICAMP.

Rien ne me sera plus... désagréable...

CHATENAY, à part.

Je comprends... il m'invite... par ordre... (Haut.) Mais comment donc, marquis... je ne tiens pas du tout à vous être agréable...

MANICAMP.

Ainsi vous acceptez?

CHATENAY.

Avec répugnance...

MANICAMP.

C'est bien comme cela que je vous invite.

CHATENAY, s'inclinant.

Trop bon...

Deux domestiques apportent par le fond, à gauche, une table richement servie, les plats sont couverts.

CHATENAY et MANICAMP.

ENSEMBLE.

AIR d'*Haydée*.
La table s'avance,
Ah! quel doux moment!
Nous ferons je pense,
Un dîner charmant.

MANICAMP.

Prenons place...

Il s'assied vivement le premier.

CHATENAY, souriant.

Prenons place...

MANICAMP.

Monsieur... mon projet n'est pas de vous donner des ortolans...

CHATENAY.

Tant mieux... je ne les aime pas...

MANICAMP.

Ah! si je l'avais su!... (Découvrant successivement les plats.) Bœuf aux lentilles... mouton aux lentilles... veau aux lentilles.

CHATENAY.

J'adore les lentilles!

MANICAMP, vivement.

Je vous préviens que, cette année, elles sont d'une très-mauvaise qualité.

CHATENAY.

Vous êtes trop aimable...

MANICAMP.

Mon projet n'est pas d'être aimable...

CHATENAY.

Vous n'aimez pas à changer vos habitudes...

MANICAMP, lui offrant avec une grande politesse une assiett garnie.

Vous êtes un impertinent...

CHATENAY, lui passant son assiette vide, avec la même politesse

Et vous un butor...

SCÈNE QUINZIÈME.

MANICAMP, doucement.

Croquant!...

CHATENAY, de même.

Ganache!...

MANICAMP, piqué.

Vicomte!

CHATENAY, de même.

Marquis!...

MANICAMP, prenant une bouteille et avec douceur.

Aimez-vous le jurançon?

CHATENAY.

Beaucoup.

MANICAMP.

En voici d'excellent... (Mettant la bouteille de côté.) mais il n'est pas collé... (Prenant une autre bouteille.) Ceci est du Nanterre, près Paris... je le donne à mes cochers...

CHATENAY.

Servez-vous donc...

MANICAMP, se versant de l'eau.

Non, je ne bois de vin que lorsque je suis de bonne humeur...

CHATENAY.

Diable!... une bouteille doit vous durer longtemps..

MANICAMP, à part, avec colère.

Oh! il me prend des envies de lui jeter la table à la figure.

CHATENAY, regarde Manicamp et se met à rire.

Ha ha ha!

MANICAMP.

Est-ce de moi que vous riez, monsieur?...

CHATENAY.

C'est une idée qui me passe en regardant votre air refrogné... je pense à votre fille...

MANICAMP.

Je vous le défends...

CHATENAY.

Elle est si jolie!... si gracieuse... et vous si... Ha ha ha ! Voyez-vous, Manicamp... il est impossible que vous soyez le père de cette enfant-là...

MANICAMP.

Monsieur, vous êtes un paltoquet!...

CHATENAY.

C'est égal... ça ne change pas mon opinion.

MANICAMP, se levant furieux.

Apprenez que la marquise de Manicamp était une femme de goût!

CHATENAY.

Raison de plus...

MANICAMP, hors de lui.

Taisez-vous!... taisez-vous !
Il donne un coup de poing sur la table.

CHATENAY, se renversant sur sa chaise en riant.

Ha ha ha! si vous pouviez vous voir!...

MANICAMP, se levant.

Monsieur!...

CHATENAY.

Vous êtes affreusement laid!...

SCÈNE SEIZIÈME.

MANICAMP, exaspéré.

Ah!... je n'y résiste plus!... tiens!

Il veut lui jeter son verre d'eau à la figure, et le chambellan du prince de Conti, qui est entré, reçoit tout en plein visage.

SCÈNE XVI.

Les Mêmes, LE CHAMBELLAN DU PRINCE DE CONTI.

LE CHAMBELLAN, recevant le verre d'eau.

Ah! sacrebleu!...

MANICAMP, à part.

Le chambellan du prince!... je suis déshonoré...

LE CHAMBELLAN, à Manicamp.

Ah! marquis... une pareille injure envers un gentilhomme qui porte une épée!...

MANICAMP.

Mais ce n'était pas pour vous... c'était pour monsieur...

LE CHAMBELLAN.

Qu'importe?

CHATENAY, à part.

Pauvre Manicamp!... (Haut, avec enjouement.) Quoi donc?... qu'y a-t-il? je ne comprends pas!...

LE CHAMBELLAN.

Ce verre d'eau...

CHATENAY, l'aidant à s'essuyer.

Un service d'ami... je m'en allais... je m'évanouissais... et le marquis a eu la bonté... Merci, Manicamp.

MANICAMP, à part.

Que dit-il?

LE CHAMBELLAN.

Cependant... permettez...

CHATENAY, sévèrement.

Ah! monsieur le chambellan... celui qui douterait de mes paroles me ferait une offense personnelle...

LE CHAMBELLAN.

C'est différent, monsieur le vicomte... je me suis trompé... Je vais dire à monseigneur que ses intentions ont été remplies.

Il sort par le fond à droite, Chatenay l'accompagne jusqu'à la porte.

SCÈNE XVII.

MANICAMP, CHATENAY.

MANICAMP, à part, avec émotion.

Tant de générosité!... de noblesse!... au moment où j'ai failli le... maculer... (S'attendrissant.) Ah! je sens une larme perler sous mes longs cils bruns !

CHATENAY, revenant.

Maintenant, à nous deux, marquis!...

MANICAMP.

Mon ami!...

CHATENAY.

Devant le chambellan, c'était bon... mais vous comprenez que l'affaire ne peut en rester là.

MANICAMP.

Comment! un duel... avec vous... avec toi... quand c'est moi qui ai tous les torts?... Ah! Chatenay, mon bon Chatenay!... Embrassons-nous, Chatenay!

CHATENAY, sans se prêter.

Pardon... mais.

MANICAMP.

Tu dînes avec moi... et pour de bon... nous boirons du jurançon... qui est collé depuis fort longtemps!... tu verras comme je suis gai... ah! Chatenay! mon bon Chatenay!... Embrassons-nous, Chatenay!

CHATENAY, se laissant faire.

C'est une patène que ce marquis-là!

SCÈNE XVIII.

Les Mêmes, BERTHE.

Elle porte un petit carton et une cage.

BERTHE, pleurant.

Ah ah ah! adieu, papa!...

MANICAMP.

Ma fille... où vas-tu?...

BERTHE, pleurant.

Au couvent.

MANICAMP.

Par exemple! mais tu ne sais pas...

BERTHE, pleurant.

Je veux aller au couvent...

MANICAMP.

Mais écoute-moi donc...

BERTHE, pleurant plus fort et avec colère.

Non... je veux aller au couvent... ah! ah!

MANICAMP.

Eh bien, oui, la... tu iras au couvent... quand tu auras épousé Chatenay...

BERTHE, joyeuse.

Comment?... ah! quel bonheur! (Apercevant Chatenay.) Oh!

Elle lui fait une longue révérence cérémonieuse — Chatenay la lui rend.

MANICAMP, les regardant.

Petite sournoise... embrassez-vous donc!...

CHATENAY, embrassant Berthe.

Avec plaisir, Manicamp...

SCÈNE XIX.

LES MÊMES, FOLLEVILLE.

FOLLEVILLE, entrant vivement.

Voici le notaire.

MANICAMP, à part.

Folleville!... sapristi... je l'avais oublié!... (Haut, à Folleville.) Mon ami, j'ai une petite communication à vous faire...

FOLLEVILLE.

Une communication?... qu'est-ce que c'est?

SCENE DIX-NEUVIEME.

MANICAMP.

Voilà... vous saurez que... Non... (A sa fille.) Berthe, donne le bras à ton futur..

Folleville se présente pour offrir son bras.

CHATENAY, qui l'a devancé

Pardon!...

FOLLEVILLE, à Manicamp.

Qu'est-ce que cela veut dire?

MANICAMP, passant à droite.

Vous savez si je vous aime, Folleville!... mon bon Folleville!... Parce que la chasse aux canards, voyez-vous... c'est magnifique! mais d'un autre côté ce verre d'eau qui... enfin c'est magnifique aussi... alors, vous comprenez... les événements... les circonstances... produisent un amalgame... dont la contexture... forme un tissu... et plus tard... Eh! mon Dieu! la vie n'est pas autre chose!... On se lève le matin, en se disant : Très-bien! c'est convenu! et le soir, prout!... (Avec émotion.) Ah! Folleville! mon bon Folleville!... Embrassons-nous, Folleville!... (Aux autres.) C'est arrangé... c'est parfaitement arrangé!

CHOEUR.

AIR de *la Treille de Sincérité*.

Qu'on enterre
Toute colère;
Plus de débats, plus de courroux!
Embrassons-nous! (*bis.*)

MANICAMP, au public.

Suite de l'air.

Messieurs, quand je vois l'indulgence
Se peindre ici sur vos profils,
Ah! je sens une larme immense
Qui vient perler sous mes longs cils;

Elle perle sous mes longs cils.
Prêtez-vous, je vous en supplie,
A mes tendres épanchements ;
Quand la pièce sera finie,
Au contrôle je vous attends ;
    Là, sans faute,
    Au cou je vous saute,
Et je dis à chacun de vous :
    Embrassons-nous ! (*bis*).

CHŒUR.

Qu'on enterre
Toute colère,
Etc.

Le rideau tombe.

FIN DE EMBRASSONS-NOUS, FOLLEVILLE!

UN GARÇON DE CHEZ VÉRY

COMÉDIE
EN UN ACTE, MÊLÉE DE COUPLETS

Représentée pour la première fois, à Paris, sur le théâtre de la Montansier (Palais-Royal), le 10 mai 1850.

PERSONNAGES :

	ACTEURS qui ont créé les rôles,
ANTONY, garçon chez Véry.	MM. LEVASSOR.
ANATOLE GALIMARD, rentier.	AMANT.
ALEXANDRE, officier de spahis.	VALAIRE.
MADAME GALIMARD.	Mlle JULIETTE ELLET.

La scène se passe chez Galimard.

UN GARÇON DE CHEZ VÉRY

Le théâtre représente une salle à manger. — Porte au fond. — Deux portes latérales au premier plan. — Sur le deuxième plan, à la droite du public, une porte conduisant à la cuisine. — Deux petits meubles au fond, un de chaque côté de la porte. — Une table à droite, premier plan. Un petit guéridon à gauche, premier plan.

SCÈNE PREMIÈRE.

MADAME GALIMARD, seule, à la cantonade.

C'est bien!... je vous ai payé vos huit jours... ne revenez jamais!... Hein?... vous n'êtes qu'une sotte, une péronnelle!

SCÈNE II.

MONSIEUR et MADAME GALIMARD.

GALIMARD entre en appelant.

Jeannette! Jeannette!

MADAME GALIMARD.

Je viens de la mettre à la porte, votre Jeannette!

GALIMARD.

Comment! une si bonne fille! la renvoyer... un jour où j'attends du bois!

MADAME GALIMARD.

Je l'avais prise pour tout faire, et mademoiselle refuse de vernir le ceinturon de notre cousin Alexandre, sous prétexte qu'il est militaire.

GALIMARD.

Le ceinturon! le ceinturon! que diable! ce n'est pas l'affaire d'une bonne... c'est l'affaire d'un tambour... Jeannette n'est pas un tambour.

MADAME GALIMARD.

Aussi je compte prendre un domestique mâle.

GALIMARD.

Ah! bah!

MADAME GALIMARD.

Je l'attends aujourd'hui... ma tante doit me l'envoyer.

GALIMARD.

Allons, bon! une figure nouvelle! un jour où j'attends du bois!

MADAME GALIMARD.

Justement! un homme est plus fort... il pourra vous aider.

GALIMARD.

C'est égal!... elle m'allait, moi, cette Jeannette! j'étais habitué à lui dire: « Jeannette, ma camomille!... Jeannette, ma bourrache!... Jeannette!... » tandis que je vais avoir là un grand gaillard, avec de la barbe... comme moi... qui sera électeur... comme moi... et qui ne votera pas comme moi !... et tout ça pour le ceinturon du cousin Alexandre, que le diable emporte !

MADAME GALIMARD.

Monsieur Galimard, parlez avec plus de respect d'un jeune officier de l'armée d'Afrique qui est mon parent.

GALIMARD.

Je n'attaque pas l'armée d'Afrique ; mais c'est très-désagréable pour un mari de rencontrer dans tous les coins de sa maison un spahi... et qui te regarde avec des yeux... de spahi !

MADAME GALIMARD.

Que voulez-vous dire ?

GALIMARD.

Je n'attaque pas l'armée d'Afrique ; mais je trouve que le semestre du cousin se prolonge bien longtemps... voilà huit mois qu'il dure, le semestre du cousin !

MADAME GALIMARD.

Il a obtenu une prolongation.

GALIMARD.

Ça ne serait rien encore, s'il se contentait de prendre ses repas, son absinthe, son café, son petit verre, et cœtera, et cætera... Mais il est toujours là, entre nous deux... comme un mur mitoyen.

MADAME GALIMARD.

Eh bien ?

GALIMARD.

Eh bien, c'est ennuyeux de ne pouvoir être seuls... qu'à trois !... (Amoureusement.) Si, au moins, quand la blanche Phœbé...

MADAME GALIMARD.

Qu'est-ce que c'est que ça?

GALIMARD.

La lune! (Continuant.)... descend sur l'horizon, vous vous montriez moins cruelle.

MADAME GALIMARD.

Ah! nous y voilà!

GALIMARD, tendrement.

Caroline! vous dormez d'un côté, et moi de l'autre!... deux chambres...

MADAME GALIMARD.

C'est de bon ton, c'est l'usage chez les gens comme il faut. Vous avez reconnu vous-même que cet arrangement était nécessaire... à cause de votre rhume... Impossible de fermer l'œil... vous toussez!...

GALIMARD, vivement.

Oui, mais je suis guéri!... je ne tousse plus!... (Tendrement.) Caroline! je ne tousse plus... au contraire... maintenant, je soupire... si tu savais comme je soupire!

MADAME GALIMARD.

Vous n'êtes pas honteux... à votre âge!

GALIMARD.

L'âge n'y fait rien!... Regarde Ninon de l'Enclos!

MADAME GALIMARD.

Monsieur Galimard, vous n'êtes qu'un mauvais sujet;

SCÈNE DEUXIÈME.

GALIMARD, la regardant.

Qu'elle est belle, ma femme!... Ah! je suis bien fâché de m'être enrhumé cet hiver!

MADAME GALIMARD.

Eh bien, qu'attendez-vous là?

GALIMARD.

Rien! J'étais venu chercher de l'eau pour ma barbe; mais, puisque Jeannette n'y est plus...

MADAME GALIMARD, lui prenant la bouillotte des mains.

Donnez, je vais vous en faire chauffer.

      Elle remonte vers la cuisine.

GALIMARD.

Caroline?

MADAME GALIMARD.

Quoi?

GALIMARD.

Rends-moi le petit passe-partout qui ouvre...

MADAME GALIMARD.

Laissez-moi! vous êtes fou.

ENSEMBLE.

AIR de *la Polka d'Auvergne*. (Lait d'Anesse.

MADAME GALIMARD.

 Votre santé m'inquiète,
 Ma prudence y pourvoira;

Et je vous mets à la diète
Pour guérir ce rhume-là.

GALIMARD.

Sur ma santé je regrette
Qu'on veille comme cela ;
C'est une trop longue diète
Pour guérir ce rhume-là.

Madame Galimard entre dans la cuisine, au deuxième plan, à droite.

SCÈNE III.

GALIMARD, seul.

Toujours faire maigre... c'est une position anormale... car enfin... même dans le carême... il y a la mi-carême !... et il me semble que, comme mari, je pourrais... eh bien, non !... je n'ai pas le droit d'exiger... après ce que j'ai fait... Moi qui, le jour de mon mariage, aurais pu disputer à ma femme le bouquet virginal !... j'ai osé faire un voyage à Paphos !... Tiens, Galimard, tu me fais horreur !... — C'était le jour des Rois... il y a six mois... j'avais beaucoup toussé dans la nuit ; mon médecin me dit : « Papa Galimard, voilà un mauvais rhume, il faut porter de la flanelle !... » (Vous allez voir comme tout s'enchaîne !) Je lui réponds : « Docteur, je suis un homme, je porterai de la flanelle !... » Là-dessus, je prends ma canne, et je cours chez mon ami Guénuchot qui m'avait invité à déjeuner... On sert des truffes... (Vous allez voir comme tout s'enchaîne !) Nous rions, nous buvons... Au dessert, Guénuchot veut me parler de l'avenir de la France... je le lâche ! A peine dans la rue, je m'aperçois que ma tête... c'était le vin blanc... J'entreprends le boulevard... Arrivé au passage de l'Opéra, j'aperçois une boutique qui avait

l'air d'en vendre... de la flanelle! je lui dis : « Monsieur !...
— et on me répond : « Le magasin est au premier. » — Une
fois là... c'est horrible!... je me trouve seul, sans armes,
en face d'une affreuse jeune fille de dix-huit ans!... une
peau éblouissante! des yeux noirs et des sourcils à vous
manger l'âme!... Je ne sais ce qui se passe en moi... le
vertige... les truffes... le vin de Guénuchot... je me sens
un frisson... je veux me reculer... horreur! Je venais de
perpétrer un baiser sur le front d'albâtre de Malvina... de
cette Pompadour en flanelle!... De fil en aiguille, je l'invite à dîner chez Véry!... cabinet n° 6... Les bougies s'allument, le champagne ruisselle, ma tête s'égare, et alors...
(Au public.) Dame!... mettez-vous à ma place!... A minuit
le garçon m'apporte la carte... Cette liquidation me rappelle à tous mes devoirs... je me lève... (je paye!... et je
me sauve... en oubliant ma tabatière décorée de la Charte
et du portrait du général Foy... un honnête homme... qui
n'a pas trahi ses serments, lui!... J'ai dit à ma femme
que je l'avais oubliée chez un ami... une craque!... le
crime vous fait marcher de craque en craque!... Hélas!
depuis ce dîner funèbre, je traîne une conscience chargée
de remords, je ne mange plus, je ne bois plus, je ne respire plus... la nuit, je me réveille en sursaut... et qu'est-ce
je vois?... accroupi sur mon chevet, le garçon de chez
Véry, qui me présente un buisson d'écrevisses, en me
criant : « Baoun! baoun!... » Ah! maudit soit le jour où
j'ai eu besoin d'un gilet de flanelle!

SCÈNE IV.

GALIMARD, ALEXANDRE.

Alexandre tient un bouquet qu'il cache derrière son dos en apercevant Galimard.

ALEXANDRE, à part.

Oh! le mari...

GALIMARD, à part.

Le spahi! il doit être l'heure de déjeuner.

ALEXANDRE.

Bonjour, cousin.

GALIMARD, avec mauvaise humeur.

Bonjour, bonjour!... Pas mal... merci!... J'attends de l'eau chaude.

ALEXANDRE.

Ah çà! est-ce que nous n'allons pas déjeuner?

GALIMARD, à part.

La!... qu'est-ce que je disais? (Haut.) Un moment! nous 'avons pas de cuisinière...

ALEXANDRE.

C'est que je viens de fumer un cigare qui m'a ouvert l'appétit.

GALIMARD.

Ah! vous fumez, vous? (A part.) On me l'a défendu, à moi!

SCÈNE V.

Les Mêmes, MADAME GALIMARD.

MADAME GALIMARD, une petite bouillotte à la main.

Tenez, voici votre eau.

GALIMARD, la prenant.

Merci, ma bonne !

ALEXANDRE, offrant son bouquet à madame Galimard et l'embrassant.

Ma cousine, voulez-vous me permettre de vous souhaiter...?

GALIMARD, cherchant à l'écarter.

Eh bien, qu'est-ce que c'est ?

ALEXANDRE.

C'est la fête de ma cousine.

GALIMARD.

La fête ?... vous l'avez déjà souhaitée hier.

ALEXANDRE.

Hier, c'était la veille.

MADAME GALIMARD, à son mari.

Oui, mon ami, ça se souhaite aussi la veille.

GALIMARD.

Pourquoi pas toute l'année ?

MADAME GALIMARD.

Votre eau va refroidir... allez vous faire la barbe.

GALIMARD.

Mais...

ALEXANDRE.

Allez vous faire la barbe.

GALIMARD, à Alexandre, d'un ton menaçant.

Monsieur... (Avec douceur.) je vais me faire la barbe !

Galimard sort par la gauche.

SCÈNE VI.

MADAME GALIMARD, ALEXANDRE.

MADAME GALIMARD, examinant son bouquet.

Ah ! les beaux camellias !... Alexandre, ce n'est pas bien : vous avez fait des folies.

ALEXANDRE.

Vous êtes si bonne pour moi !

MADAME GALIMARD, mystérieusement.

De mon côté, je me suis occupée de vous...

ALEXANDRE.

Comment ?

MADAME GALIMARD, tirant de sa poche un porte-cigares.

Tenez !... vilain fumeur !

ALEXANDRE.

Que vois-je ? un porte-cigares... brodé à mon chiffre !

MADAME GALIMARD.

Chut ! Si mon mari savait... moi qui lui ai défendu de fumer !

ALEXANDRE, ouvrant le porte-cigares.

Des panatellas !... (Solennellement.) Caroline, je les fumerai sur la terre étrangère.

SCÈNE SIXIÈME.

MADAME GALIMARD.

Ah! mon Dieu! est-ce que vous partez bientôt?

ALEXANDRE.

Hélas! dans quelques jours.

MADAME GALIMARD, émue.

Ah!

ALEXANDRE.

Si vous le vouliez un peu, Caroline, mon cœur pourrait emporter d'autres souvenirs!

MADAME GALIMARD.

Que voulez-vous dire?

ALEXANDRE.

Auriez-vous déjà oublié le jour des Rois... chez Véry... cabinet n° 7?...

MADAME GALIMARD, vivement.

Silence!... et mon mari?...

ALEXANDRE.

Bah! il se fait la barbe! Quelle délicieuse soirée!... Assis tous deux sur un moelleux divan...

MADAME GALIMARD, pudiquement.

Assez!

ALEXANDRE.

Déjà nos mains s'entrelaçaient... nous touchions à ce doux communisme...

MADAME GALIMARD, s'offensant.

Alexandre!...

ALEXANDRE.

Tout à coup vous vous levez en poussant un cri...

MADAME GALIMARD.

Une voix qui venait de se faire entendre dans le cabinet voisin...

ALEXANDRE.

Mais non... c'était ce garçon qui nous servait en criant « Baoun!... »

MADAME GALIMARD.

Oh! non! non!... cette voix m'a terrifiée! Quelle était-elle ? je ne sais pas... mais, j'en suis sûre... elle ne m'était pas inconnue...

ALEXANDRE.

Alors, impossible de vous retenir... vous prîtes votre châle, votre chapeau... et depuis, tout fut inutile : prières amour, supplications...

MADAME GALIMARD.

Alexandre!

ALEXANDRE.

AIR de Calpigi.

Aussi je ne vous tiens pas quitte!...

MADAME GALIMARD.

Mais...

ALEXANDRE.

A dîner je vous invite!

MADAME GALIMARD.

Monsieur, c'est déjà trop, je crois,
D'avoir une première fois
Accepté... pour le jour des Rois.

ALEXANDRE.

Ce premier dîner, ma cousine,
Ne doit pas compter, j'imagine,
Puisqu'on a levé le couvert

Quand nous arrivions au dessert...
Nous avons manqué le dessert!

SCÈNE VII.

Les Mêmes, ANTONY, paraissant à la porte du fond son paquet
sous le bras.

ANTONY.

Peut-on entrer?

MADAME GALIMARD.

Qu'est-ce que c'est?

ANTONY.

Est-ce bien ici madame... Attendez, j'ai l'adresse... (Il tire une adresse de sa poche. — Lisant.) « Madame Galimard, rue des Moulins, 12 *bis*... »

MADAME GALIMARD.

J'ai vu cette figure-là!

ALEXANDRE.

Moi aussi!

ANTONY, lisant.

« En son absence, s'adresser à M. Galimard, son époux, même rue, même numéro! » (Parlé.) C'est tout. Ah! non, il y a encore quelque chose... (Lisant.) « Sonner très-fort. » (Parlé.) J'ai trouvé la porte ouverte... c'est tout!... Non, il y a encore quelque chose!... (Lisant.) « Dans le cas où on n'ouvrirait pas, c'est que tout le monde serait sorti... » (Repliant le papier.) Voilà!... Madame Galimard... connaissez-vous ça?...

MADAME GALIMARD.

C'est moi!

ANTONY, à part.

La bourgeoise! (Otant vivement son chapeau.) De la courtoisie!

MADAME GALIMARD.

Que demandez-vous?

ANTONY.

Madame votre tante, après m'avoir examiné, m'a dit que je pouvais me présenter comme domestique mâle...

MADAME GALIMARD.

Ah! je vous attendais...

ANTONY.

Pour ce qui est de la probité et de la propreté, on peut s'adresser à M. Véry.

ALEXANDRE et MADAME GALIMARD.

Hein?

ANTONY.

Je desservais le 6 et le 7!...

MADAME GALIMARD, à part.

Ah! mon Dieu!

ALEXANDRE, à part.

C'est lui!

Alexandre et madame Galimard tournent vivement le dos à Antony et se cachent la figure avec leur mouchoir.

ANTONY, à madame Galimard.

Pour ce qui est de cuisiner... je cuisine... Pour ce qui est de frotter... je frotte... et la pâtisserie aussi!.. (A part.) Tiens! elle a mal aux dents, la bourgeoise! (Avec sentiment.) Pauvre femme! (Se retournant vers Alexandre.) Pour ce qui est de cuisiner... je cuisine... Pour ce qui est de frotter... et la pâtisserie... (A part.) Lui aussi!... il parait que la maison

SCÈNE HUITIÈME

est humide! (Haut, à Alexandre.) Monsieur, je peux vous indiquer un remède... c'est très-simple... Vous prenez une taupe...

ALEXANDRE, gagnant la porte du fond en se cachant le visage.

Merci! merci! merci!

Il sort.

ANTONY, se retournant à la place où était madame Galimard.

Vous prenez une taupe...

MADAME GALIMARD, à la porte de droite, prête à entrer, et se cachant la figure.

C'est bien! je vais vous envoyer mon mari... Mettez le couvert... les assiettes sont dans l'armoire...

ANTONY.

Et la cuisine?

MADAME GALIMARD.

Par là!

ANTONY.

Très-bien!

MADAME GALIMARD, à part.

Je vais dire à Galimard de le mettre à la porte... et tout de suite.

ANTONY, à part.

Je suis agréé!

Madame Galimard sort vivement par la gauche.

SCÈNE VIII.

ANTONY, seul, déposant son paquet sur un meuble.

C'est une affaire arrangée... Du moment que je plais à la femme, le mari... le mari... c'est de la gnognotte!

(**Pendant** ce qui suit, il ouvre son paquet, y prend une veste qu'il passe.) Je crois que je serai très-bien ici... la maison paraît calée... En entrant, j'ai vu quatorze paires de bottes sur une planche... Règle générale : toutes les fois qu'on voit quatorze paires de bottes sur une planche, on peut dire? « Voilà une maison calée!... » Moi, j'aime les gens riches!.. d'abord, parce qu'ils sont riches... ensuite... parce qu'ils ont de l'argent!... Allons, c'est décidé... je me fixe ici, j'y fais mon trou... Ah! la bourgeoise m'a dit de mettre le couvert... Où sont les assiettes? ah! dans l'armoire... (Il prend une assiette, et tout en l'essuyant.) Qu'est-ce que je demande, moi? qu'on me nourrisse bien... qu'on me paye bien... qu'on me laisse prendre du ventre tranquillement... voilà pour le temporel... Quant au spirituel, je suis exempt de passions... je n'aime ni le jeu, ni le vin, ni... ah! il y a les femmes!... hé! hé!... Eh bien, non! je n'ai jamais été bien... cavalcadour sur cet article-là!... Et pourtant, chez M. Véry, j'étais aux premières loges pour me brûler le sang!... Quand on a servi le 6 et le 7... bigre de bigre! il y faisait chaud, dans le 6 et le 7!... Après ça, moi, je ne regardais personne... je m'occupais de ma petite affaire... mes assiettes, mes couteaux, mes fourchettes... c'est au point que j'aurais pu servir ma propre femme sans la reconnaître... si toutefois j'avais eu une femme propre... qui me soit propre!... Mais, pour le quart d'heure, ce n'est pas là ce que je cherche... (Mélancoliquement.) Oh! non, ma vie a un autre but!... je cherche mon père... Pauvre Antony!

AIR de la Romance de *Joseph*.

Si dans ce monde j'ai ma place,
Je ne sais par qui ni comment...
J'y vins comme à travers l'espace
Vient la flèche du Mohican.
J'ai beau chercher, je perds **courage**,
Mon auteur me reste caché!...

SCENE NEUVIEME.

Et j'ignore, hélas! quel sauvage
Dans le monde m'a décoché.

Enfin, je suis ce qu'on appelle un... jeu de l'amour et du hasard!... A force de démarches, je me suis procuré deux renseignements précieux... Il y a vingt-six ans, à l'époque de ma naissance, mon père s'appelait Anatole, et sa taille était d'un mètre soixante-dix... Aussi, dès qu'un Anatole paraît... (Il tire de sa poche un mètre en ruban de fil rouge, semblable à ceux dont se servent les tailleurs.) Crac! je le mesure!... Hier, j'en ai auné un sur le boulevard... Le misérable!... il s'en est fallu de cinq centimètres qu'il ne fût mon père. Malédiction! (Il fait un geste et laisse tomber son assiette qui se casse.) Ah! sapristi! qu'est-ce qu'on va dire? (Il ramasse les morceaux et les met dans sa poche.) Comme ça, ça ne se verra pas... morceaux cachés... sont à moitié raccommodés! Chez M. Véry, on me faisait payer la casse... Au bout de six mois de service... nous avons fait nos comptes... je lui redevais quatre-vingts francs... c'est l'exploitation de l'homme par la porcelaine! Alors, je lui ai dit : « Monsieur, je vois bien que je n'ai pas les moyens d'être votre domestique, je suis bien votre serviteur. » (Achevant de mettre le couvert.) La!... mon couvert est mis... (Se tâtant l'estomac.) Il doit être l'heure du déjeuner... Nous disons que la cuisine est par là... (Il entre dans la cuisine, à droite; on entend un bruit de vaisselle cassée — Au dehors.) Ah! sapristi! qu'est-ce qu'on va dire?

SCÈNE IX.

GALIMARD, puis ANTONY.

GALIMARD, rentrant par la gauche.

C'est bien! j'en fais mon affaire; je vais lui donner son compte, au domestique mâle... et ce ne sera pas long!

(Avec satisfaction.) Enfin, ma femme reconnaît mon autorité... je me suis montré... j'ai dit : « Je le veux ! » et nous allons reprendre Jeannette ! Ah çà ! où est-il, cet animal-là, que je le flanque à la porte... (Appelant.) Garçon ! garçon !

ANTONY, qui entre vivement, un plat d'écrevisses à la main.

Baoun !

GALIMARD, se retournant, jette un cri et tombe sur un fauteuil, à gauche. — A part.

Ah ! mon Dieu ! cette voix !... ces écrevisses !... le garçon de chez Véry !

Il tire vivement son mouchoir et s'en couvre le visage.

ANTONY, se retournant.

Le bourgeois ! (Voyant Galimard se tenir la mâchoire.) Lui aussi !... Il paraît que c'est une famille qui est en train de faire ses dents.

GALIMARD, à part.

Je suis perdu ! cet homme chez moi !... Et ma femme !... quelle position !... un jour où j'attends du bois !

ANTONY, à part.

C'est le moment de lui présenter mes hommages.

GALIMARD, à part.

Si je pouvais le renvoyer sans qu'il me reconnût.

ANTONY, saluant.

Monsieur Galimard...

GALIMARD, à part.

Mon nom !... je suis reconnu.

Il ôte son mouchoir.

ANTONY, souriant d'un air aimable.

Je vous prie d'agréer l'assurance...

SCÈNE NEUVIÈME.

GALIMARD, à part.

A-t-il l'air sûr de son fait!

ANTONY, le poursuivant.

De la parfaite considération...

GALIMARD, à part.

Il rit sardoniquement, le gueux!

ANTONY.

Avec laquelle j'ai l'honneur...

GALIMARD, à part.

C'est égal, j'aurai du courage!

ANTONY.

D'être votre très-humble...

GALIMARD, à part.

Je nierai effrontément... il n'a pas de preuves...

ANTONY.

Très-respectueux et très-obéissant...

GALIMARD, à part.

Et je le flanquerai...

ANTONY.

Serviteur.

GALIMARD, à part.

A la porte.

ANTONY, à part.

Il a des fourmis dans les jambes!... c'est le mal de dents! (Avec douleur.) Pauvre homme!

GALIMARD, allant résolûment vers lui.

Mon ami, je suis désolé, mais nous ne pouvons pas nous entendre ensemble.

ANTONY.

Comment ça?

GALIMARD.

Tu comprends... à mon âge... on a besoin d'être dorloté...

ANTONY.

Pour ce qui est de dorloter... je dorlote.

GALIMARD.

Je le pense bien... mais rien ne vaut les soins d'une femme... En conséquence, tu vas me faire le plaisir de...

ANTONY.

Comment! vous me renvoyez?

GALIMARD.

Non! oh! non... mais je te donne ton compte. (A part.) Puisqu'il n'a pas de preuves...

ANTONY, piqué.

C'est bien, bourgeois... vous êtes le maître... mais je vous avoue que je ne m'attendais pas à ça... je me croyais à peu près sûr de mon affaire...

GALIMARD, à part

Voyez-vous, le gueux!

ANTONY, jouant avec une tabatière.

Prendre des domestiques à l'heure!... ce n'est pas bien... t, si on était méchant...

GALIMARD, apercevant la tabatière aux mains d'Antony, et à part.

Ciel!... ma tabatière!... le général Foy!... il a des preuves!

ANTONY.

Vous me permettrez bien de faire mes adieux à madame?... Je vais lui parler, et, quand elle saura...

Il remonte

SCÈNE NEUVIÈME.

GALIMARD, à part.

Ma femme!... il va tout lui dire! je suis dans ses griffes! (Haut, ramenant Antony.) Non! c'est inutile! reste!... tu me conviens, tu me conviens beaucoup... je t'arrête!

ANTONY, étonné.

Hein?

GALIMARD.

Tu sais bien que je ne peux pas faire autrement.

ANTONY.

Ah! à la bonne heure!... Eh bien, franchement, vous ne trouveriez pas mieux... quand on a desservi le 6 et le 7...

GALIMARD, effrayé.

Mais tais-toi donc!... il n'est pas nécessaire de rappeler... surtout devant ma femme!

ANTONY.

C'est juste, je comprends vos scrupules. (A part.) C'est un homme chaste. (Haut.) Je m'abstiendrai de toute gaudriole.

GALIMARD, à part.

Que dire à ma femme, à présent? et comment acheter son silence, à lui?...

ANTONY.

Ah! monsieur... je voulais vous demander... paye-t-on la casse dans cette maison?

GALIMARD.

Oui...

ANTONY, avec chagrin.

Ah!...

GALIMARD.

C'est-à-dire non... comme tu voudras...

ANTONY.

Comme je voudrai... alors, on ne la paye pas... et je m'empresse de vous prévenir...

Il tire de sa poche les morceaux d'assiette, et les met les uns après les autres dans les mains de Galimard.

GALIMARD.

Comment!... mes assiettes?...

ANTONY.

Oh!... ça fait de l'effet comme ça... mais il n'y en a que deux... jusqu'à présent!

GALIMARD, à part.

Ça promet... (Haut.) Casse!... brise!... ne te gêne pas! (A part.) Gredin, va!...

ANTONY, à part.

Quelle différence avec M. Véry!... je l'aime, ce vieillard... (Haut.) Quand monsieur voudra déjeuner?...

GALIMARD.

Moi? je suis bien en train de déjeuner... je n'ai pas faim...

ANTONY.

Et madame?...

GALIMARD.

Elle a le temps!...

ANTONY.

Ah! je vais vous dire : si je m'inquiète de votre appétit et de celui de la bourgeoise, c'est que je songe au mien, bourgeois.

GALIMARD.

Au tien?

SCÈNE NEUVIÈME.

ANTONY.

Oui, j'ai l'estomac d'un creux!.., Et, comme il ne serait peut-être pas convenable que je déjeune avant vous...

Il a repris sa tabatière et joue encore avec elle sans s'en apercevoir.

GALIMARD, à part.

Hein! il veut déjeuner avant moi.

ANTONY.

Du moins, ça ne se faisait pas comme ça chez M. Véry..

GALIMARD.

Silence!...

ANTONY.

Quand je desservais le 6 et le...

GALIMARD.

Encore! te tairas-tu?... Tiens! assieds-toi là et mange!

ANTONY.

Plaît-il?

GALIMARD, le jetant brusquement sur une chaise

Avale et tais-toi!

ANTONY, à part.

Il paraît qu'on mange à la table des maîtres... je m'habillerai pour dîner.

MORCEAU D'ENSEMBLE.

AIR de Romagnési. (Malheurs d'un amant heureux.)

ANTONY, seul.
C'est vraiment charmant!
Me servir lui-même!
Complaisance extrême!
Est-il bon enfant!
Je suis, c'est unique!
A mon tour servi

Comme une pratique
De monsieur Véry!...

GALIMARD, parlé.

Mais, tais-toi donc!... et avale!

Pendant le chœur, Galimard sert Antony la serviette sous le bras, comme un domestique.

ENSEMBLE.

GALIMARD.

Ah! c'est effrayant!
Dans mon trouble extrême...
Quoi! je sers moi-même
Un tel garnement!
Puisqu'il peut connaître
Mon fatal secret,
Le voilà mon maître,
Je suis son valet.

ANTONY.

C'est vraiment charmant!
Me servir lui-même!
Complaisance extrême!
Est-il bon enfant!
Voilà bien le maître
Qui me convenait!
Aussi, je veux être
Toujours son valet!

SCÈNE X.

Les Mêmes, MADAME GALIMARD.

MADAME GALIMARD, entrant par la gauche sans voir Antony.

Eh bien, est-il parti?

GALIMARD, effrayé.

Ma femme!

SCÈNE DIXIÈME.

ANTONY, tendant son verre.

Patron... donnez-moi à boire.

MADAME GALIMARD, poussant un cri.

Ah!...

ANTONY, se servant, et criant aussi.

Ah!...

MADAME GALIMARD, à part.

Il m'a reconnue!... et devant mon mari!

GALIMARD, à part.

Que lui dire?... (S'efforçant de rire.) Tu vois, Caroline c'est... ce pauvre garçon qui déjeune... il mourait de faim... et il déjeune.

ANTONY.

Oui... je déjeune... je mourais de faim, et... je déjeune.

MADAME GALIMARD.

Eh bien, mais il n'y a pas de mal à ça. (A Antony.) Continuez, mon ami.

GALIMARD, à part, avec étonnement.

Hein?

ANTONY, de même.

Son ami!

MADAME GALIMARD.

Mais il n'a rien à manger, ce garçon... Voyez donc, Galimard, dans le buffet, des biscuits, des confitures...

GALIMARD, courant au buffet.

Voilà! voilà!

MADAME GALIMARD, bas et vivement à Antony

Silence! devant mon mari!

ANTONY.

Hein?

GALIMARD.

Voici. (Bas.) Motus devant ma femme!

ANTONY.

Quoi?

MADAME GALIMARD, apportant une bouteille.

Il reste du madère!

GALIMARD, à part.

Du madère! Faut-il qu'elle aime les domestiques mâles!

ANTONY, avec grâce.

Je vous demanderai une petite cuiller.

MADAME GALIMARD.

Vite, une cuiller!

GALIMARD, courant.

Vite, une cuiller!

MADAME GALIMARD, courant à gauche.

Où avez-vous mis les petites cuillers?...

GALIMARD, courant à droite.

Qu'avez-vous fait des petites cuillers?...

MADAME GALIMARD, courant à droite.

Vous brouillez tout ici!...

GALIMARD, courant à gauche.

Et vous!... Ah! c'est à n'y pas tenir!

Ils se heurtent l'un l'autre, toujours affairés; Galimard sort par la droite, et sa femme par la gauche.

SCÈNE XI.

ANTONY, puis ALEXANDRE.

ANTONY.

On est vraiment très-bien ici... le service y est doux.... et le madère... sec! Seulement, il y a une chose que je ne comprends pas... La femme me dit : « Silence!... » Et le mari : « Motus!... motus!... » Ça ne m'étonne pas... c'est du latin!...

ALEXANDRE, entrant vivement par le fond, sans voir Antony, et une clef à la main.

Enlevé! Je suis donc enfin parvenu à le dérober, ce charmant petit passe-partout! (Apercevant Antony.) Ah! c'est toi, je te cherchais!

ANTONY.

Moi?

ALEXANDRE.

Je viens t'offrir deux choses : de l'or, ou des coups de cravache!...

ANTONY.

Je demande à réfléchir.

ALEXANDRE.

Des coups de cravache si tu parles... de l'or si tu veux me servir.

ANTONY.

Vous servir... c'est impossible! Je suis engagé avec madame Galimard, et pour rien au monde... (Se ravisant.) Qu'est-ce que vous donnez?

ALEXANDRE.

Imbécile!... tu ne m'entends pas!... Toi mon domestique?...

ANTONY.

Pourquoi pas? en payant très-cher.

ALEXANDRE.

AIR de l'*Anonyme*.

Qui, moi ? j'irais te prendre à mon service.
J'ai su toujours me passer de valets.
Mais tu peux bien me rendre un bon office,
Et d'un ami servir les intérêts.

ANTONY.

Mon officier, j'ai de l'intelligence!...
J'entends fort bien, même en parlant fort mal;
Mais, pour servir les intérêts, je pense
Il faut avoir reçu le capital...
Voyons un peu quel est le capital.

Il tend la main.

ALEXANDRE.

Tiens, tu n'es pas si bête que je croyais...

ANTONY.

C'est le madère!

ALEXANDRE.

Je vais te donner tes instructions, je me suis procuré le passe-partout.

ANTONY.

Ah!

ALEXANDRE.

Le voici.

ANTONY.

Ah!... (Alexandre, en tirant le passe-partout de sa poche, a laissé tomber le porte-cigares.) Vous perdez quelque chose.

Il le ramasse.

SCÈNE ONZIÈME.

ALEXANDRE.

Mon porte-cigares... (Il le reprend et l'embrasse.) Elle l'a brodé pour moi... à mon chiffre... un A... ange!

ANTONY.

Vous vous appelez Ange?

ALEXANDRE.

Mais non... A dix heures, quand tout le monde sera couché, tu laisseras la porte du carré entr'ouverte.

ANTONY.

Pour quoi faire?

ALEXANDRE.

Pour achever ce que j'ai commencé...

ANTONY.

Quand?

ALEXANDRE.

Le jour des Rois.

ANTONY.

Ah! où?

ALEXANDRE.

Tu le sais bien!

ANTONY.

Je le sais bien?

ALEXANDRE.

Silence! on vient... plus tard, nous reprendrons cette conversation!

ANTONY.

Je le veux bien!

ALEXANDRE.

Et jusque-là... tais-toi! tu comprends l'importance...

Il sort par le fond.

ANTONY.

Je comprends... c'est-à-dire je ne comprends rien du tout. (Madame Galimard rentre par la droite.) Ah! la bourgeoise!

SCÈNE XII.

ANTONY, MADAME GALIMARD.

MADAME GALIMARD, très-embarrassée.

Les moments sont précieux... j'ai à vous parler.

ANTONY.

C'est pour quelque chose de pressé?

MADAME GALIMARD.

Vous savez tout... Que pourrais-je vous apprendre? D'ailleurs, mon trouble, mon émotion quand vous êtes entré...

ANTONY, à part.

Comment! j'ai troublé la bourgeoise? Ah çà! mais... Est-ce que...?

MADAME GALIMARD, à part.

Oh! mon Dieu!... quelle humiliation!... un domestique!

ANTONY, à part.

Elle est jolie femme!... et, sans sortir de la maison...

MADAME GALIMARD.

Je sais que les apparences sont contre moi... mais au moins n'allez pas me juger sur un moment d'oubli dont je n'ai pas à rougir, croyez-le bien.

ANTONY, remerciant.

Ah! madame!...

SCÈNE DOUZIÈME.

MADAME GALIMARD.

Qui sait? c'est peut-être la Providence qui vous a jeté sur mon chemin pour me rendre le calme, le repos, le bonheur...

ANTONY, remerciant.

Le bonheur!... ah! madame!... (A part.) Je suis exactement dans la position de Ruy Blas, faisant l'œil à la reine d'Espagne... Je suis fâché d'être en cuisinier!

Il jette au loin son tablier.

MADAME GALIMARD.

Surtout le silence le plus absolu... devant mon mari!

ANTONY.

Tiens, parbleu! je ne suis pas assez bête pour aller... (A part.) On ne conte jamais ces choses-là au roi d'Espagne.

MADAME GALIMARD.

Ainsi je puis compter sur vous?

ANTONY, à part.

Il faut pourtant que je lui dise quelque chose d'aimable... (Haut.) Comme Napoléon sur sa vieille garde!... et, en échange...

MADAME GALIMARD.

Je vous donnerai...

ANTONY, avançant la joue.

Quoi?

MADAME GALIMARD.

Les clefs de la cave...

ANTONY, amoureusement.

Et encore?

MADAME GALIMARD.

Je vous mettrai à même le sucre, les liqueurs...

ANTONY, amoureusement.

Et encore?

MADAME GALIMARD.

Dame! je ne sais plus, moi!

ANTONY, avec passion.

Oh! cherchez! oh! cherchez!

MADAME GALIMARD, à part.

Subir de pareilles exigences! (Haut.) Enfin tout ce qui est ici sera à vous.

ANTONY, lui prenant vivement la main.

Tout!... oh! merci!

Il se dispose à lui embrasser la main.

MADAME GALIMARD, sans prendre garde à son mouvement.

Chut! M. Galimard!

ANTONY.

Le roi d'Espagne! mazette!

Il abandonne brusquement sa main, et saute sur une poignée de fourchettes qu'il se met à essuyer avec acharnement, en fredonnant un pont-neuf. Madame Galimard s'échappe par la droite.

SCÈNE XIII.

ANTONY, GALIMARD.

GALIMARD, reparaissant à gauche, sans voir Antony.

Décidément, j'aime mieux le renvoyer... Je ne peux pas vivre comme ça!

SCÈNE TREIZIÈME.

ANTONY, à part.

Pauvre homme!... quand je pense que je suis à la veille de lui... conditionner ça!...

GALIMARD, à part.

En lui offrant un billet de cinq... l'affaire doit s'arranger! (Apercevant Antony.) Ah! ah! te voilà!

ANTONY.

Comme vous voyez!

GALIMARD.

Tu n'as pas vu ma femme?

ANTONY, résolûment.

Non!

GALIMARD.

Qu'est-ce qu'elle t'a dit?

ANTONY.

Elle m'a dit de mettre le gigot en mayonnaise, et le poulet aux haricots...

GALIMARD.

Voilà tout?

ANTONY.

Exactement! (A part.) Tromper un vieillard! oh! (Changement de ton.) Après ça, il est bien cassé!

GALIMARD.

Avec toi, je n'irai pas par quatre chemins! Voyons, veux-tu cent francs?

ANTONY.

Pour quoi faire?

GALIMARD.

Pour t'en aller... Tiens... j'irai jusqu'à deux cents...

ANTONY.

C'est-à-dire que vous me chassez?

GALIMARD.

Te chasser? tu sais bien que je n'en ai pas le droit.

ANTONY.

Ah!... Alors, je reste.

GALIMARD.

Ne sommes-nous pas unis par des liens trop étroits?

ANTONY.

Nous deux! (A part.) Sa femme... je ne dis pas.

GALIMARD.

Voilà les suites d'une faute.., la seule dans une pure!

ANTONY, à part.

Ah çà! qu'est-ce qu'il chante?

GALIMARD.

Faute déjà ancienne.

ANTONY.

J'y suis... une vieille faute!

GALIMARD.

Que je cherchais à oublier... mais que ta présence est venue réveiller.

ANTONY, à part, avec émotion.

Ah! mon Dieu! quel soupçon... je ne sais ce que j'éprouve!

GALIMARD.

Que te dirai-je? le vin de Guénuchot...

ANTONY.

Qui ça... Guénuchot?

SCÈNE TREIZIÈME.

GALIMARD.

Mon ami intime... Et puis... les gilets de flanelle... et puis Elle avait des yeux si noirs!...

ANTONY.

Noirs? c'est bien ça!... attendez-donc! attendez-donc!

Il tire son mètre de sa poche.

GALIMARD.

Sa voix était si câline, quand elle me disait : « Anatole! »

ANTONY.

Anatole?... Permettez...

Il court vivement à lui et le mesure.

GALIMARD.

Qu'est-ce que tu fais?

ANTONY.

Juste! un mètre soixante-six!... ah!

Il lui saute au cou et l'embrasse avec transport.

GALIMARD.

Mais finis donc! mais tu m'étrangles, imbécile!

ANTONY, avec exaltation.

Ah! que cela fait de bien! ah! que cela fait de bien! (A part.) C'est drôle! je ne croyais pas avoir cette bosse aussi développée. (Serrant les mains de Galimard avec tendresse.) Ah! bon vieillard! bon vieillard!

GALIMARD, à part.

Qu'est-ce qui lui prend?

ANTONY.

Dites donc, je trouve que vous me ressemblez!

GALIMARD.

Moi?... allons donc!

ANTONY, avec attendrissement.

Enfin, je vous retrouve! (Lui prenant les mains.) Ah! bon vieillard! bon vieillard!

GALIMARD, à part.

Quel drôle de cuisinier! (Haut, le repoussant.) Mais ne me tapote donc pas comme ça!

ANTONY.

Pardonnez-moi, mais la joie... le bonheur... il y a si longtemps que je vous cherche... Mais maintenant je ne vous quitte plus, je m'attache à vos pas... je me cramponne à votre existence!

GALIMARD.

Tiens, j'irai jusqu'à cinq cents francs!

ANTONY.

Non! je ne demande rien... je ne veux rien... que vous voir, vous aimer... vous serrer... vous enlacer!... Ah! bon vieillard! bon vieillard!

Il l'embrasse.

GALIMARD, le repoussant.

Mais j'ai une chemise blanche, tu me chiffonnes... (A part.) Quel drôle de cuisinier!

ANTONY, avec mélancolie.

Et puis nous parlerons d'elle, la malheureuse!

GALIMARD, à part.

Malvina!

ANTONY.

Nous en parlerons quelquefois... souvent... toujours.

GALIMARD.

Mais je n'y tiens pas!... Et ma femme?

SCÈNE TREIZIÈME.

ANTONY.

Comment?

GALIMARD,

D'abord, si madame Galimard venait à savoir... j'en mourrais... net!

ANTONY, avec horreur.

Ah! assez! je comprends, la société vous impose des devoirs... énormes!

GALIMARD.

Énormes! c'est ça!

ANTONY.

Il suffit! je saurai comprimer des élans! qui... je tâcherai de museler mes sentiments... Enfin, je me tairai!

GALIMARD.

Voilà, je ne t'en demande pas davantage.

ANTONY.

Mais vous permettrez quelquefois à ma main de rencontrer votre main dans l'ombre...

GALIMARD.

Bah! à quoi ça sert?

ANTONY.

A quoi? (A part.) O Saturne! Dieu du temps! comme tu racornis le cœur des hommes!

UNE VOIX, sous la fenêtre.

Monsieur Galimard! c'est votre bois!

GALIMARD, remontant vivement la scène.

Ah! sapristi! mon bois!

ANTONY.

Eh quoi! vous partez? vous me quittez comme un étranger?... sans me serrer la main?...

GALIMARD, lui prenant la main.

Voyons, dépêchons-nous! j'ai là du bois. (A part.) Il est insupportable!

ANTONY, courant après Galimard.

Un instant, vous ne sortirez pas comme ça!

GALIMARD.

Comment?

ANTONY.

Le temps est pluvieux... vous n'êtes pas couvert!

GALIMARD.

Bah! bah!

ANTONY.

Ah! c'est que vos jours ne vous appartiennent plus, maintenant! (Lui donnant un vieux carrik qu'il prend dans son paquet.) Tenez, enveloppez-vous, bon vieillard! la! comme ça! (Il l'arrange.) Croisez sur la poitrine!... tous les boutons! tous les boutons!

GALIMARD, à part.

S'il veut se taire et ne pas m'embrasser, ça ne sera pas un mauvais domestique!

ANTONY, lui mettant un mouchoir sur la figure.

Ah! un cache-nez... Au moins, comme ça, vous aurez chaud... Portez-vous des bas de laine?

GALIMARD.

Non, ça me picote!

ANTONY.

Ta ta ta! « ça me picote!... » ça m'est égal... ça vous picotera, mais je veux que vous en portiez... des bas de laine, avec des galoches!

GALIMARD.

Cependant...

SCÈNE QUATORZIÈME.

ANTONY, gentiment

Ah! je le veux! je le veux!...

Il lui donne des petites tapes sur la joue.

GALIMARD.

Eh bien, j'en porterai, despote! (A part.) Mais qu'est-ce que ça lui fait?

ANTONY.

Maintenant, allez! et pas d'imprudence! (L'embrassant.) Ah! bon vieillard! bon vieillard!

GALIMARD, se débarrassant de lui, à part.

Quelle sensibilité!... il doit être de l'Association fraternelle des cuisiniers!

Sortie de Galimard par le fond. Antony le reconduit, et lui envoie des baisers quand il a disparu.

SCÈNE XIV.

ANTONY, puis MADAME GALIMARD.

ANTONY.

Enfin, je l'ai trouvé!... je le tiens, celui que je cherche depuis si longtemps!... le Mohican qui m'a décoché!... Ah! j'ai oublié de lui donner de mes cheveux!... (Il s'en coupe vec un couteau, une mèche qu'il plie dans un papier.) Quelle journée!... d'un côté, un père... de l'autre, une femme charmante qui... (Tout à coup.) Ah! mon Dieu!... la femme de mon père!... ma mère!... c'est-à-dire ma marâtre!... Phèdre et Hippolyte!... j'allais commettre une tragédie en vers... envers mon père!...

MADAME GALIMARD, dans la coulisse.

Monsieur Galimard! monsieur Galimard!

ANTONY, avec terreur.

C'est elle! la femme de Thésée... j'ai le frisson! (A madame Galimard, qui entre.) N'approchez pas, madame! c'est impossible!... ne comptez plus sur moi!

MADAME GALIMARD.

Qu'avez-vous donc?

ANTONY.

Si vous saviez!...

MADAME GALIMARD.

Quoi?

ANTONY.

Rien! je ne peux pas le dire!

MADAME GALIMARD, marchant vers lui.

Ah çà! êtes-vous fou?

ANTONY, se retranchant derrière une chaise.

Ne m'approchez pas!... jamais! jamais!... Horreur!...

MADAME GALIMARD.

Ah! vous m'ennuyez, à la fin!... et c'est aussi payer trop cher une imprudence! Parce que je suis allée dîner chez Véry, sans faire de mal... avec mon cousin Alexandre...

ANTONY.

Vous?... (A part.) Phèdre avec un spahi!

MADAME GALIMARD.

Puisque c'est vous qui nous serviez!

ANTONY.

Moi?

MADAME GALIMARD.

Ah çà! vous ne savez donc rien?

SCÈNE QUATORZIÈME.

ANTONY.

Rien du tout!

MADAME GALIMARD, éclatant.

Comment!... il serait possible?... tu ne sais rien?... Mais alors, je te chasse!

Elle va chercher le paquet d'Antony, au fond.

ANTONY.

Pourquoi ça?

MADAME GALIMARD.

Qu'est-ce que tu fais ici?... Et moi qui tremblais...

ANTONY.

Cependant...

MADAME GALIMARD.

Vite! ton paquet... Ah! tu ne sais rien!

ANTONY.

Mais...

MADAME GALIMARD, lui remettant le paquet, qu'elle a renoué.

Tiens, va-t'en! je ne veux plus te voir. (Elle pousse Antony, qui est tout étourdi, jusqu'à la porte du fond. — Antony disparaît. — Seule.) Enfin, m'en voilà débarrassée et pour toujours...

Antony reparaît son chapeau sur la tête et son paquet sous le bras.

ANTONY.

Peut-on entrer?

MADAME GALIMARD.

Encore toi?

ANTONY.

Oui, j'ai fait une réflexion... sur le carré!... Je me suis

dit : « La bourgeoise m'a chassé parce que je ne savais rien !... »

MADAME GALIMARD.

Eh bien?

ANTONY.

Eh bien, je sais tout maintenant!

MADAME GALIMARD.

Comment?

ANTONY.

Puisque vous me l'avez dit!

MADAME GALIMARD, à part.

Ah! mon Dieu! c'est vrai!

ANTONY, posant son paquet.

Baoun!

MADAME GALIMARD.

Parle!... que veux tu?

ANTONY, d'un ton sentencieux.

Je comprends mes devoirs, je saurai les remplir... je saurai protéger papa... Galimard!

MADAME GALIMARD.

Que prétendez-vous?

ANTONY.

M'attacher à vos pas... me placer entre vous et votre complice!

Il marche sur madame Galimard, qui recule.

MADAME GALIMARD, se retranchant derrière les chaises et la table.

Mais, monsieur...

ANTONY, de même.

Si vous sortez, je sortirai... si vous rentrez, je rentrerai... si vous prenez l'omnibus, je le prendrai... si vous entrez au bain, j'y... Non! ça n'est pas permis... je vous attendrai à la porte!... Voilà, madame, voilà ce que je prétends faire...

MADAME GALIMARD.

Mais c'est affreux! c'est épouvantable!

ANTONY.

Oh! vous avez beau faire!... à partir d'aujourd'hui, je déclare la guerre à l'armée d'Afrique, à cet Alexandre, qui... Je serai son Abd-el-Kader!

SCÈNE XV.

Les Mêmes, ALEXANDRE.

ALEXANDRE, qui a entendu les derniers mots d'Antony.

Qu'est-ce que cela signifie?

MADAME GALIMARD.

Cela signifie que monsieur s'est arrogé le droit de nous épier, de nous surveiller, comme un...

ANTONY.

Très-bien! très-parfaitement bien!

ALEXANDRE, à part.

C'est ce que nous allons voir! (Haut.) Je t'ai offert de l'or ou des coups de cravache...

ANTONY.

Oui, mais j'ai demandé à réfléchir, et, réflexion faite, je choisis les coups de cravache...

ALEXANDRE, faisant un mouvement pour remonter.

Oui?... très-bien!... je vais chercher la chose!

ANTONY.

Non, vous n'irez pas!

ALEXANDRE.

Pourquoi?

ANTONY.

Parce que... quand on me frappe, je suis comme les cloches, je bavarde... Baoun!... et comme j'ai desservi le 6 et le 7...

ALEXANDRE, le menaçant.

Misérable!

MADAME GALIMARD.

Alexandre!.

ANTONY, à madame Galimard.

N'ayez donc pas peur!

ALEXANDRE.

Au fait... je suis bien bon de m'emporter... je n'ai rien à craindre, quand même tu voudrais parler... Qu'est-ce que tu pourrais dire?

ANTONY.

Ce que je pourrais dire! (D'une voix sombre.) Et si vous aviez oublié sur la table, entre la poire et le fromage, une pièce à conviction?

ALEXANDRE, tâtant ses poches.

Est-il possible?

MADAME GALIMARD, même jeu.

Que dit-il?

ANTONY, à part.

Je vais les foudroyer!... (Il place la tabatière de Galimard sous le nez d'Alexandre.) Tremblez!

ALEXANDRE, tranquillement.

Qu'est-ce que c'est que ça? je n'en use pas!

ANTONY.

Ah! (Se retournant vers madame Galimard et lui présentan quement la tabatière.) Tremblez!...

MADAME GALIMARD, arrachant la boîte des mains d'Antony.

Ciel! la tabatière de mon mari!

SCÈNE XVI.

Les Mêmes, GALIMARD.

GALIMARD, entrant, au fond.

Hein?

ANTONY.

Comment! (A part.) Sapristi! qu'est-ce que j'ai fait?

GALIMARD, à part.

Il m'a trahi!... Gredin, va!

MADAME GALIMARD, examinant la tabatière.

Oui... c'est bien cela... je la reconnais... et il l'a oubliée chez Véry!... Ah! monsieur Galimard, nous allons avoir une explication.

ALEXANDRE, à part.

Ça se gâte... bravo!

Il remonte.

ANTONY, à part.

Papa était dans le 6!

MADAME GALIMARD, à son mari.

Ah! vous voilà, monsieur?

GALIMARD, au comble de l'embarras.

Oui, ma bonne... c'est moi... je viens de faire rentrer mon bois...

MADAME GALIMARD.

Il ne s'agit pas de cela.

GALIMARD.

Tu seras contente... c'est de l'orme... ça tient la chaleur...

MADAME GALIMARD, lui présentant la boîte.

Connaissez-vous ceci?

GALIMARD.

Je crois que oui... le général Foy... la Charte!...

ANTONY, à part.

Il l'a un peu violée, la Charte!... Gaillard!

MADAME GALIMARD, se contenant à peine.

La voilà donc retrouvée, cette boîte... oubliée chez un ami!

GALIMARD, barbottant.

Oui... oui... il paraît...

ANTONY, à part.

Pauvre père! il me fait l'effet d'une mouche tombée dans du miel.

MADAME GALIMARD, à son mari.

Et chez quel ami, s'il vous plaît?

GALIMARD.

Dame!.. chez... chez... (A part.) Je ne sais que lui dire!...

SCÈNE SEIZIÈME.

ANTONY, à part.

Ah!... (Bas, soufflant Galimard.) Guénuchot!

GALIMARD, vivement.

Chez Guénuchot! (Bas, à Antony.) Merci!... gredin!

ANTONY, soufflant.

Qui est allé dîner... chez Véry...

GALIMARD, répétant.

Qui est allé dîner... chez Véry... le jour des Rois... avec une petite... avec Malvina!

MADAME GALIMARD.

Qu'est-ce que c'est que ça?

GALIMARD.

Une affreuse jeune fille de dix-huit ans... qui est dans la flanelle... il aura oublié ma tabatière... et... voilà!

ANTONY.

Et voilà!... tout s'explique!

GALIMARD.

Tout s'explique!... (A part.) Je m'en suis bien tiré! (A Antony.) Merci, gredin!

MADAME GALIMARD, à part.

M. Guénuchot!... cette voix... que j'ai entendue

ALEXANDRE, à Galimard.

Ah çà, cousin, tout est éclairci, n'est-ce pas?... Nous dînons en famille?

ANTONY, à part.

C'est ce que nous allons voir!

GALIMARD.

Comment?...

ANTONY, à Alexandre.

C'est impossible! Vous oubliez donc que vous partez ce soir pour l'Afrique?

ALEXANDRE, MADAME GALIMARD, GALIMARD

Hein?...

ALEXANDRE

Mais non... mais pas du tout!

ANTONY, lui jetant le mot dans l'oreille.

Baoun!

Il remonte.

ALEXANDRE, vivement.

Oui, en effet... je pars... un ordre du ministre... (Bas et vivement à madame Galimard.) Il faut que je vous parle!...

ANTONY, se plaçant entre eux.

Vous dites?

ALEXANDRE.

Rien!... je vais fumer un cigare!

Il remonte en tirant de sa poche le porte-cigares brodé par madame Galimard.

GALIMARD.

Ah! vous êtes bien heureux de fumer!... moi, ma femme me le défend...

ANTONY.

Allons donc! elle vient de vous broder un charmant porte-cigares!

ALEXANDRE, à part.

Le mien!

ANTONY, à madame Galimard.

Faites donc voir!

SCÈNE SEIZIÈME.

GALIMARD.

Est-il possible ?

MADAME GALIMARD.

C'est une erreur... ce garçon rêve... et je n'ai jamais...

ANTONY, qui s'est approché d'Alexandre, lui jetant le mot dans l'oreille.

Baoun !

Alexandre passe vivement le porte-cigares à madame Galimard.

MADAME GALIMARD, à son mari.

Le voici !

GALIMARD.

Et brodé à mon chiffre encore !

ALEXANDRE, à madame Galimard, lui montrant le passe-partout.

Ce soir, à dix heures, avant mon départ !...

GALIMARD, à sa femme.

Ah çà ! c'est donc un raccommodement ?

MADAME GALIMARD.

Mais nous ne sommes pas brouillés que je sache.

GALIMARD, avec tendresse.

Eh bien, alors... Caroline ! je ne tousse plus... rends-moi le petit passe-partout qui ouvre...

ANTONY, à part.

Ah ! bigre ! je l'oubliais !

MADAME GALIMARD.

Non ! j'ignore ce qu'il est devenu...

Elle se rapproche vivement d'Alexandre et lui arrache le passe-partout.

ANTONY, bas, à Galimard.

Vous ne savez pas lui demander ça... dites-lui seulement : « Baoun ! »

GALIMARD.

Comment?

ANTONY.

Allez! et très-fort!

GALIMARD.

Caroline!

MADAME GALIMARD.

Encore?

GALIMARD.

Je t'en prie... je t'en supplie! (A part.) Elle ne m'écoute pas!

ANTONY, bas.

Allez donc!

GALIMARD.

Si tu pouvais lire dans mon cœur tout ce que... (Voyant que sa femme détourne la tête, il perd patience et crie tout à coup.) Baoun!

MADAME GALIMARD remet le passe-partout à son mari en baissant les yeux.

Le voici!

ANTONY, à part.

En voilà une razzia?

GALIMARD, tenant le passe-partout, et au comble de l'étonnement

Ah! c'est prodigieux! (A Antony, en fouillant à sa poche comme pour lui donner de l'argent.) Qu'est-ce que je te dois pour ça?

ANTONY.

Je vais vous le dire... (Il le conduit mystérieusement à l'autre extrémité de la scène, et, après s'être assuré que les autres personnages ne le regardent pas, lui remettant avec mystère un petit paquet enveloppé de papier.) Chut! cachez ceci

SCÈNE SEIZIÈME.

GALIMARD.

Qu'est-ce que c'est?

ANTONY.

Ce sont de mes cheveux.

Il prend un couteau sur la table et coupe par surprise une mèche à Galimard.

GALIMARD, étonné.

Hein?

ANTONY, *au comble de l'attendrissement, se jette dans ses bras et le dévore de baisers.*

Ah! bon vieillard! bon vieillard!

GALIMARD, se dégageant.

Quel drôle de cuisinier!

CHŒUR.

AIR final de *la Perle des servantes.*

ENSEMBLE.

ALEXANDRE et MADAME GALIMARD.

Ah! quelle misère!
Cet affreux serviteur
Veut, sa vie entière,
Le presser sur son cœur!

GALIMARD.

Quoi! ma vie entière,
Le presser sur mon cœur
Ah! quelle misère!
Quel fichu serviteur!

ANTONY.

Un dieu tutélaire
M'a fait son serviteur;
J' veux, ma vie entière,
Le presser sur mon cœur!

UN GARÇON DE CHEZ VÉRY.

ANTONY, au public.

AIR de *l'Écu de six francs.*

Cher monsieur Véry, je l'confesse,
Je vivais un peu ric-à-ric ;
Mais l' public me donnait la pièce...
A mon tour, et voilà le hic,
Je donne la pièce au public.
De plus j'en réponds, quelle audace !
Ah ! messieurs, que personne ici
N'aille imiter monsieur Véry...
Et me faire payer la casse.
N'imitez pas monsieur Véry.
Ne m' faites pas payer la casse.

REPRISE DU CHŒUR.

FIN D'UN GARÇON DE CHEZ VÉRY.

MAMAN SABOULEUX

COMÉDIE

EN UN ACTE, MÊLÉE DE CHANT

Représentée pour la première fois, à Paris, sur le théâtre du PALAIS-ROYAL, le 13 mars 1852.

COLLABORATEUR : M. MARC-MICHEL

PERSONNAGES

                                            ACTEURS
                             qui ont créé les rôles.

SABOULEUX, père nourricier.	MM. GRASSOT.
PÉPINOIS, son voisin.	HYACINTHE.
M. DE CLAQUEPONT, 45 ans.	AMANT.
GOBERVAL, 55 ans.	KALEKAIRE.
MADAME DE CLAQUEPONT, 36 ans.	Mme THIERRET.
SUZANNE, 8 ans, fille de Claquepont.	Mlle CÉLINE MONTALAND.

La scène se passe dans un petit village à trente lieues de Paris.

MAMAN SABOULEUX

Intérieur rustique, chez Sabouleux. — A droite, premier plan : une grande cheminée, garnie à l'intérieur d'ustensiles de cuisine, cuiller à pot, écumoire, soufflet, etc. Une marmite est accrochée à une crémaillère au-dessus du feu; une grande bouilloire près du feu. Sur la cheminée, une tasse, un plat à barbe, une serviette. — Même côté, deuxième plan, une porte. — Au troisième plan, formant pan coupé, est une vieille porte, avec deux marches, sur laquelle est écrit : PORTE DU CLOCHER. — Au fond, porte principale, et, à gauche de celle-ci, une grande fenêtre, ouvrant sur la place du village. — A gauche, aux troisième et deuxième plans, deux portes. — Au premier plan, un buffet; près du buffet, une table et deux chaises. — Sous la fenêtre, une autre table, sur laquelle est un tambour, un gros pain, du lard, une bouteille et un gobelet d'étain. — Sur le buffet, une bouteille et deux gobelets d'étain; un balai entre la porte et le buffet.

SCÈNE PREMIÈRE.

SUZANNE, puis PÉPINOIS, puis la voix de SABOULEUX.

Suzanne est en costume de petite paysanne, avec des sabots; elle est assise près de la cheminée et ratisse des carottes sur ses genoux.

SUZANNE, chantant en ratissant des carottes.

Si je meurs que l'on m'enterre
Dans la cave où est le vin...

(Parlé.) Cristi! j'ai manqué de me couper!

PÉPINOIS, entrant avec une enseigne sous le bras.

Ohé! père Sabouleux! père Sabouleux!

SUZANNE.

Tiens! c'est Pépinois, le perruquier... Bonjour, perruquier!

PÉPINOIS.

La nourrissonne! — Bonjour... qu'est-ce que tu fais là?

SUZANNE.

Je ratisse des carottes pour la soupe de maman Sabouleux.

PÉPINOIS, riant.

Maman Sabouleux!... un vieux pochard de quarante-deux ans... tambour du village et gardien du clocher...

SUZANNE.

Puisque c'est ma nourrice.

PÉPINOIS.

Elle y tient!... Je viens lui faire la barbe, à ta nourrice. (Appelant.) Ohé! père Sabouleux!

Il pose l'enseigne près de la table du premier plan.

VOIX DE SABOULEUX, dans la coulisse à gauche.

Je suis dans mon lit... je prends mon café au lait!

PÉPINOIS.

Dans son lit! à neuf heures! (A part.) Cristi! quel bon état que d'être nourrice!... et dire que je ne pourrai jamais-t-être nourrice!

SUZANNE, qui a fini de ratisser ses carottes.

La!... j' vas mettre mes carottes dans la marmite.

Elle va à la marmite, y met les carottes et souffle le feu.

PÉPINOIS, riant.

Et elle paye pour ça!... ah! elle est bonne!

SCÈNE PREMIÈRE.

AIR de *l'Ours et le Pacha*.

Pendant que l' gaillard dans son lit
Comme un notaire se câline,
C'est sa nourrissonn' qui l' nourrit,
Et lui fricote sa cuisine!
Prrré Sabouleux! quel bon métier!
Mais je dis qu'en bonne justice,
Au lieu d'en tirer bénéfice,
A sa nourrissonn' c' nourricier
Doit payer les mois de nourrice.

C'est égal, si le papa savait ça!... un Parisien qui a quarante mille livres de rente... et des breloques grosses comme ça!... y serait peu flatté. (Haut.) Nourrissonne, qu'est-ce qui t'a réveillée ce matin?

SUZANNE, venant à lui.

C'est le coq... je ne sais pas ce qu'il avait à brailler comme ça?...

PÉPINOIS, hésitant.

Dame!... il avait... il avait... mal aux dents. (A part.) Faut pas dire de bêtises aux enfants!

SUZANNE, qui a goûté le bouillon.

J'ai oublié le sel.

PÉPINOIS, s'approchant de la cheminée.

Mâtin!... ça sent bon.

SUZANNE.

C'est du bouillon.

PÉPINOIS.

Avec de la viande?

SUZANNE.

Qu'il est bête! Est-ce qu'on fait du bouillon avec des briques?

PÉPINOIS, riant.

Ah! ah! ah!... Elle est gaie, la nourrissonne! (Prenant une tasse sur la cheminée.) Voyons ce bouillon?

SUZANNE, le repoussant avec la cuiller à pot.

A bas les pattes!

PÉPINOIS.

C'est bon! c'est bon! (A part.) Cette petite fille est d'un rat!... (Allant à la porte de droite.) Ohé! père Sabouleux!

VOIX DE SABOULEUX.

De quoi?

PÉPINOIS.

J'ai rafistolé votre enseigne.

VOIX DE SABOULEUX.

Veux-tu prendre la goutte?

PÉPINOIS.

Toujours.

VOIX DE SABOULEUX.

Attends-moi... je m'habille.

PÉPINOIS, à Suzanne.

J'ose dire que voilà une œuvre d'art! (Montrant au public l'enseigne sur laquelle on lit ces mots: ALLARD NOMMÉ DES HOMMES LAIT : MAMAN SABOULEUX PRAN LES NOUR-RISSONS AN CEVRAJE. ENGLISH SPOKEN, et lisant): « A la renommée des omelettes!... maman Sabouleux, prend les nourrissons en sevrage. *English spoken.* »

SUZANNNE.

Qu'est-ce que ça veut dire?

PÉPINOIS.

English spoken? Je n'en sais rien... ça se met sur les enseignes.

SCÈNE PREMIÈRE.

SUZANNE.

Ça doit être pour faire essuyer les pieds.

PÉPINOIS.

C'est bien possible. *English*, essuyez... *spoken*, vos pieds.

SUZANNE.

Alors pourquoi que t'as pas essuyé les tiens?

PÉPINOIS.

L'enseigne n'étiont pas accrochée.

SUZANNE.

Eh bien, accroche-la.

PÉPINOIS.

C'est juste... Après, j'aurai-t-y du bouillon?

SUZANNE.

Oui... avec une fourchette.

PÉPINOIS, remontant vers le fond pour accrocher l'enseigne.

Cette petite fille est d'un rat!...

Il disparaît un moment hors de la porte du fond.

SUZANNE, seule.

Mon pot-au-feu mitonne... j' vas donner un coup de balai.

Elle remonte près du buffet et prend un balai.

PÉPINOIS, rentrant.

Ça y est... c'est accroché...

SUZANNE, lui offrant le balai.

Tiens! prends ça...

PÉPINOIS.

Moi? pour quoi faire?

SUZANNE.

Pour *balyer*...

PÉPINOIS.

Ah! mais non! j'ai pas le temps!...

SUZANNE, l'imitant.

« J'ai pas le temps!... » Quand il s'agit de travailler, il a toujours un cheveu dans la main, celui-là!

Elle lui met le balai dans les mains.

PÉPINOIS, éclatant.

Nourrissonne!

SUZANNE, sur le même ton.

Perruquier!

SCÈNE II.

SUZANNE, PÉPINOIS, SABOULEUX. Sabouleux porte un costume de paysan, un chapeau tromblon et un pantalon trop court en velours orange.

SABOULEUX.

Qu'est-ce que c'est?... v'là encore que t'asticotes l'enfant?

PÉPINOIS.

C'est elle... Pourquoi qu'elle me dit que j'ai un cheveu dans la main?

Il remonte et prépare le plat à barbe.

SUZANNE.

Dame! un perruquier!

SABOULEUX, éclatant de rire.

Ah! ah!... vous a-t-elle un bec pour son âge! vous a-t-elle un bec! Viens embrasser maman Sabouleux!

Il la pose droite sur une chaise à gauche.

SCÈNE DEUXIÈME.

SUZANNE.

J' veux ben!

SABOULEUX, l'embrassant.

Voyons... qué qu' t'as fait à ce matin?

SUZANNE.

En me levant, j'ai cassé mon sabot.

SABOULEUX.

T'as bien fait... ça porte bonheur. Après?

SUZANNE.

Après... je m'ai amusé à cracher dans le puits.

SABOULEUX.

T'as encore bien fait... (Avec conviction.) On dit que ça guérit les engelures.

PÉPINOIS, à part, faisant mousser le savon dans le plat à barbe.

Il l'imbibe de préjugés!

SUZANNE.

Ensuite, j'ai été faire mon marché pour mettre le pot...

SABOULEUX.

T'a-t-on fait ton poids?

SUZANNE.

N'as pas peur!... y voulait me flanquer des os... j'y ai fichu des sottises!...

SABOULEUX.

T'as bien fait... faut pas se laisser entortiller par les marchands.

Il la pose à terre.

PÉPINOIS.

Elle est rat, jusqu'avec le boucher...

SABOULEUX, regardant Suzanne avec orgueil.

Mais regarde-la donc... est-elle fleurie!... a-t-elle des jambes! a-t-elle des bras! est-elle solide!... A la renommée des omelettes, voilà ce qu'on fait des enfants!

PÉPINOIS, à Sabouleux en plaçant une chaise au milieu du théâtre.

Mettez-vous là!...

SUZANNE, le poussant sur la chaise.

Assiste-toi!

Elle lui noue une serviette autour du cou.

PÉPINOIS, tout en repassant son rasoir.

Ousqu'est donc votre autre nourrisson?

SABOULEUX.

Toto?

PÉPINOIS.

Oui.

SABOULEUX.

Je l'ai prêté au cousin Sabouleux... pour faire les foins... il m'avait prêté son âne, alors je lui ai prêté Toto.

PÉPINOIS.

Pristi! quel bon état que d'être nourrice! (S'apprêtant à lui mettre du savon.) Fermez les yeux!

SUZANNE, vivement.

Moi! moi! laisse-moi mettre le savon?

PÉPINOIS.

Ne touchez pas, mademoiselle! ne touchez pas!

SABOULEUX.

Puisque ça l'amuse!

PÉPINOIS.

Ah! je veux bien, moi! qué que ça me fait? je vais me

reposer. (Lui donnant le pinceau.) Tiens! barbouille! barbouille!

Il s'assied à gauche.

SUZANNE.

C'est pas si difficile... (Barbouillant d'abord à droite, puis à gauche.) La.. comme ça...

PÉPINOIS, à part.

Si elle pouvait lui en flanquer dans les yeux, je rirais-t-y, mon Dieu!

Il se baisse pour mieux voir.

SUZANNE, barbouillant aussi Pépinois.

A ton tour!

PÉPINOIS, se levant.

Aïe! cristi! dans l'œil!

SABOULEUX.

Puisque ça l'amuse !

PÉPINOIS.

Il est charmant! mais ça me picote!... cré nom!

SABOULEUX, riant.

Petite mère La Joie, va!... (L'attirant à lui.) Embrassez maman Sabouleux.

SUZANNE.

Non, tu me mettrais de la mousse.

SABOULEUX, se levant.

Allons, tiens!... v'là un sou... va m'acheter une pipe neuve... j'ai cassé la mienne...

SUZANNE.

Une belge?

SABOULEUX.

Oui.

SUZANNE.

De chez la mère Marcassin?

SABOULEUX.

AIR : *Bien! bien! par ce moyen.*

Va! va! mon p'tit chat,
Pour maman nourrice
Fair' cet achat.
Mais... mais, mon p'tit chat,
Faut qu'on m' choisisse
Un' pipe de pacha.

PÉPINOIS, à Suzanne.

En v'nant d' chez la Marcassin,
Veux-tu m' rapporter mon pain?

SUZANNE.

Quoi qu' tu payes?

PÉPINOIS.

J'ons pas d' sou.

SUZANNE, lui faisant un pied de nez.

Alors, *nisco*... vieux grigou!

PÉPINOIS.

Est-elle **regardante**!...

REPRISE ENSEMBLE.

SABOULEUX.

Va, va, mon p'tit chat,
Etc.

SUZANNE.	PÉPINOIS.
Va! va! ton p'tit chat	Va! va! va! p'tit chat,
Va pour sa nourrice	Pour maman nourrice
Faire cet achat.	Faire ton achat!

A Pépinois.

Mais... mais... le p'tit chat	Mais, mais, ce p'tit chat
Ne rend pas service	Pour rendre un service
Quand on est si rat!	Est beaucoup trop rat!

Suzanne sort en faisant des gestes de gamin à Pépinois

SCÈNE III

PÉPINOIS, SABOULEUX.

SABOULEUX, redescendant.

Quelle aimable enfant!... ses parents ne la reconnaîtront pas!...

PÉPINOIS, prenant ses rasoirs.

Et ça n'a que huit ans!

SABOULEUX.

Je compte bien la garder jusqu'à douze... Je ne rends jamais mes nourrissons avant douze ans...

PÉPINOIS.

Faut qu'y soient propres!

SABOULEUX, s'asseyant.

Allons, dépêche-toi de m'accommoder... j'ai affaire... j'ai oublié de tambouriner la vendange...

PÉPINOIS.

Et c'est pour demain!... M. le maire vous fichera un savon.

SABOULEUX.

Bah! le savon, ça ne tache pas...

PÉPINOIS, le rasant.

Ah! ah! je ris comme quarante mille bossus!... un tambour qu'est nourrice!... Dire que je tiens une nourrice par le bout du nez!

SABOULEUX.

Ah! c'est une histoire bien drôle! Un beau matin, il y a huit ans, M. le maire dit à mon épouse : « Nastasie, veux-tu prendre un nourrisson? — Nous en prendrions trente-six pour être agréable à M. le maire, » que je lui réponds...

PÉPINOIS.

Mazarin, va!...

SABOULEUX.

Alors, y me donne une adresse pour Paris... M. de Claquepont...

PÉPINOIS, rasant.

Le père de Suzanne... quarante mille livres de rente... et des breloques...

SABOULEUX.

Grosses comme ça... J'arrive chez un monsieur très-bien... qui avait les pieds à l'eau... dans la moutarde.

PÉPINOIS.

Avec sa fortune... il le peut!

SABOULEUX.

Je lui dis : « C'est moi que je suis l'époux de Nastasie... » Là-dessus, il plante là sa moutarde et y me fait manger du veau, du gigot et des z'haricots... que je ne pouvais plus tenir dans mon gilet...

PÉPINOIS.

Cristi! quel bon état que d'être nourrice!

SABOULEUX.

Après ça, la maman... une femme superbe!... m'entortille la mioche dans des tas de couvertures et elle m'embrasse...

SCÈNE TROISIÈME.

PÉPINOIS, transporté.

Cristi !

SABOULEUX, sursautant.

Fais donc attention, toi ! tu vas me couper !... (Continuant son récit.) En me disant : « Père Sabouleux, soignez-la comme votre prunelle. — Oh ! madame !... » Et me v'là en chemin de fer avec la môme... le reste de mon gigot... et une bouteille de cassis.

PÉPINOIS, lui ôtant sa serviette.

C'est fait... en v'là pour deux sous... j'vas les marquer... (Il prend un morceau de craie et fait une raie contre la cheminée à côté de plusieurs autres.) Ça fait dix-neuf barbes.

SABOULEUX, allant prendre le plat à barbe sur la table à gauche.

C'était bien la peine de m'interrompre... Nous v'là donc en chemin de fer. — Au premier tour de roue... houin ! houin !... v'là Suzanne qui commence à chanter.

Il revient à Pépinois.

PÉPINOIS, versant de l'eau chaude dans le plat à barbe.

Elle avait faim.

SABOULEUX, tout en se lavant le menton.

Je lui offre du gigot... elle n'y mord pas... alors, je lui fais avaler du cassis... Plus elle pleurait, plus je lui faisais avaler de cassis...

PÉPINOIS.

Ça les soutient.

SABOULEUX.

Le cassis ? c'est le lait des enfants !

PÉPINOIS.

C'est connu !

Il va replacer le plat à barbe sur la cheminée et revient écouter.

SABOULEUX.

Y avait dans *la* même wagon un monsieur avec une chaîne d'or et un poupon sur les genoux... y se met à me causer... parce qu'entre nourrices... on se cause... Je lui dis mon nom, mon adresse... A la première *estation*, nous prenons un verre de vin; à la seconde, y me dit : « Voulez-vous garder Toto un moment?... je vais causer avec mon banquier qui est dans les premières. — Volontiers... entre nourrices ça se fait. »

PÉPINOIS.

Et puis il vous avait payé du vin...

SABOULEUX.

J'attends une minute... deux minutes... derling! derling! on sonne!... l'employé ferme la portière. Je lui dis : « Pardon... il y a un monsieur qui cause avec son banquier. — Ah bien, il y a longtemps qu'il est parti! — Comment! » Futh! futh! v'là le convoi qui repart!... et je me trouve avec deux nourrissons...

PÉPINOIS.

Un par station! c'est une fameuse ligne!...A votre place, j'aurais baptisé le moutard : « Toto ou l'enfant du chemin de fer... »

SABOULEUX.

J'étais pas en train de rire... J'arrive ici avec mes deux colis... un sur chaque bras... J'entre, j'appelle... Nastasie! Nastasie!... personne!

PÉPINOIS.

AIR : *Un matelot.*

Pauvre voisin! quel souvenir pénible!

SABOULEUX.

Sèche ton œil! Rien n'est plus familier!
On voit chaqu' jour la femm' la plus sensible
Filer sans bruit avec un cuirassier.

PÉPINOIS.

C'est déchirant!

SABOULEUX.

Éponge ta prunelle!
Et r'tiens, enfant, ce dicton très-sensé :
« Chaqu' soir le sage, en soufflant sa chandelle,
Doit s' dir' : « Demain, j' puis être... *cuirassé!* »
Et ça l' cuirass' quand il s' voit... *cuirassé!*

Prout!... L'embêtant, c'était mes deux nourrissons... je ne pouvais pas passer ma vie à leur entonner du cassis.

PÉPINOIS.

Ça les aurait grisés.

SABOULEUX.

Alors, je cherche une nourrice par tout le village... mais il n'y en avait pas de prête pour le moment...

PÉPINOIS.

Pourquoi que vous n'avez pas reporté la petite à ses parents?

SABOULEUX.

Tiens! qu'il est bête! cent francs par mois... est-ce qu'on rapporte ça aux parents?

PÉPINOIS, avec conviction.

Il a raison! il a raison!

SABOULEUX.

Tout à coup je me rappelle que ma chèvre a un chevreau...

PÉPINOIS.

Tiens! un frère de lait!

SABOULEUX.

Juste!... Je vends le frère de lait... pour faire des gants;

j'achète un biberon, et j'offre à mes enfants leur premier déjeuner.

PÉPINOIS.

De c't' affaire-là, Toto a été *biberonné* à l'œil!

SABOULEUX, mystérieusement.

Peut-être.

PÉPINOIS.

Comment?

SABOULEUX.

Chut!... Au bout d'un an, je reçus une lettre ainsi *conçue* : « Batavia... » Connais-tu ça?

PÉPINOIS.

Batavia?... C'est une localité au-dessus de Tonnerre.

SABOULEUX.

Je le savais... « Monsieur... vous pouvez sevrer mon fils... Soyez tranquille... vous ne perdrez rien pour attendre. »

PÉPINOIS.

Signé?

SABOULEUX.

« Bon lait et mystère!... »

PÉPINOIS.

C'est quelque prince étranger.

SABOULEUX.

Aussi j'ai fait la note... et elle sera salée!

SCÈNE IV.

SABOULEUX, SUZANNE, PÉPINOIS.

SUZANNE, *paraissant à la porte du fond, et criant à la cantonade.*

Viens-y donc, mauvais moucheron!... (Gesticulant.) T'as pas le cœur!... t'as pas le cœur!...

SABOULEUX.

Qu'est-ce que c'est?

SUZANNE, *entrant.*

C'est rien! Je viens de me battre avec le garçon à la Gosset.

SABOULEUX.

Comment!

SUZANNE.

Y m'appelait Parisienne... je l'ai rossé... vlan!

SABOULEUX.

Très-bien!...

SUZANNE, *tirant de sa poche et lui donnant sa pipe en deux morceaux.*

Et v'là ta pipe!

SABOULEUX.

Moins bien!... mais faut qu'une jeune fille apprenne à se défendre contre les garçons... Étonnante gamine!... (Se baissant.) Cueillez l'étrenne de la barbe à maman Sabouleux, tout de suite.

Elle l'embrasse.

PÉPINOIS, *à lui-même.*

Il en fait une duelliste!

SABOULEUX.

A-t-elle chaud!

SUZANNE.

Donne-moi un verre de vin.

SABOULEUX.

Tu l'as conquis! (Allant prendre la bouteille et un verre sur le buffet.) Veux-tu de la bouteille que ton papa de Paris a envoyée?

SUZANNE.

Ah! pouah!... ça ne gratte pas... j' vas querir une bouteille de notre cru.

Elle va à la table du fond.

PÉPINOIS.

Elle veut du vin qui gratte!...

SABOULEUX.

Cette enfant-là fera mon orgueil!...

Il se verse à boire et donne la bouteille à Pépinois.

PÉPINOIS, regardant l'étiquette de la bouteille.

La bouteille de Paris... (Lisant.) « Sirop anti... scor. butique!... » Qu'est-ce que ça?... Oh! le nom du fabricant...

Il verse dans son verre.

SUZANNE, revenant, une bouteille et un verre à la main.

V'là la bouteille!...

Elle emplit son verre et pose la bouteille à ses pieds.

TOUS TROIS.

A nos santés!

SUZANNE.

Et buvons ça militairement!

SCÈNE QUATRIÈME

SABOULEUX.

Ensemble! (Ils se mettent tous trois en position.) Attention... Portez armes! (Tous trois lèvent leurs verres à la hauteur du front.) Présentez armes! (Tous trois placent leurs verres devant la bouche.) En joue!... Feu!... (Ils boivent. — Glorieux.) A la renommée des omelettes, voilà comme on les dresse.

Suzanne s'essuie la bouche avec sa manche et remonte poser sa bouteille et son verre.

PÉPINOIS, faisant la grimace.

Ça n'est pas mauvais... mais je préfère le malaga.

SABOULEUX.

Moi, je n'y vois pas de différence. (Il tend son verre, Pépinois va pour verser.) Tiens! il n'y en a plus!...

PÉPINOIS.

Il faut écrire aux parents... il n'est que temps.

SABOULEUX, tirant de sa poche une lettre.

C'est fait... V'là la lettre.

PÉPINOIS.

Donnez... j' vas la mettre à la poste.

Il pose la bouteille, le verre et la lettre sur la table.

SABOULEUX, à Suzanne.

Maintenant, chérie, tu vas aller au pré garder les oies.

SUZANNE.

Les oies?... Tiens! merci!... et mon déjeuner?..

SABOULEUX.

Elle est dans son droit... Qué qu' tu veux de bon?...

Il remonte à la table du fond.

SUZANNE.

Je veux du lard !

Elle va prendre près de la cheminée une petite gibecière et se la passe en sautoir.

SABOULEUX, *coupant un énorme morceau de pain.*

Comme c'est élevé ! Les parents me béniront !

PÉPINOIS.

Le fait est qu'elle n'est pas chipoteuse !

SABOULEUX, *ouvrant le pain et y enterrant une tranche de lard.*

V'là ton goûter !...

SUZANNE, *tenant le gros morceau de pain.*

Que ça !...

SABOULEUX.

Il est dix heures, tu reviendras manger la soupe à midi.

SUZANNE, *qui vient de prendre une longue gaule.*

Salut, la compagnie !... Adieu, perruquier.

Elle sort en chantant et en sautant.

Quand les canes vont aux champs,
La première va devant...

Elle disparaît par le fond.

SCÈNE V.

SABOULEUX, PÉPINOIS,
puis M. et MADAME CLAQUEPONT.

SABOULEUX.

Petit sansonnet !... elle me pince mes airs !...

SCÈNE CINQUIÈME.

PÉPINOIS.

Y a plus rien à consommer?... Je vas faire la barbe au notaire...

SABOULEUX, prenant le morceau de craie et faisant à gauche une raie sur le buffet.

Nous disons un verre de vin à Pépinois.

PÉPINOIS.

Qu'est-ce que vous faites donc?

SABOULEUX.

Dame! tu marques mes barbes... je marque ta consommation... V'là ton compte.

PÉPINOIS, à part.

Ça m'est égal... je l'effacerai...

SABOULEUX.

La... Maintenant, dépêchons-nous d'aller tambouriner la vendange... je suis en retard.

Il va pour prendre son tambour.

CLAQUEPONT, en dehors, à la porte du fond, lorgnant l'enseigne.

Par ici, chère amie, par ici... Voilà l'enseigne.

SABOULEUX.

Hein?

PÉPINOIS.

Des bourgeois!

M. et madame Claquepont entrent avec des paquets. Claquepont porte à sa montre un énorme paquet de breloques, accroché à son gilet.

CLAQUEPONT, saluant.

Messieurs, ma femme et moi... (Reconnaissant Sabouleux.) Eh! le voilà, ce père Sabouleux!...

SABOULEUX.

Monsieur vient peut-être pour un nourrisson?

MADAME CLAQUEPONT.

Vous ne nous remettez pas?

SABOULEUX.

Non!

CLAQUEPONT.

Claquepont... les époux Claquepont...
Il remonte poser ses paquets sur la table du fond.

SABOULEUX, à part.

Les parents de la petite! Pristi!

PÉPINOIS, à part.

Cristi!

MADAME CLAQUEPONT.

Nous avons voulu vous surprendre.
Elle remonte aussi.

SABOULEUX.

Ah!

CLAQUEPONT.

J'ai obtenu un congé de deux jours... C'est le premier depuis huit ans...

MADAME CLAQUEPONT, redescendant avec son mari.

Et nous venons passer ces deux jours avec vous.

SABOULEUX, ahuri.

Ah! madame!... c'était pas la peine... de vous déranger...

MADAME CLAQUEPONT.

Comment!

SCÈNE CINQUIÈME.

SABOULEUX.

Asseyez-vous donc!

Ils s'asseyent près de la table de gauche.

PÉPINOIS, à part.

A-t-y de belles breloques!

CLAQUEPONT.

Mais je ne vois pas notre petite Suzanne?

SABOULEUX, à part.

Elle est aux oies... Pristi!

PÉPINOIS, à part.

Cristi!

CLAQUEPONT.

Où est-elle?

SABOULEUX.

Pas loin... elle étudie son piano. (Bas, à Pépinois.) Va la chercher... débarbouille-la, et mets-lui son tablier neuf.

PÉPINOIS.

Tout de suite. (Passant devant Claquepont et regardant ses breloques.) Monsieur, voulez-vous me permettre?... Ah! elles sont superbes! elles sont superbes!

CLAQUEPONT, étonné.

Monsieur...

PÉPINOIS, à part.

A-t-il de belles breloques, mon Dieu!...

Il sort par le fond.

SCÈNE VI.

M. et MADAME CLAQUEPONT, SABOULEUX.

MADAME CLAQUEPONT.

Cette chère enfant!... elle se porte bien?...

SABOULEUX.

Oh! madame!... comme un tambour-major!

CLAQUEPONT.

Est-elle jolie?

SABOULEUX.

Oh! monsieur!... comme un tambour... (Se reprenant.) Non! comme un amour... major!...

Il s'agite, très-troublé

MADAME CLAQUEPONT.

Qu'est-ce que vous avez donc?...

Ils se lèvent.

SABOULEUX.

Rien... C'est la joie... le plaisir de votre visite... Madame, j'ai bien l'honneur de vous saluer.

Il remonte

CLAQUEPONT, le retenant.

Ah çà, et la nourrice! je ne vois pas cette bonne nourrice?

SABOULEUX, à part.

Heing!

MADAME CLAQUEPONT.

Maman Sabouleux... elle va bien?

SCÈNE SIXIÈME.

SABOULEUX.

Comme un tamb... elle étudie son piano...

MADAME CLAQUEPONT.

Plaît-il?

SABOULEUX.

Non!... elle fait sa lessive.

MADAME CLAQUEPONT.

Elle fera sa lessive plus tard, je veux la voir, la remercier...

CLAQUEPONT.

L'embrasser!...

SABOULEUX.

Oui... oui... oui!

CLAQUEPONT.

Allez la chercher...

SABOULEUX.

Oui, oui, oui!... (A part.) Pristi! (Haut, pour détourner la conversation.) Avez-vous vu la cascade?...

CLAQUEPONT.

Quelle cascade?

SABOULEUX.

Vous n'avez pas vu la cascade!... ils n'ont pas vu la cascade!... toujours tout droit, vous montez...

MADAME CLAQUEPONT.

Plus tard... d'abord la nourrice!

SABOULEUX, à part.

Il n'y a pas à dire... il en faut une! (Frappé d'une idée.) Oh!

CLAQUEPONT.

Quoi ?

SABOULEUX.

Je vais vous la ramener... (A part.) J'empoigne la mère Grivoine... elle est sourde... ça fera l'affaire.

ENSEMBLE.

M. et MADAME CLAQUEPONT.
AIR : *Mais allez donc.*

Allez, brave homme, on vous attend,
Courez sans perdre un seul moment,
Et ramenez-nous à l'instant
Et la nourrice et notre enfant.

SABOULEUX.

Reposez-vous en m'attendant,
Je cours sans perdre un seul moment ;
Vous allez voir dans un instant
Et la nourrice et votre enfant.

Sabouleux sort par le fond.

SCÈNE VII.

M. et MADAME CLAQUEPONT, puis GOBERVAL.

CLAQUEPONT.

Comme la figure de ce brave paysan respire un air de simplicité et de candeur.

MADAME CLAQUEPONT.

C'est vrai.

SCENE SEPTIÈME.

CLAQUEPONT.

Bérénice... au moment de revoir ma fille.. j'éprouve un trouble involontaire...

MADAME CLAQUEPONT.

Et moi, j'ai comme un remords... rester huit ans sans la voir!

CLAQUEPONT.

Quant à moi, je m'applaudis de ma fermeté... L'air de Paris ne vaut rien pour les enfants : il manque d'oxygène... or, l'oxygène... sais-tu ce que c'est que l'oxygène?... (Goberval paraît au fond et éternue bruyamment.) Hein?

GOBERVAL, entrant avec précaution.

Pardon!... madame Sabouleux, s'il vous plaît?

CLAQUEPONT, à sa femme.

Tiens! c'est ce monsieur myope qui marchait sur les pieds de tout le monde dans le chemin de fer.

GOBERVAL, essuyant ses lunettes qu'il tient à la main, à Claquepont.

Est-ce à madame Sabouleux... nourrice... que j'ai l'honneur de parler?

CLAQUEPONT.

Non, monsieur!

GOBERVAL.

Je viens pour réparer la faute d'un neveu...

CLAQUEPONT.

Claquepont, sous-chef à l'administration du gaz.

GOBERVAL, qui a remis ses lunettes.

Ah!... pardon... c'est que j'ai la vue un peu basse... (Apercevant madame Claquepont.) J'aperçois... (Allant à elle.) Bonne et excellente femme...

MADAME CLAQUEPONT.

Monsieur!...

GOBERVAL, écartant Claquepont, qui vient écouter.

Vous n'êtes pas sans avoir entendu parler d'Alexandre Goberval... homme de lettres... à Mâcon...

MADAME CLAQUEPONT, l'interrompant.

Pardon...

GOBERVAL, mystérieusement.

Chut!... « Toto!... bon lait!... et mystère! »

MADAME CLAQUEPONT.

Plaît-il?...

GOBERVAL.

Voltaire l'a dit : « Les fautes des pères ne doivent pas...»

MADAME CLAQUEPONT, en passant à gauche.

Mais je ne suis pas madame Sabouleux...

GOBERVAL.

Ah bah!...

Il ôte ses lunettes.

MADAME CLAQUEPONT.

Elle est sortie.

GOBERVAL, à Claquepont.

Pardon, madame... Je reviendrai dans une heure... Je vais parcourir ce village qui m'a paru fleuri...

CLAQUEPONT, à sa femme, riant.

C'est plein de fumier... (Goberval, croyant aller à la porte, se cogne à la cheminée, à travers laquelle il cherche à passer.) Non!... pas par là... vous vous trompez... par ici...

GOBERVAL.

Je prenais une porte pour l'autre... étourdi que je suis

(A madame Claquepont.) Monsieur... (A Claquepont.) Madame..
(Reculant.) Mes compliments les plus empressés. (Il se heurte
en sortant contre la porte.) Oh! pardon! pardon!

Il disparaît.

SCÈNE VIII.

CLAQUEPONT, MADAME CLAQUEPONT.

CLAQUEPONT.

A la place de ce monsieur, j'achèterais un caniche!...
Ah çà!... cette enfant n'arrive pas...

Il s'assied à gauche.

MADAME CLAQUEPONT.

Ils la font jouer trop longtemps du piano... ils la fatigueront...

CLAQUEPONT, posant son chapeau sur la table et trouvant la lettre de Sabouleux.

Ah! mon Dieu!... Bérénice!... (Avec joie.) Une lettre de
Suzanne!... je reconnais l'écriture.

Il se lève et baise la lettre à plusieurs reprises.

MADAME CLAQUEPONT.

Cette pauvre chérie!... Voyons ce qu'elle nous dit?...

CLAQUEPONT, lisant.

« Mon cher papa et ma chère maman Claquepont, je
vous écris pour vous dire que j'ai encore engraissé de six
livres. » (S'arrêtant.) C'est bien extraordinaire!... depuis un
an, elle nous écrit tous les mois... et, chaque mois, elle engraisse de six livres. Six fois douze...

MADAME CLAQUEPONT.

Font soixante-douze...

CLAQUEPONT.

Soixante-douze livres par an... ça me paraît fort.

MADAME CLAQUEPONT.

Cette enfant ne sait pas... Après?

CLAQUEPONT, lisant.

« Maman Sabouleux continue à être la plus tendre des mères... »

MADAME CLAQUEPONT.

Excellente femme!... je lui ai apporté un châle.

CLAQUEPONT.

Tiens! moi aussi... ça lui en fera deux. (Lisant.) « Je ne veux m'en aller d'ici qu'à douze ans... le médecin a dit que je périrais, si je respirais l'air empoisonné des villes. » (Parlé.) Elle a raison... le manque d'oxygène!

MADAME CLAQUEPONT.

Mais cependant... douze ans!...

CLAQUEPONT.

Nous examinerons l'enfant, et nous verrons par nous-mêmes... (Lisant.) « Je tape toujours de dessur mon piano. »

MADAME CLAQUEPONT.

De *dessur!...*

CLAQUEPONT.

Une incorrection! enfin! (Lisant.) « J'apprends la grammaire. » (Parlé.) Ça ne fera pas de mal... (Lisant.) « La géographie, la cosmographie, l'hydrographie et la lithographie. »

MADAME CLAQUEPONT.

C'est trop! c'est trop!

CLAQUEPONT, lisant.

« Sans compter la danse, la musique, le dessin et l'équitation... quand vous m'aurez envoyé un âne... qui servira en même temps à porter les provisions de maman Sabouleux... la plus tendre des mères! »

MADAME CLAQUEPONT.

Un âne!...

CLAQUEPONT, lisant

« Premier nota... »

SCÈNE IX.

M. et MADAME CLAQUEPONT, PÉPINOIS, puis SUZANNE.

PÉPINOIS, entrant vivement par la porte de droite, deuxième plan, et courant vers la chambre de Sabouleux.

Sabouleux! La clef, pour le tablier neuf?

CLAQUEPONT.

Qu'est-ce qu'il y a?...

PÉPINOIS.

Rien! (A part.) La gamine qu'est là... et pas habillée!

MADAME CLAQUEPONT.

Eh bien, ramenez-vous Suzanne?

PÉPINOIS, troublé.

Oui... en grande partie. (A part.) Où diable est Sabou-ux?

CLAQUEPONT.

Voilà une heure que nous attendons...

PÉPINOIS.

Une heure... Je ne sais pas... j'ai cassé ma montre.. (A part et remontant.) Je vas toujours lui ôter ses sabots.

SUZANNE, en dehors, fredonnant.

Tra la la la...

M. et MADAME CLAQUEPONT.

Ah!... la voilà!...

Ils courent au-devant d'elle.

PÉPINOIS, à part.

Pristi!...

CLAQUEPONT, reculant, désappointé, en la voyant entrer par la droite deuxième plan.

Ah!... c'est la fille de basse-cour.

Suzanne porte une botte d'herbes dans son tablier.

PÉPINOIS, à part.

Ils ne la reconnaissent pas!

Les parents remontent.

SUZANNE, sur le devant.

AIR : *En revenant de Pontoise.*

Me v'là, j'ons fait ma provision ;
J'ons d'la belle herbe
Fraîche et superbe,
Pour ma chèvre et pour mon dindon ;
A l'estomac ça leur s'ra bon !
— Bon !...

SUZANNE, à Claquepont.

Tiens! un bourgeois!... C'est-y toi qui payes bouteille?

Elle lui donne une tape sur le ventre.

CLAQUEPONT.

Hein?

PÉPINOIS.

Des mots d'enfant! des mots d'enfant! (A part.) Où diable est Sabouleux?

Suzanne est remontée, a posé sa botte d'herbes et est redescendu contre la cheminée.

SCÈNE X.

M. et MADAME CLAQUEPONT, SUZANNE, PÉPINOIS, SABOULEUX.

SABOULEUX, entrant essoufflé et à part.

Va te promener!

CLAQUEPONT.

Ah! vous voilà!... c'est bien heureux!...

PÉPINOIS, bas, à Sabouleux.

Eh bien?

SABOULEUX, bas.

Impossible d'arracher la mère Grivoine... elle se pose les sangsues... c'est une égoïste!

CLAQUEPONT, à Sabouleux.

Et la nourrice?

SABOULEUX.

Elle vient! elle vient! Elle continue à faire sa lessive.

PÉPINOIS, bas.

La clef, pour le tablier?

SABOULEUX, bas.

Dépêche-toi. (Apercevant Suzanne, à part.) Oh! la gamine!... et elle n'est pas débarbouillée!...

Pépinois disparaît un moment; Sabouleux prend une serviette et frotte les joues de Suzanne, qu'il a assise sur ses genoux.

MADAME CLAQUEPONT, s'asseyant à gauche

Ah çà! voyons!... faut-il l'attendre jusqu'à ce que sa lessive soit coulée?...

CLAQUEPONT, assis à gauche.

Calme-toi, bobonne!... Elle va venir!... elle va venir!

MADAME CLAQUEPONT, à Sabouleux.

Ah! vous ne risquez rien de la débarbouiller... car cette enfant est bien mal tenue...

SABOULEUX.

Oh! madame!... vous la verrez avec son *tabellier*.

CLAQUEPONT.

C'est votre fille?

SABOULEUX.

Qui?

CLAQUEPONT, montrant Suzanne.

Ça...

SABOULEUX.

Comment, ça?

PÉPINOIS, rentrant de la droite, deuxième plan.

V'là le *tabellier*...

SABOULEUX, bas.

Ils ne savent donc pas...?

PÉPINOIS, bas.

Rien!

MADAME CLAQUEPONT, se levant.

Oh! c'est insupportable!... (Ici Sabouleux troublé, croyant mettre le tablier à Suzanne le présente brusquement à madame Claquepont qui pousse un cri; il se retourne, même jeu avec Pépinois.) Où est Suzanne?

SABOULEUX.

Vous désirez voir... Suzanne?...

CLAQUEPONT.

Mais oui! depuis une heure!

SCÈNE DIXIÈME.

SABOULEUX.

C'est que...

Pépinois, qui a pris le tablier, le met à Suzanne.

SUZANNE.

Tu me mets mon tablier flambant!... ousque nous allons?...

SABOULEUX, bas.

Chut!... (Haut.) Vous allez peut-être la trouver un peu...

CLAQUEPONT.

Quoi?

SABOULEUX.

Brunie!...

SUZANNE, répétant.

Ousque nous allons?...

SABOULEUX, bas.

Mouche-toi! (Haut.) Mais à la campagne!

PÉPINOIS, à part.

Quel fichu état que d'être nourrice!

MADAME CLAQUEPONT.

Nous verrons bien... Où est-elle?

SABOULEUX, toujours troublé, à Suzanne.

Mouche-toi!... (Prenant sa résolution.) Ah! ma foi, tant pis! (Poussant Suzanne.) La voilà!...

MADAME CLAQUEPONT, reculant.

Ça, ma fille?

CLAQUEPONT.

Ah! l'horreur!

CHŒUR.

AIR : *Je rougis d'un pareil scandale.*

M. et MADAME CLAQUEPONT.

Ah ! quel coup pour le cœur d'un père !
un cœur de mère !
Ça, notre enfant ? comment peut-on,
Sous ce costume de vachère,
Reconnaître une Claquepont ?

SABOULEUX et PÉPINOIS.

Cristi ! pristi ! quelle colère !
Comment parer un tel guignon ?
Pour calmer le père et la mère,
Faut ici redoubler d'aplomb.

SUZANNE.

Pourquoi donc qu'ils sont en colère ?
Quoi qu'ils ont ? mais quoi qu'ils ont donc,
Pour se fâcher de c'tte manière
Contre la petite Suzon !

CLAQUEPONT.

Une Claquepont ! avec des sabots !

SABOULEUX, à part.

Je les ai oubliés... (Haut.) C'est le médecin...

MADAME CLAQUEPONT.

Et une robe de laine !...

SABOULEUX.

C'est le médecin !...

CLAQUEPONT.

C'est affreux !

SABOULEUX.

Mais aussi quelle santé !... regardez ses jambes... Montre tes jambes à la dame !

SCÈNE DIXIÈME.

SUZANNE, retroussant le bas de sa robe.

Voilà !

PÉPINOIS.

Oh ! c'est magnifique ! c'est magnifique !

MADAME CLAQUEPONT.

Il ne s'agit pas de ses jambes... Où est sa robe de velours ?...

SABOULEUX.

Quelle robe ?

MADAME CLAQUEPONT.

Un coupon de velours orange que j'ai envoyé pour lui faire une robe.

SABOULEUX, à part, bondissant.

Ah ! bigre !... je suis dedans ! j'en ai fait faire une culotte !

Il noue vivement sa serviette en guise de tablier.

PÉPINOIS.

Pristi !

SABOULEUX.

Cristi !

MADAME CLAQUEPONT.

Eh bien ?

SABOULEUX.

Certainement !... Avez-vous vu la cascade ?...

MADAME CLAQUEPONT.

Je vous parle de la robe !

SABOULEUX.

Elle la mettra, madame, elle la mettra !

CLAQUEPONT.

Mais ça ne le regarde pas, lui! (Suzanne remonte.) C'est sa femme qui est coupable!

MADAME CLAQUEPONT.

Allez me chercher la nourrice!...

CLAQUEPONT.

Nous voulons voir la nourrice!

SABOULEUX.

La... nourrice?...

PÉPINOIS.

La... nourrice?...

SABOULEUX.

Elle étudie son piano... Tout de suite... (Bas, à Pépinois.) J'ai une idée!

PÉPINOIS.

Moi aussi!

SABOULEUX.

Viens, Suzanne...

MADAME CLAQUEPONT.

Du tout!... laissez-nous l'enfant.

SABOULEUX.

Tout de suite. (A part.) Elle va jacasser!

PÉPINOIS.

Pristi!

SABOULEUX.

Cristi!

CHŒUR.

AIR: *Pour les innocents.*

M. et MADAME CLAQUEPONT.

Allons! hâtez-vous!

SCÈNE ONZIÈME.

Car nous voulons faire justice!
Que cette nourrice
Comparaisse enfin devant nous!

SABOULEUX et PÉPINOIS, à part.

Loin des r'gards jaloux
J'vas fabriquer une nourrice,
Qui de c'précipice,
Grâce au ciel nous tirera tous!

SUZANNE, à part.

L'bourgeois n'est pas doux!
Il est roug' comme une écrevisse!
A maman nourrice
Est-c' qu'il voudrait fiche des coups!

Sabouleux entre à gauche et Pépinois à droite.

SCÈNE XI.

M. et MADAME CLAQUEPONT, SUZANNE.

CLAQUEPONT, s'asseyant à gauche.

Comment! c'est là notre fille?

MADAME CLAQUEPONT, s'asseyant à droite.

C'est votre faute! laisser un enfant en nourrice pendant huit ans!

CLAQUEPONT.

Ma bonne amie... l'oxygène...

MADAME CLAQUEPONT.

Ah! vous n'avez pas le sens commun!...

SUZANNE, jouant avec les breloques.

Dis donc, mon ancien...

CLAQUEPONT.

Mon ancien!...

SUZANNE.

Pour quoi donc faire toutes ces machines-là?

CLAQUEPONT.

Ma fille, ce sont des breloques.

SUZANNE.

Des berloques!

CLAQUEPONT.

Ma fille, on ne dit pas des *berloques*... on dit des breloques... (La prenant dans ses bras et allant vers sa femme.) Après tout, en la regardant de près, elle est gentille, cette enfant.

MADAME CLAQUEPONT, se levant et embrassant Suzanne.

Certainement! et, quand elle aura sa robe de velours...

SUZANNE, s'échappant brusquement des bras de Claquepont.

Ah!... nom d'une pipe!... mon pot qui s'en va.

Elle court à la cheminée.

CLAQUEPONT.

Nom d'une pipe!

MADAME CLAQUEPONT, la voyant accroupie devant le feu.

Où va-t-elle?

CLAQUEPONT.

Qu'est-ce que tu fais là, mon enfant?...

SUZANNE.

J'écume le pot, mon bourgeois!

CLAQUEPONT.

Son bourgeois!...

SCÈNE ONZIÈME.

MADAME CLAQUEPONT, avec éclat.

Ils la font écumer!

CLAQUEPONT.

C'est une cuisinière bourgeoise!...

SUZANNE, secouant un panier à salade.

Gare l'eau... oh!

CLAQUEPONT, recevant de l'eau au visage.

Allons bon!... la salade à présent!...

SUZANNE, chantant en secouant sa salade.

Si je meurs que l'on m'enterre
Dans la cave où est le vin!...

MADAME CLAQUEPONT.

Qu'est-ce que c'est que ça?

SUZANNE.

Les pieds contre la muraille,
La tête sous le robin!...

CLAQUEPONT, indigné, lui prenant le panier à salade.

Une chanson d'ivrogne! (A sa fille.) Tu ne me parlais pas de ces poésies dans ta lettre du 16...

SUZANNE.

Quelle lettre?

CLAQUEPONT.

Ton honorée du 16...

SUZANNE, riant.

Ah! ah! ah! que c'est bête! j' sais pas écrire!...

CLAQUEPONT.

Hein!

MADAME CLAQUEPONT.

Vous ne voyez donc pas qu'on s'est moqué de vous.

CLAQUEPONT, allant poser le panier et revenant.

Peut-être! peut-être! (A Suzanne.) Voyons!... Qu'est-ce qu'on t'apprend à l'école?

SUZANNE.

L'école?... ça m'embête!...

MADAME CLAQUEPONT.

Oh!

CLAQUEPONT.

Chut! il ne faut pas dire ça... On dit : « Papa j'y trouve peu de plaisir.»

SUZANNE.

Ça me scie, quoi! j'y vas pas, la!

MADAME CLAQUEPONT.

Quel langage!

CLAQUEPONT.

Voyons, mon bijou... qu'est-ce que tu fais donc ici?

SUZANNE.

Moi?... j' gardons les oies.

MADAME CLAQUEPONT.

Les oies!!!

CLAQUEPONT.

Pour quoi faire?

SUZANNE.

Pour qu'y s'en aillent pas, donc!... après, je monte aux arbres pour dénicher des nids...

CLAQUEPONT.

Aux arbres?... une demoiselle?

MADAME CLAQUEPONT.

Ma fille!!! une Claquepont!!!

SCÈNE ONZIÈME.

SUZANNE.

Et le dimanche...

MADAME CLAQUEPONT, à Suzanne.

Le dimanche?

SUZANNE.

AIR : *Le beau Lycas.*

Quand j'suis ben sage tout'la semaine,
Que dans l'pot j'ai pas mis trop d'sel,
M'man Sabouleux l'dimanche'me mène
Dîner au *Pompier éternel.*

M. et MADAME CLAQUEPONT.

(Parlé.) Qu'est-ce que c'est que ça?

SUZANNE, continuant.

C'est l'cabaret d'la mère'Philippe...
Là, maman fum'sa vieille pipe...
Moi, j'joue aux boul's et j'mange du flan
Et nous pompons du bon p'tit blanc.

M. et MADAME CLAQUEPONT.

(Parlé.) Grand Dieu!

SUZANNE, continuant.

Puis l'soir, l'perruquier Pépinois
Râcl'son violon sous l'grand treillard,
Et j'dansons l'rigodon des oies
Avec le petit Rampaillard (*bis*).

Elle fait quelques pas d'une danse rustique.

CLAQUEPONT.

Le petit Rampaillard!!!

SUZANNE.

Oui, mon prétendu.

MADAME CLAQUEPONT, avec éclat.

Elle a fiancé ma fille!

CLAQUEPONT.

Mais cette femme est une effrontée coquine!... où est-elle? où est-elle?

SUZANNE.

Qui ça?

CLAQUEPONT.

L'affreuse créature qui t'a nourrie de son lait!..

SUZANNE.

Elle broute.

CLAQUEPONT.

Comment elle broute.

SUZANNE.

Elle mange de l'herbe, quoi!...

M. et MADAME CLAQUEPONT.

De l'herbe?

SUZANNE.

Oui! (Prenant sa botte d'herbe.) J'vas y porter son déjeuner.

Elle sort par la porte du fond, en dansant et chantant.
Et j'dansons l'rigodon des oies,
Etc.

SCÈNE XII.

M. et MADAME CLAQUEPONT, puis PÉPINOIS et SABOULEUX.

CLAQUEPONT.

De l'herbe!... une nourrice qui mange de l'herbe!...

SCÈNE DOUZIÈME.

MADAME CLAQUEPONT.

Il nous faut une explication!... (Criant ensemble, l'un à droite, l'autre à gauche.) Nourrice! nourrice!...

PÉPINOIS et SABOULEUX, entrant chacun d'un côté opposé, et tous deux vêtus en nourrices.

Vélà!... vélà!

MADAME CLAQUEPONT.

Hein?

CLAQUEPONT.

Comment?

SABOULEUX, à part.

Pristi?

PÉPINOIS, à part.

Cristi!

CLAQUEPONT.

Deux nourrices!... et tout à l'heure on ne pouvait pas en trouver une!

Pépinois et Sabouleux veulent sortir.

MADAME CLAQUEPONT, retenant Pépinois.

Un instant!

CLAQUEPONT, ramenant Sabouleux.

Où allez-vous donc?

SABOULEUX, troublé.

Voulez-vous voir la cascade?

MADAME CLAQUEPONT.

Laquelle de vous est madame Sabouleux?

PÉPINOIS et SABOULEUX, s'avançant ensemble.

C'est...

Ils s'arrêtent.

CLAQUEPONT.

Eh bien?

SABOULEUX.

C'est moi, monsieur, madame, pour vous servir.

Il fait la révérence.

CLAQUEPONT, à part.

C'est une belle femme!... où diable l'ai-je vue?

PÉPINOIS, embarrassé, à part.

Eh ben, et moi?... et moi?...

SABOULEUX, à Pépinois.

Qu'est-ce qui vous amène, mère Grivoine?... c'est la mère Grivoine...

PÉPINOIS.

Oui... je me pose les sangsues... je suis un égoïste... c'est-à-dire... (A part.) J'ai envie de m'en aller!

MADAME CLAQUEPONT, regardant Pépinois.

Oh! c'est étonnant!...

CLAQUEPONT, regardant Sabouleux.

C'est prodigieux!

PÉPINOIS, à part.

Elle me reconnait...

SABOULEUX, à part.

Pincé!

Tous deux se tiennent droits et immobiles, en tournant la bouche pour se défigurer.

CLAQUEPONT, à sa femme.

Regarde donc comme la nourrice ressemble à son mari..

SABOULEUX.

C'est mon cousin... mon homme est un Sabouleux...

nous sommes deux Sabouleux... voilà. (A part.) Je transpire dans mes atours...

MADAME CLAQUEPONT.

Et la mère Grivoine... on jurerait le portrait de ce paysan qui était là...

PÉPINOIS.

C'est mon frère... un Sabouleux...

SABOULEUX.

Nous sommes tous Sabouleux ici.

SABOULEUX et PÉPINOIS, ensemble.

Tous Sabouleux ici!... tous Sabouleux!

CLAQUEPONT, à sa femme.

Ça s'explique...

MADAME CLAQUEPONT.

Cependant...

PÉPINOIS, vivement pour détourner la conversation.

Voisine... je vous demanderai un peu de braise pour allumer mon feu.

Il prend du feu sur une pelle.

SABOULEUX.

Avec plaisir, mère Grivoine... mais n'ébréchez pas mes tisons. (A Claquepont.) Cette femme-là, c'est la mort aux tisons.

PÉPINOIS.

Parbleu! vos tisons!... on ne les mange pas, vos tisons!

SABOULEUX.

Pourquoi que vous êtes toujours à carotter de la braise?

PÉPINOIS.

Mame Sabouleux!...

SABOULEUX.

Mame Grivoine...

M. et MADAME CLAQUEPONT.

Allons, voyons!...

PÉPINOIS, sortant.

Ses tisons!... fait-elle une poussière avec ses tisons!...

SCÈNE XIII.

M. et MADAME CLAQUEPONT, SABOULEUX.

CLAQUEPONT.

A nous trois maintenant!

MADAME CLAQUEPONT.

Oui, nous avons à causer!

SABOULEUX, à part.

Je sens le grabuge. (Haut.) Voulez-vous prendre quelque chose... un doigt de cassis?

CLAQUEPONT.

Non, madame!... Vous avez fait de ma fille une ivrognesse!

MADAME CLAQUEPONT.

Elle jure comme un charretier!...

CLAQUEPONT.

Elle danse comme un janissaire!

SABOULEUX, vivement.

Avez-vous vu ses mollets?... des mollets de Turc, môsieu!

CLAQUEPONT.

Je ne tiens pas à ce que ma fille ait des mollets de Turc!

SCÈNE TREIZIÈME.

MADAME CLAQUEPONT.

Et cette brillante éducation dont elle nous parlait dans ses lettres!

CLAQUEPONT.

Ah! oui! ses lettres!... c'est comme son piano..

SABOULEUX.

Eh ben?

CLAQUEPONT.

Comme la grammaire, le dessin, la géographie...

SABOULEUX, à part.

La mioche a jacassé...

MADAME CLAQUEPONT.

Enfin, vous l'avez élevée comme une vachère!

CLAQUEPONT.

Comme une cuisinière!

SABOULEUX.

Ah! Seigneur Dieu! s'il est possible! une enfant qu'on soigne comme une demoiselle et qu'on instruit comme un notaire! (Pleurant.) Heue!!!

MADAME CLAQUEPONT.

Vous l'employez aux travaux les plus grossiers...

SABOULEUX.

Jamais! jamais! (Pleurant.) Heue!!!

SCÈNE XIV.

Les Mêmes, SUZANNE.

SUZANNE, entrant par le fond, en vannant de l'avoine; elle chante

> Car votre enfant vient de tomber
> Dans la rivière.

CLAQUEPONT, l'apercevant.

La!... qu'est-ce que je disais!

SABOULEUX, à part.

Cré chien!

MADAME CLAQUEPONT

C'est un garçon d'écurie!...

SUZANNE, faisant sauter son avoine.

Hup là!

CLAQUEPONT.

Et voilà son piano!

SABOULEUX, arrachant le van à Suzanne.

Lâchez ça, mamzelle, lâchez ça! c'est moi... Je lui avais dit de me l'apporter...

Dans son trouble, il se met à vanner

SUZANNE, apercevant Sabouleux en femme.

Ah!... ah! maman Sabouleux en madame...

M. et MADAME CLAQUEPONT.

Quoi?

SABOULEUX, à part.

Fichtre

SCÈNE QUATORZIÈME.

SUZANNE, riant.

Pourquoi que t'as mis c'te robe?

SABOULEUX, ahuri.

Veux-tu voir la cascade? (Bas.) Tais-toi, tu auras du lard!

Suzanne remonte.

CLAQUEPONT.

Qu'est-ce qu'elle a?

SABOULEUX.

Elle rit de me voir dans mon trente-six...

CLAQUEPONT, caressant le menton de Sabouleux.

Coquette!

Suzanne disparaît à gauche.

SABOULEUX, vannant.

Dame! on tient à ne pas faire peur...

MADAME CLAQUEPONT, à son mari avec jalousie.

En voilà assez! Je suis honteuse de voir ma fille en cet état-là!... Où est votre mari?

SABOULEUX, bondissant.

Plaît-il?

CLAQUEPONT.

Nous voulons le voir, lui parler... tout de suite.

SABOULEUX, à part.

Cristi! faut que je reparaisse en culotte!

MADAME CLAQUEPONT.

Bien certainement je ne laisserai pas ma fille plus longtemps ici!... Eh bien, vous avez l'air d'une ahurie...

CLAQUEPONT.

On vous demande le père Sabouleux...

SABOULEUX.

Oui... mon homme!... il est à la cascade. Je vas aller vous le chercher.

Il remonte.

CLAQUEPONT, le retenant.

Non, c'est inutile!... nous allons le trouver nous-mêmes!...

MADAME CLAQUEPONT.

Nous serons de retour dans un quart d'heure... Surtout que ma fille ait sa robe de velours... vous entendez... je le veux!

SABOULEUX.

Elle l'aura, madame, elle l'aura!

CHŒUR.

AIR : *Oui, dès aujourd'hui* (Folleville).

CLAQUEPONT.

Venez, chère amie, et prenez mon bras,
A cette cascade allons de ce pas.
Et que notre enfant, sans plus de discours,
   Ait sa robe de velours.

MADAME CLAQUEPONT.

Venez, mon ami, donnez-moi le bras,
   Etc.

SABOULEUX.

Vite, à la cascade allez de ce pas,
Vous rencontrerez mon mari là-bas,
Suzanne va mettr' ses plus beaux atours
   Et sa robe de velours!

M. et madame Claquepont sortent par le fond.

SCÈNE XV.

SABOULEUX, puis GOBERVAL, puis PÉPINOIS.

SABOULEUX, seul.

Sont-ils embêtants avec leur robe! Je n'ai, ici, en velours, qu'un vieux fauteuil... Je ne peux pourtant pas lui mettre le fauteuil!... Que le diable emporte les Claquepont!... J'aime bien mieux les parents de Toto, mon autre nourrisson; ils me laissent tranquille, au moins, ceux-là... Voyons... si je pouvais ôter ma culotte... et en faire faire une robe...

Il est à droite et fait le mouvement de relever sa robe.

GOBERVAL, entrant par le fond et s'adressant à gauche.

Madame Sabouleux, s'il vous plaît?

SABOULEUX.

Oh! (Il baisse vivement le bas de sa robe.) Véla! véla!

Il passe à gauche.

GOBERVAL, essuyant ses lunettes et s'adressant à droite.

Est-ce à madame Sabouleux, nourrice, que j'ai l'honneur de présenter mes hommages... les plus empressés?

SABOULEUX, à part.

V'là un vieux poli avec le sexe. (Haut.) C'est moi-même monsieur.

GOBERVAL, se retournant du côté gauche.

Sommes-nous seuls?...

SABOULEUX.

Entièrement.

GOBERVAL.

Deux mots vous diront qui je suis et l'objet qui m'amène...

SABOULEUX, à part, reculant.

Ah ça, est-ce qu'il voudrait m'en conter?... je tape d'abord! (Haut.) Continuez.

GOBERVAL, mystérieusement.

Voici ces deux mots : « Bon lait et mystère! »

SABOULEUX, s'oubliant.

Ah! sacrédié! la devise à Toto!...

GOBERVAL.

Oui, le fruit blâmable d'un neveu... que j'aurais dû maudire...

SABOULEUX, avec indulgence.

Oh! pourquoi ça?... pourquoi ça?...

GOBERVAL.

Il y a quinze jours, je reçus une lettre de Batavia...

SABOULEUX.

Au-dessus de Tonnerre...

GOBERVAL.

Cette missive contenait l'aveu de sa faute dans des termes si... si bien écrits, que mes entrailles s'émurent, et je viens tout réparer et payer les frais de nourrice

SABOULEUX.

Payer les frais! (Vivement, et fouillant dans le tiroir de la table. Voici la note!... (A part.) J'ai bien fait de la saler.

Il offre un papier à Goberval.

GOBERVAL.

Tout à l'heure... Voyons d'abord l'enfant...

SCÈNE QUINZIÈME.

SABOULEUX, à part.

Allons, bon! il est aux foins! (Haut.) Commençons toujours par la note...

GOBERVAL, prenant la note.

Je la vérifierai... Non!... commençons par l'enfant... Où est-il?

SABOULEUX.

Il étudie son piano...

GOBERVAL.

Ah!... c'est très-bien!

SABOULEUX, à part.

A trois lieues d'ici.

GOBERVAL.

Eh bien, allez le chercher!... allez!...

Il s'assied à droite.

SABOULEUX.

Oui... Il va venir... je l'attends... (A part.) Où diable en pêcher un?...

PÉPINOIS, en dehors.

Père Sabouleux!...

SABOULEUX.

Voilà!

GOBERVAL.

Ah! le voilà donc, ce cher enfant!... (Tout en essuyant ses lunettes.) Approchez, jeune homme...

En se levant, il fait tomber sa chaise et la relève.

SABOULEUX, à part.

Jeune homme!... Il le prend pour Toto... (Vivement à Pépinois, qui entre par le fond en habits d'homme.) Baisse-toi!

Il le fait baisser.

GOBERVAL, sans voir Pépinois.

Voltaire l'a dit : « Les fautes des pères ne doivent pas retomber sur la tête des enfants... »

PÉPINOIS, interloqué.

Monsieur?

SABOULEUX.

Il l'a dit!

GOBERVAL.

Je viens à toi sans amertume... cher enfant!...

Il se baisse et embrasse Pépinois sur le front.

PÉPINOIS, toujours baissé.

Monsieur... est bien bon! (A Sabouleux.) Qu'est-ce qu'y me veut?

SABOULEUX, bas.

Baisse-toi !

GOBERVAL.

C'est le pardon sur les lèvres... que mon cœur te crie : Pauvre innocente créature!... (Il pose la main sur la tête de Pépinois, qui se relève de toute sa hauteur.) Qu'est-ce que c'est que ça?... Cet enfant a plus de huit ans!...

SABOULEUX.

Baisse-toi!

PÉPINOIS.

Vingt-sept aux betteraves!

GOBERVAL, outré.

Femme Sabouleux!... je conçois les plus étranges soupçons... Je vous somme péremptoirement de me livrer ce jeune adulte...

SABOULEUX.

Voilà la chose... Le cousin Sabouleux m'ayant prêté son âne...

GOBERVAL.

Si dans cinq minutes vous ne m'avez pas satisfait, j'irai déposer ma plainte aux pieds des autorités compétentes.

Il entre à droite.

SCÈNE XVI.

SABOULEUX, PÉPINOIS.

PÉPINOIS.

Compétentes!

SABOULEUX, se promenant.

Fichtre! fichtre! fichtre!... Comment avoir dans cinq minutes un moutard qui fait les foins à trois lieues d'ici?

PÉPINOIS.

Si on lui livrait un autre gamin... plus petit que moi?...

SABOULEUX.

Avec quoi, animal?... Je n'ai ici qu'une fille... et encore elle est prise... (Frappé d'une idée.) Oh!

PÉPINOIS.

Quoi?

SABOULEUX.

Ça peut s'arranger... J'ai les culottes du petit... Les Claquepont sont à la cascade... L'autre aura vu, embrassé et payé avant leur retour... Dépêchons-nous!

PÉPINOIS.

Tu crois que le vieux se contentera d'une culotte?

SABOULEUX.

Avec la petite dedans, crétin!

PÉPINOIS.

Je comprends. (Riant.) Ah! ah! ah!... prrré Sabouleux!

SABOULEUX.

Vite!... à l'armoire!...

Fausse sortie.

PÉPINOIS, l'arrêtant.

Ah!... je savais bien que j'étais venu pour quelque chose?

SABOULEUX.

Quoi?

PÉPINOIS.

La vendange! que tu n'as pas tambourinée.

SABOULEUX.

Crebleu!

PÉPINOIS.

Tout le village attend... M. le maire est furieux...

SABOULEUX.

J'y vais... (Faisant passer Pépinois à gauche.) Occupe-toi de la mioche... prends la plus belle culotte.

PÉPINOIS.

Oui... (Près de la porte.) Prrré Sabouleux!

Il sort vivement à gauche.

SCÈNE XVII.

SABOULEUX, puis M. et MADAME CLAQUEPONT.

SABOULEUX, passant par habitude son tambour par-dessus ses habits de nourrice.

Fichue vendange!... je l'avais oubliée... Je perds la tête... je me ferai destituer.

SCÈNE DIX-SEPTIÈME.

Il remonte pour sortir.

M. et MADAME CLAQUEPONT, entrant.

Nourrice?... (Apercevant le tambour.) Dieu!

SABOULEUX, à part.

Pristi!

Il fait tourner le tambour derrière son dos.

CLAQUEPONT.

Non! non! on n'a jamais vu une nourrice aussi excentrique!... Pourquoi ce tambour?

SABOULEUX.

C'est pour amuser la petite... Je vais revenir...

Fausse sortie.

CLAQUEPONT, le retenant.

C'est comme votre cascade...

MADAME CLAQUEPONT.

Qui devait nous amuser...

SABOULEUX.

Monsieur n'est pas content de la cascade?

CLAQUEPONT.

Il n'y en a pas!

SABOULEUX.

On l'a emportée?...

CLAQUEPONT.

C'est un moulin... à eau.

MADAME CLAQUEPONT.

Qu'un âne fait tourner.

SABOULEUX.

Eh bien?

CLAQUEPONT.

Alors, c'est l'âne qui est la cascade!... Quel renversement de toute logique!

MADAME CLAQUEPONT.

Et votre mari, nous ne l'avons pas rencontré...

CLAQUEPONT.

Il est revenu?

SABOULEUX.

Non... il vient de retourner... il vous cherche... Si vous voulez le rattraper?...

MADAME CLAQUEPONT.

Nous le verrons plus tard... Suzanne doit être habillée?

SABOULEUX, à part.

Cristi! (Haut.) Voulez-vous monter dans le clocher?

Il l'indique.

CLAQUEPONT.

Pour quoi faire?

SABOULEUX.

Y remonte à Pepin le Bref!

CLAQUEPONT.

Allez au diable!

SCÈNE XVIII.

LES MÊMES, PÉPINOIS, SUZANNE, en costume de peti paysan, avec un pantalon de velours noir, et un bonnet de coton rayé.

PÉPINOIS, amenant la petite, et sans voir les Claquepont.

C'est fait... la voilà!

SCÈNE DIX-HUITIÈME.

M. et MADAME CLAQUEPONT.

Notre fille... en homme!

SABOULEUX.

Pristi!

PÉPINOIS.

Cristi!

Sabouleux, perdant la tête, fait un roulement de tambour.

CLAQUEPONT.

Aïe! assez!... Cette nourrice me fera mourir!

MADAME CLAQUEPONT.

Voyons... pourquoi ce costume? pourquoi?

CLAQUEPONT, à Suzanne.

Qui est-ce qui t'a fourrée là-dedans?

SUZANNE.

On m'a défendu de parler...

CLAQUEPONT.

Quel est ce mystère?... Nourrice... répondez!

MADAME CLAQUEPONT.

Et cette robe de velours?

PÉPINOIS, montrant le costume de Suzanne.

La v'là!

M. et MADAME CLAQUEPONT.

Comment?

PÉPINOIS, balbutiant.

La couturière a mal aux dents... alors, comme son **mari** est tailleur... il a fait ça... il s'est trompé, c't homme!

SABOULEUX.

Mais le velours y est!

MADAME CLAQUEPONT.

Celui que j'ai envoyé était orange, et celui-ci est noir!

PÉPINOIS, à part.

Aïe!

SABOULEUX, s'embrouillant.

C'est l'air, madame... c'est l'air... qui avec le soleil... de même dans la maladie du raisin... y pousse de *dessur* un petit champignon...

PÉPINOIS.

Tu patauges...

Sabouleux, très-troublé, fait des roulements plus forts.

CLAQUEPONT.

Taisez-vous donc! taisez-vous donc!

MADAME CLAQUEPONT.

Assez!... cette nourrice est folle... faisons les paquets de la petite... et emmenons l'enfant.

Ils entrent vivement à gauche. — Sabouleux les accompagne en battant la caisse plus fort que jamais.

SCÈNE XIX.

SABOULEUX, PÉPINOIS, SUZANNE, puis GOBERVAL.

Sabouleux ôte son tambour.

PÉPINOIS.

Emmener l'enfant!

SABOULEUX, descendant.

Not'petite Suzanne? Ah! j'en ferai une maladie!

SCÈNE DIX-NEUVIÈME

SUZANNE, entrant.

Jamais! Moi, je veux rester avec mes oies!

PÉPINOIS, attendri.

Ah! elle sait aimer, elle!

GOBERVAL, la montre à la main.

Madame...

SABOULEUX, à part.

A l'autre maintenant! je l'avais oublié!...

GOBERVAL.

Les cinq minutes sont écoulées...

SABOULEUX, lui montrant Suzanne.

Voici votre fille... non, votre garçon!...

GOBERVAL.

Pauvre enfant! plus je le contemple, plus j'éprouve un sentiment...

SABOULEUX.

Oui... dépêchons-nous! dépêchons-nous!

GOBERVAL, à Pépinois.

C'est singulier, monsieur... je trouve qu'il ressemble à mon neveu...

PÉPINOIS.

Oui... dépêchons-nous! dépêchons nous!

GOBERVAL.

Pourquoi ça?

A Suzanne qui lui fait des gestes de gamin sans qu'il s'en aperçoive.

Ah! puisses-tu jouir d'un avenir prospère...
Surtout dans ses écarts, crains d'imiter ton père!

PÉPINOIS et SABOULEUX.

Ne flânons pas! ne flânons pas!

VOIX DE CLAQUEPONT, dans la coulisse.

Nourrice! nourrice!

SABOULEUX.

Vélà! vélà! (A Goberval.) Vous avez la note

GOBERVAL, lui remettant une bourse.

Et voici votre solde... (A Pépinois.) Monsieur, c'est incroyable comme la vue de cet enfant m'a remué...

PÉPINOIS.

Vous allez manquer le convoi.

GOBERVAL.

Décidément je l'emmène!...

Il prend Suzanne par la main.

SABOULEUX et PÉPINOIS, effrayés.

Bigre!...

SABOULEUX.

Où ça?

GOBERVAL.

A Mâcon!

SABOULEUX, à Goberval, vivement.

Monsieur, c'est impossible!...

GOBERVAL, l'écartant.

N'êtes-vous pas soldé?

Il remonte avec Suzanne.

PÉPINOIS, à part.

Nom d'un nom!... et les autres?... (Frappé d'une idée.) Oh!... (Ouvrant vivement la porte du clocher à Goberval.) Par ici... ça monte au chemin de fer...

GOBERVAL.

Trop bon...

Il entre dans le clocher. — Pépinois lui arrache Suzanne et ferme vivement la porte.

SCÈNE VINGTIÈME.

PÉPINOIS.

V'lan! dans le clocher!...

Il tombe assis sur les marches de la porte.

SABOULEUX, *tombant sur une chaise à gauche.*

Je n'ai plus de jambes!

SCÈNE XX.

**M. et MADAME CLAQUEPONT,
SABOULEUX, SUZANNE, PÉPINOIS.**

M. et madame Claquepont rentrent avec des paquets.

CLAQUEPONT.

Nous voici prêts.

MADAME CLAQUEPONT

Allons, ma fille, embrassez votre nourrice... et partons.

SABOULEUX.

Ah! ma fille!

SUZANNE, *se cramponnant à la robe de Sabouleux.*

Non! j'veux pas quitter maman Sabouleux!...

MONSIEUR et MADAME CLAQUEPONT.

Comment?

SABOULEUX, *l'embrassant*

Pauvre trognon!

SUZANNE

J'veux rester ici jusqu'à douze ans!

CLAQUEPONT, voulant prendre Suzanne, qui tourne autour de Sabouleux pour lui échapper.

Certainement, tout ça est très-gentil... mais nous ne sommes pas ici pour faire du sentiment.

Tout en parlant, il court après elle.

SUZANNE, s'arrêtant près de Pépinois.

J'veux pas quitter mes oies... ni le perruquier!...

PÉPINOIS, attendri.

Ni le perruquier!... je mouille un cil!...

MADAME CLAQUEPONT, à son mari.

Allons, monsieur, finissons-en... emportez-la!

CLAQUEPONT, courant après Suzanne.

Mademoiselle, ici!... je vous ordonne...

SUZANNE, fuyant.

Non! jamais! jamais! jamais!

Elle sort par le fond.

CLAQUEPONT, en même temps, la poursuivant.

Ma fille! ma fille! ma fille!...

Il sort après elle.

SABOULEUX, attendri.

Aimable enfant!

MADAME CLAQUEPONT.

Voilà comme vous lui avez appris à obéir!

On entend Goberval cogner contre la porte, dans le clocher.

SABOULEUX et PÉPINOIS.

Oh!!!

MADAME CLAQUEPONT.

Qu'est-ce que c'est que ça?

SCÈNE VINGTIÈME.

PÉPINOIS.

C'est les maçons..

CLAQUEPONT, rentrant essoufflé.

Ouf!... je n'en peux plus.

MADAME CLAQUEPONT.

Comment, monsieur, vous ne la ramenez pas?

CLAQUEPONT, essoufflé.

Elle est... elle est montée...

MADAME CLAQUEPONT.

Où ça?

CLAQUEPONT.

Dans un arbre!!!

TOUS.

Dans un arbre!!!

PÉPINOIS et SABOULEUX, éclatant de rire.

Ah! ah! ah! ah!

MADAME CLAQUEPONT, appelant par la fenêtre.

Suzanne!... Suzanne!... (A Claquepont.) Voyons, monsieur, quel parti prenez-vous?

CLAQUEPONT.

Que voulez-vous que je fasse?... Je ne peux pas emporter un marronnier!

PÉPINOIS.

Il est à la commune... (Goberval sonne dans le clocher. — A part.) L'oncle à Toto!... y se bat avec les cloches.

CLAQUEPONT.

Quel est ce bruit?

SABOULEUX.

La cloche du chemin de fer.

CLAQUEPONT, désolé.

Quelle situation!... avoir sa fille dans un arbre!... Et le chemin de fer qui va partir!

MADAME CLAQUEPONT.

Que faire?... que devenir?

CLAQUEPONT.

Allons, madame... puisqu'on ne peut pas séparer cette enfant de sa nourrice... je ne vois qu'un moyen!...

MADAME CLAQUEPONT.

Lequel?

PÉPINOIS, bas, à Sabouleux.

Il va nous la laisser!

CLAQUEPONT.

Emmenons la nourrice!

Il remonte.

SABOULEUX, stupéfait.

Hein? moi! en femme!... Sacrebleu!...

PÉPINOIS, à part.

Je ris comme quarante-deux mille bossus!

CLAQUEPONT, revenant à Sabouleux et cachant un châle qu'il a pris au fond.

Nous vous ferons un pont d'or... le café au lait le matin...

SABOULEUX.

Permettez...

MADAME CLAQUEPONT, de même, à Sabouleux.

Quatre repas...

CLAQUEPONT.

Neuf cents francs... blanchie...

MADAME CLAQUEPONT.

Et des cadeaux!... voici le mien...

Elle lui met un châle sur les épaules.

SCÈNE VINGTIÈME.

SABOULEUX.

Un châle!

CLAQUEPONT, lui mettant l'autre châle sur les épaules.

Et le mien!

SABOULEUX, bas.

Deux châles!... (Se décidant.) Allons!... c'est pour l'enfant!...

M. et MADAME CLAQUEPONT, avec joie.

Ah! (Remontant.) Suzanne! descends... nous emmenons la nourrice!

Ils disparaissent un moment

SABOULEUX.

Pépinois, mon paquet... fourrez-y mes rasoirs...

PÉPINOIS, bas.

Et le vieux du clocher?

SABOULEUX, bas.

Toto revient demain... fais-lui voir la cascade...

PÉPINOIS.

Prrré Sabouleux!

Il sort un moment à gauche pour chercher les paquets.

CLAQUEPONT, amenant Suzanne.

Ah! petite mauvaise tête!... nous te tenons!

SUZANNE, tenant un nid.

J'ai trouvé un nid... je serai sa nourrice!...

SABOULEUX, embrassant la petite.

Oui, mon trésor!

MADAME CLAQUEPONT, à son mari.

Cette femme chez nous!... quelle affreuse chose!

CLAQUEPONT, mystérieusement et riant.

Chut! je lui prends un billet de troisième... embranchement sur Boulogne!... Elle pourra voir le camp!

PÉPINOIS, à part, revenant et posant à terre le paquet de Sabouleux et un grand panier.

Qué bon état que d'être nourrice ! Je prends sa suite...

Pendant le chœur final, M. et madame Claquepont remontent à la table du fond, y prennent tous les paquets et les mettent sur la table du premier plan.

CHŒUR FINAL.

MONSIEUR et MADAME CLAQUEPONT, SABOULEUX et SUZANNE.

AIR final de *Michel et Christine.*

Adieu donc ! (*ter.*) ce/mon tranquille
Asile.
Vers la ville
Faut qu'lon/que j'file
Adieu, bonsoir,
Pas/Mais au revoir.

PÉPINOIS.

Adieu donc ! (*bis.*) quitte cet asile
Tranquille,
Vers la ville
Faut qu'tu file.
Adieu, bonsoir,
Mais au revoir !
Un pleur amer mouille ma lèvre !

SUZANNE.

Bon perruquier, pour t'apaiser,
De ma part embrasse ma chèvre.

PÉPINOIS.

Je lui promets un doux baiser !

SABOULEUX, au public, présentant Suzanne.

D'ma nourissonn' pour que l'talent grandisse,

SCÈNE VINGTIÈME.

Soyez, messieurs, ses nourriciers nouveaux
Prodiguez-lui le lait de vos bravos...

SUZANNE.

Et n'en sevrez pas ma nourrice !

REPRISE DE L'ENSEMBLE.

Pendant la reprise de l'ensemble, madame Claquepont charge son mari de tous les paquets. Pépinois donne à Sabouleux le panier et un paquet enveloppé dans un mouchoir, d'où sort très-ostensiblement une paire de bottes; Sabouleux cherche vivement à la cacher. Suzanne a pris sa gaule. Pépinois embrasse Sabouleux, puis tombe ému sur une chaise.

FIN DE MAMAN SABOULEUX.

LES
SUITES D'UN PREMIER LIT

COMÉDIE

EN UN ACTE, MÊLÉ DE CHANT

Représentée pour la première fois, à Paris, sur le théâtre du VAUDEVILLE.
le 8 mai 1852.

COLLABORATEUR : M. MARC-MICHEL

PERSONNAGES

ACTEUR
qui ont créé les rôles.

TRÉBUCHARD, 29 ans.   MM. Félix.
PRUDENVAL, propriétaire à Reims   Delannoy.
PIQUOISEAU, capitaine d'infanterie.   Gil Pérès.
BLANCHE, fille de Trébuchard, 48 ans.   Mmes Astruc.
CLAIRE, fille de Prudenval, 18 ans.   Clary.
RAGUFINE, bonne chez Trébuchard.   Estelle Pluck.

A Paris, chez Trébuchard.

LES
SUITES D'UN PREMIER LIT

Un salon octogone. — Au fond, en face du spectateur, une porte-fenêtre ouvrant sur un balcon et donnant sur la rue. — Une porte dans chaque pan coupé : celle de droite conduit au dehors. — Deux autres portes latérales, une cave à liqueurs sur un petit guéridon, à gauche. Chaises fauteuils.

SCÈNE PREMIÈRE.

RAGUFINE, puis TRÉBUCHARD, puis LA VOIX de PIQUOISEAU.

RAGUFINE, qui est en train de balayer la terrasse du balcon, au fond.

La! bien!... bon!... encore comme les autres jours... un, deux, trois, quatre, cinq, huit, dix, quatorze bouts de cigare sur la terrasse!... Eh ben, il ne se gêne guère, le voisin du second!

TRÉBUCHARD, sortant de sa chambre, à gauche.

A qui en as-tu?... qu'est-ce qu'il y a, Ragufine?...

RAGUFINE, lui montrant la terrasse.

Monsieur, il y a... quatorze bouts depuis ce matin!...

TRÉBUCHARD.

Quatorze!... hier, ce n'était que treize... ça augmente... Ah çà! ce Chinois-là prend-il mon balcon pour un plancher de tabagie... Je vais lui parler! (S'élançant sur le balcon et appelant vers l'étage supérieur.) Hé! monsieur!... Capitaine!... capitaine!...

VOIX DE PIQUOISEAU.

Eh bien, quoi?... qu'est-ce que vous voulez?

TRÉBUCHARD.

Monsieur, vous êtes militaire... et je respecte beaucoup l'armée... Mais je vous prie de ne pas jeter vos bouts de cigare sur ma terrasse...

VOIX DE PIQUOISEAU.

Pourquoi ça?

TRÉBUCHARD.

Comment, pourquoi ça?... il est charmant!... parce que c'est malpropre; ça m'incommode... flanquez-les dans la rue!

VOIX DE PIQUOISEAU.

Non... ça pourrait tomber sur des militaires.

TRÉBUCHARD.

Alors, il faut que je les reçoive, moi?... je vous trouve joli!

Il redescend en scène.

VOIX DE PIQUOISEAU.

Vous n'êtes pas le seul.

SCÈNE PREMIÈRE.

RAGUFINE, sur le balcon.

Aïe!... encore un... ça fait quinze!

Elle revient en scène

TRÉBUCHARD, furieux.

Capitaine! (A Ragufine.) Ramasse-les! (Sur le balcon, à Piquoiseau.) Je vais les porter à l'instant même au commandant de la 1re division militaire.

Il revient en scène.

VOIX DE PIQUOISEAU.

Vous m'ennuyez.

TRÉBUCHARD.

Qu'est-ce qu'il a dit?

RAGUFINE.

Il dit que vous l'ennuyez.

TRÉBUCHARD.

Est-il encore là?

RAGUFINE, regardant à l'étage supérieur.

Non, il est rentré.

TRÉBUCHARD.

Il a bien fait!... — Ragufine!

RAGUFINE.

Monsieur Trébuchard?

TRÉBUCHARD, à demi-voix.

As-tu religieusement suivi mes instructions? as-tu clandestinement préparé ma valise?

RAGUFINE.

Oui, monsieur... elle est là, dans votre porte.

TRÉBUCHARD.

Bien!... Et Blanche... ma fille?... elle est encore couchée?...

RAGUFINE.

Non, monsieur... elle m'a déjà campé une gifle à ce matin.

TRÉBUCHARD.

Bah!

RAGUFINE.

A cause que son corset ne voulait pas joindre!

TRÉBUCHARD.

C'est vrai... elle épaissit beaucoup... Qu'est-ce qu'elle fait en ce moment?

RAGUFINE.

Elle dessine sa tête de Romulus... ça la fait soupirer comme ça. (Elle imite un gros soupir.) Heue!...

TRÉBUCHARD.

Elle est amoureuse de Romulus!... la semaine dernière c'était de Bélisaire!

RAGUFINE.

Faut-il l'avertir que monsieur va partir pour Reims?

TRÉBUCHARD, vivement.

Non pas, sapredié!... je lui écrirai de là-bas... ça m'épargnera les embêtements des adieux!...

RAGUFINE.

Vous ne l'emmenez donc pas?

TRÉBUCHARD, vivement.

Non.

RAGUFINE.

Et vous allez nous laisser toutes seules?... elle va me taper.

TRÉBUCHARD.

Défends-toi.

RAGUFINE.

Sans compter que mamzelle est peureuse quand vous n'êtes pas là...

TRÉBUCHARD.

Je ne peux pourtant pas la mettre dans mon gousset!... une fille de quarante-huit ans!... je reste bien tout seul... et je n'en ai que vingt-neuf... moi, son père!

RAGUFINE.

La voici!

TRÉBUCHARD, à part.

Pristi! tant pis.

SCÈNE II.

TRÉBUCHARD, BLANCHE, RAGUFINE.

BLANCHE, sortant de sa chambre et mettant ses gants.

Bonjour, papa!

TRÉBUCHARD, à part, agacé.

Hein!... papa!... (Haut.) Bonjour, mademoiselle.

BLANCHE, avec aigreur.

« Mademoiselle!... » est-ce que vous êtes fâché contre moi ?

TRÉBUCHARD.

Non, (Avec effort.) ma fille... non, ma chère enfant... (A part.) Comme c'est agréable!

BLANCHE.

A la bonne heure!... (Avec hésitation.) C'est que je voulais vous demander...

TRÉBUCHARD.

Quoi?

BLANCHE, timidement.

La permission de sortir...

TRÉBUCHARD.

Voilà tout!... Allez... sortez... tant que vous voudrez!...

BLANCHE.

Comment! vous ne me demandez même pas où je vais?...

TRÉBUCHARD.

Moi?... je m'en fiche!... (Se reprenant.) Non! (Se posant.) Et où allez-vous, mademoiselle, s'il vous plaît?

BLANCHE.

Au marché aux fleurs... chercher des tulipes pour mes vases.

TRÉBUCHARD.

Ah! très-bien!... allez chercher des tulipes... (Tirant sa montre.) Je vous donne cinq heures!

BLANCHE.

Vous ne m'accompagnez pas?...

TRÉBUCHARD.

Impossible!... une affaire de la plus haute importance!.. J'attends mon tailleur.

BLANCHE.

Et c'est pour ça?... (Avec dépit.) Je comprends... je vous importune... je vous suis à charge...

TRÉBUCHARD.

Je ne dis pas cela...

SCÈNE DEUXIÈME.

BLANCHE, aigrement.

Si je vous gêne... vous avez un moyen bien simple de vous débarrasser de moi...

TRÉBUCHARD, s'approchant d'elle très-vivement.

Lequel?

BLANCHE.

C'est de me marier...

TRÉBUCHARD, tristement.

Ah oui! (A part.) Comme c'est facile!... Allez donc offrir ça!... Après ça, je ne peux pas lui dire... (Haut.) Eh bien, plus tard... nous verrons... nous chercherons...

BLANCHE.

Égoïste! je vois votre calcul... vous voulez me garder

TRÉBUCHARD.

Moi?... (A part.) Sapristi!... (Au public.) Qu'est-ce qui en veut?... Personne?... Voilà! (A Blanche.) Allez chercher des tulipes... Ragufine vous escortera.

BLANCHE.

Une bonne!... Vous me confiez à des mains mercenaires!

TRÉBUCHARD.

Il n'y a pas de danger!

BLANCHE.

Ah! si!...

AIR : *Un homme pour faire un tableau.*

Les demoiselles, en sortant,
Ont besoin d'appuis tutélaires...
Car auprès d'elles, trop souvent,

Les hommes sont si téméraires!

TRÉBUCHARD, à part.

As-tu fini?

Haut, achevant l'air.

Oui, la nuit, quand on ne voit rien,
Ce danger-là peut vous atteindre...
Mais le jour... on y voit trop bien
Pour que vous ayez rien à craindre.

Allons, votre châle! votre chapeau!

BLANCHE.

Mais, papa...

TRÉBUCHARD.

Je le veux... (A part.) Elle me fera manquer le chemin de fer!...

BLANCHE, mettant son châle et son chapeau.

J'obéis, c'est mon devoir... (Brusquement, à Ragufine.) Marchez, lourdaude!

RAGUFINE, se garant avec son coude.

Oui, mamzelle. (Bas, à Trébuchard.) Hein?

TRÉBUCHARD, bas.

Défends-toi!...

BLANCHARD.

Adieu, papa.

TRÉBUCHARD, lui tournant le dos.

Adieu!

BLANCHE, avec aigreur.

Vous ne m'embrassez même pas?...

TRÉBUCHARD, avec effort.

Si fait!... (Il l'embrasse. A part.) Cré nom!

SCÈNE TROISIÈME.

CHŒUR.

AIR : *Adieu, caressant pot-au-feu.* (Chapeau de paille.)

TRÉBUCHARD.

Allez, partez, ma chère enfant,
Et prenez le temps nécessaire.
    A part.
Je crois toujours, en l'embrassant,
Embrasser ma vieille grand' mère!

BLANCHE.

Ah! vous êtes bien peu galant
Et bien peu tendre pour un père!
Je ne vous en veux pas, pourtant,
Car j'ai le meilleur caractère.

RAGUFINE, à part.

A son âge, comme un enfant,
Faut la conduire à la lisière!
Et toujours, j'attrape, en passant,
Quelque taloche pour salaire.

Blanche et Ragufine sortent par le fond à droite.

SCÈNE III.

TRÉBUCHARD, seul.

Eh bien, vous avez-vous vu l'objet... qu'est-ce que vous en dites? — Plaît-il?... Ça votre fille? — Oui, monsieur. (Tirant sa montre.) J'ai cinq minutes, permettez-moi de vous raconter cette lamentable histoire... — Je suis né de parents riches... mais crasseux. J'étudiais à Paris la médecine et le carambolage depuis cinq ans... On ne sait pas ce que coûtent ces deux sciences... jumelles! Un beau matin, je résolus pour la première fois de ma vie, de faire ma caisse, opération solennelle qui me présenta tout d'abord un passif de 9,832 francs 75 centimes... Quant à l'actif, je le néglige... Deux pipes de terre, un cahier de papier à cigarettes... et pas de tabac!— J'allais me recoucher... on frappe trois petits coups à la porte... Entrez!... C'était la veuve Arthur, limonadière, très-mûre, que je payais depuis six trimestres en œillades électriques... dont elle me rendait la monnaie... Fichue monnaie! « Monsieur Trébuchard, me dit-elle, avec une palpitation que j'attribuai d'abord à mes cent quinze marches, monsieur Trébuchard, je viens d'acheter toutes vos créances. — Ah bah! c'est une excellente opération! — Depuis longtemps, vous avez porté le trouble dans mon cœur... et je viens vous offrir ma main... (Faisant la grimace.) — Cristi!... Certainement, mère Arthur, ce serait avec plaisir... mais je ne me marie pas... je suis chevalier de Malte! — Alors, je me vois dans la nécessité de vous mettre à Clichy! — Comment?

AIR: *Nous nous marierons dimanche.*

— Ma main ou Clichy! vite entre les deux
    Choisissez, car je l'exige!
Hésiteriez-vous — Pas du tout, grand dieux!
    Partons pour Clichy, » lui dis-je!
Quoi! prendre une résolution pareille?
Eh! mais, parbleu, pourquoi crier merveille?
Tiens, j'aimais bien mieux, sans comparaison,
    Aller en prison...
        Qu'en vieille.

Me voilà donc à Clichy avec mes deux pipes de terre, mon papier à cigarettes, et toujours pas de tabac!... Le premier mois se passa assez bien... j'apprivoisais des araignées et je composais des quatrains féroces contre la veuve Arthur... Le second mois, l'absence prolongée de toute espèce de tabac me fit faire des réflexions. « Après tout, me disais-je, cette femme-là n'est pas si mal... Elle est grande, elle est brune, elle est sèche... En lui défendant de se décolleter... » Alors, je pris la plume et je lui écrivis ce billet fade : « Mon ange ! je ne peux pas vivre plus longtemps... sans tabac... mon amour est à son comble !... Dépêchez-vous ! » Huit jours après nous étions mariés, et le soir de mes noces... j'intriguai près de mon sergent-major pour obtenir un billet de garde ! (D'une voix émue.) Deux ans après, ma femme remonta vers les cieux... du moins je me plais à le croire. Je respirais fortement... j'étais libre !... Ah bien, oui ! ma défunte m'avait légué une grande diablesse de fille d'un premier lit... qui a dix-neuf ans de plus que moi... qui m'appelle papa... devant les dames !... et qui grogne du matin au soir pour que je la promène... Me voyez-vous sur le boulevard avec cette machine-là à mon bras ?... impossible de m'en dépêtrer ! c'est un boulet... un boulet de quarante-huit ! elle a quarante-huit ans, juste !... J'ai voulu la marier à un de mes amis... il m'a flanqué un coup d'épée... il était dans son droit... je l'avais insulté !... Encore si sa maturité ne nuisait qu'à son établissement !... mais elle m'a déjà fait craquer sept mariages !... Dès qu'on me voit, il n'y a qu'un cri : « Ah ! il est très bien, ce jeune homme !... de belles dents, de l'esprit et des cheveux ! » Je présente ma fille et patatras !... l'exhibition de ce produit de 1804 fait tout manquer ! Aussi, cette fois, j'ai agi avec une duplicité infernale... j'ai manigancé un petit mariage, loin d'ici, à Reims... je n'ai pas soufflé mot de mon infirmité... on me croit veuf, mais sans enfants... et, samedi prochain, j'épouse sournoisement mademoiselle Claire Prudenval, une jeune personne charmante, dont je raffole... Dix-huit ans... de l'innocence... et pas de premier lit !... La noce doit se faire à Reims. Le père, une agréable brute... voulait consommer la chose à Paris, mais je m'y suis véhémentement opposé ! ma satanée moutarde serait encore venue se mettre en travers !... tandis qu'une fois marié, je lui envoie une lettre de faire part, et je la prie de me laisser tranquille... Elle a la fortune de sa mère... Ainsi... (Regardant sa montre.) Bigre! je vais manquer le chemin de fer! vite... ma valise!

Il remonte et la prend.

SCÈNE IV.

TRÉBUCHARD, PRUDENVAL, CLAIRE.

PRUDENVAL, dans la coulisse.

Merci, portier... merci... nous y voilà!

TRÉBUCHARD, vivement.

Hein! cette voix de mirliton... (Il court regarder au fond et revient effrayé.) Sapristi! ce sont eux!... ma future et son père!... j'étais sûr que ce vieux maniaque me jouerait quelque tour... Sapristi!

PRUDENVAL, entrant avec Claire, chargé de paquets et de cartons.

Monsieur Trébuchard, s'il vous plaît?... Eh! le voilà lui-même... Bonjour, mon gendre... c'est moi... et ma fille...

TRÉBUCHARD, saluant.

Beau-père... Mademoiselle... (A part.) Heureusement que l'autre est sortie!...

PRUDENVAL, à lui-même.

Je voudrais bien poser mes paquets. (A Trébuchard.) Nous arrivons de Reims...

TRÉBUCHARD.

J'y partais... (Remontant.) Partons!

PRUDENVAL.

Mais non, puisque nous voilà. (A part.) Je voudrais bien poser mes paquets!

SCENE QUATRIEME.

CLAIRE.

Vous ne vous attendiez pas!

TRÉBUCHARD.

J'avoue...

PRUDENVAL.

On dirait que vous êtes fâché...

TRÉBUCHARD.

Fâché?... Oh! Dieu!... Mais nous étions convenus...

PRUDENVAL.

Effectivement... effectivement... mais voilà la chose... Ma fille, conte la chose à ton futur...

CLAIRE.

Non... vous!

TRÉBUCHARD, à part.

Et Blanche, qui va rentrer...

PRUDENVAL.

Vous savez bien que je suis malade?

TRÉBUCHARD.

Ma foi, non!

PRUDENVAL.

Mais si... je vous l'ai dit lors de vos trois voyages à Reims!...

TRÉBUCHARD, distrait et regardant vers le fond.

Ah! c'est possible... tant mieux!

PRUDENVAL.

Comment, tant mieux?

TRÉBUCHARD, vivement.

Non, tant pis.

PRUDENVAL.

Figurez-vous que, quand je mange... et même quand je ne mange pas... je sens là... et puis là... dites-moi quoi?... je n'en sais absolument rien... ni ma fille non plus... ni mon médecin non plus...

TRÉBUCHARD.

Ni moi non plus !

PRUDENVAL.

Alors ma fille m'a dit...

CLAIRE.

« Il faut aller à Paris pour consulter... » (A Trébuchard.) N'ai-je pas bien fait?

TRÉBUCHARD.

Comment donc?... Vous n'avez que de bonnes idées! (A part.) Petite bête!...

PRUDENVAL.

Nous ferons d'une pierre deux coups... Je consulterai... et nous célébrerons la noce à Paris.

TRÉBUCHARD.

Ça sera charmant !

PRUDENVAL.

AIR du *Charlatanisme*.

Chevet fournira le festin,
A notre choix, il a des titres!
De l'avis de mon médecin
J'y veux consommer beaucoup d'huîtres.
Ce mollusque par ses vertus,
Pour moi, dit-on, est héroïque.

TRÉBUCHARD.

Pour vous, je crois à ses vertus,
(A part.)

SCÈNE QUATRIÈME.

Similia similibus.....
C'est le mode homœopathique.

PRUDENVAL.

Je voudrais bien poser mes paquets!

TRÉBUCHARD.

C'est facile! je vais vous conduire à l'hôtel des *Trois Pintades*.

Il remonte.

PRUDENVAL.

Des *Trois Pintades*?... Mais du tout... du tout... nous logeons chez vous...

TRÉBUCHARD.

Chez moi?

CLAIRE.

Pourtant, si cela vous gêne...

TRÉBUCHARD.

Me gêner?... Mademoiselle, j'allais vous en prier... (A part.) Ça va bien!... et cette grande cathédrale qui va rentrer!...

PRUDENVAL.

A propos, mon gendre... j'ai à vous gronder... Vous êtes un sournois.

TRÉBUCHARD.

Moi?

CLAIRE.

Oh! oui.

PRUDENVAL.

Nous avons pris nos renseignements... Pourquoi nous avoir caché que vous aviez une fille de votre premier hyménée!...

TRÉBUCHARD, à part.

V'lan! ça y est! (Haut.) Un détail... je l'avais oublié.

PRUDENVAL.

Il n'y a pas de mal à ça... Ça ne sera pas un obstacle..

CLAIRE.

Certainement.

TRÉBUCHARD, à part.

Tiens! ils prennent bien la chose

PRUDENVAL.

Ma fille et moi, nous adorons les enfants... Où est la petite?

TRÉBUCHARD.

La... la petite?... Elle... elle dort!...

CLAIRE.

Est-elle sevrée?

TRÉBUCHARD.

Un peu... on est en train!

PRUDENVAL.

Combien de dents?

TRÉBUCHARD.

1804!... Non, je me trompe!

PRUDENVAL.

Je disais aussi... dix-huit cent quatre dents... à cet âge-là...

CLAIRE.

Je veux l'embrasser dès qu'elle sera réveillée...

TRÉBUCHARD.

Certainement...

CLAIRE.

Je lui ai brodé un petit bonnet avec une ruche.

TRÉBUCHARD.

Comment! vous avez eu la bonté...? (A part.) Il n'entrera pas...

PRUDENVAL.

Et moi, de mon côté...

TRÉBUCHARD.

Vous avez aussi brodé quelque chose?

PRUDENVAL.

Non... je lui ai apporté un petit bonhomme de pain d'épice de Reims.

TRÉBUCHARD.

Ah! que c'est aimable! (A part.) Du pain d'épice à cette grande schabraque!

CLAIRE.

Nous jouerons ensemble... Je lui apprendrai à envoyer des baisers... Ce sera ma poupée...

TRÉBUCHARD, à part.

Cristi! je boirais bien un verre de kirsch!

PRUDENVAL, posant ses paquets à droite.

Je voudrais pourtant bien poser mes paquets!

TRÉBUCHARD, montrant la chambre, deuxième plan à gauche.

Voici votre appartement. (A Claire, en la débarrassant de son ombrelle et de son chapeau.) Mademoiselle, permettez-moi de vous conduire...

ENSEMBLE.

AIR: *Du chapeau de paille d'Italie.*

CLAIRE et PRUDENVAL.

D'embrasser la chère petite

Je me fais un plaisir déjà.
Vous viendrez m'avertir bien vite,
Sitôt qu'elle s'éveillera.

TRÉBUCHARD.

Puisse la tendresse subite,
Que votre cœur ressent déjà,
Persister, lorsque la petite
A vos yeux se présentera.

Trébuchard et Claire entrent à gauche.

SCÈNE V.

PRUDENVAL, seul; puis BLANCHE et RAGUFINE.

PRUDENVAL, *cherchant à ramasser ses paquets, cartons, parapluie.*

Je vais être grand-papa... tout de suite !... Pauvre petite... je la ferai sauter sur mes genoux... J'adore les enfants... jusqu'à six ans... Après, c'est insupportable !

Il est chargé de ses paquets, et va pour rentrer.

BLANCHE, *au fond à la bonne qui porte des pots de fleurs.*

Doucement donc, godiche!

RAGUFINE.

N'craignez point!... n'craignez point!

PRUDENVAL, *se retournant.*

Une dame?

BLANCHE.

Un monsieur!

RAGUFINE, *à part.*

Quoi que c'est que ça?

Pendant ces apartés, Blanche et Prudenval se sont fait quelques saluts.

SCÈNE SIXIÈME.

PRUDENVAL.

Madame demande M. Trébuchard?

BLANCHE.

A qui ai-je l'honneur...?

PRUDENVAL.

Ce n'est pas moi, madame... Je suis Prudenval... de Reims...

BLANCHE.

Plaît-il?...

PRUDENVAL.

Quoi?... Donnez-vous la peine de vous asseoir... je vais l'appeler... (Criant.) Trébuchard?

BLANCHE.

Ragufine, portez ces fleurs dans ma chambre.

Ragufine entre à droite, premier plan.

PRUDENVAL, à part.

Sa chambre!... elle est de la maison!... (Appelant.) Trébuchard! (A part.) C'est sa mère, sans doute... il y a le nez... l'autre est la nourrice...

SCÈNE VI.

PRUDENVAL, BLANCHE, TRÉBUCHARD.

TRÉBUCHARD, entrant.

Vous m'appelez! (A part.) Blanche!... patatras!

BLANCHE.

J'ai apporté trois pots de réséda.

TRÉBUCHARD, dans le plus grand trouble.

Ah! tant mieux!... parce que... le réséda... (A part.) S'est-elle nommée?

PRUDENVAL, bas.

Elle est très-bien, madame votre mère...

TRÉBUCHARD, à part.

Ma mère?

PRUDENVAL.

J'ai deviné tout de suite... j'ai été guidé par le nez.

TRÉBUCHARD.

Oui, oui... (Bas, à Blanche.) Rentrez...

BLANCHE, bas.

Quel est ce monsieur?

TRÉBUCHARD, bas.

Un ami intime... mon tailleur...

PRUDENVAL, bas

Présentez-moi.

TRÉBUCHARD.

Moi! à qui?

PRUDENVAL, bas.

A madame votre mère.

TRÉBUCHARD.

Oui.

BLANCHE, à Prudenval.

Monsieur... les boutons de son dernier gilet...

PRUDENVAL.

Hein?...

SCÈNE SIXIÈME.

TRÉBUCHARD.

Rien...

PRUDENVAL, bas.

Présentez-moi.

TRÉBUCHARD.

Oui. (A part.) Quel cauchemar! (Haut, à Blanche.) Mon amie, je te présente... M. Prudenval... de Reims... (Bas.) Rentrez!...

PRUDENVAL.

Enchanté, madame...

BLANCHE, à elle-même.

Madame!...

PRUDENVAL.

J'ai apporté des joujoux pour la petite...

BLANCHE, étonnée.

La petite?...

PRUDENVAL.

Les grands papas et les grand'mamans peuvent se donner la main... et...

Il tend la main à Blanche; Trébuchard la lui serre.

BLANCHE.

Quoi?

TRÉBUCHARD, vivement.

C'est une maxime...

PRUDENVAL, à Blanche, lui présentant sa tabatière.

Peut-on vous offrir une prise?

Trébuchard prend la prise et éloigne Blanche.

BLANCHE, s'offensant.

. Monsieur!...

TRÉBUCHARD, bas.

Mais rentrez donc!

BLANCHE, à part.

Quel mystère!... (Saluant.) Monsieur...

PRUDENVAL.

Madame!... (A part.) Elle a encore de très-beaux vestiges.

Blanche entre à droite.

SCÈNE VII.

PRUDENVAL, TRÉBUCHARD.

TRÉBUCHARD, à part.

J'ai chaud!

PRUDENVAL.

Vous ne m'aviez pas parlé non plus de madame votre mère.

TRÉBUCHARD.

Vous croyez?... un détail...

PRUDENVAL.

Elle est très-bien. Joue-t-elle le wisth?

TRÉBUCHARD.

Comme un Turc.

PRUDENVAL.

Charmante femme! Ah çà, mon cher, je vous laisse. (Il

SCÈNE HUITIÈME.

reprend ses paquets.) Je vais faire ma barbe.... pour aller consulter une lumière de la faculté... sur ma singulière affection...

TRÉBUCHARD, à part.

Il va sortir... bravo!...

PRUDENVAL.

Figurez-vous, mon ami, que, quand je mange... et même quand je ne mange pas...

TRÉBUCHARD.

Oui, oui... c'est très-grave...

PRUDENVAL.

Ça m'inquiète beaucoup!... (Désignant la chambre de gauche, deuxième plan.) C'est par là, n'est-ce pas?

TRÉBUCHARD.

Oui, tout au fond.

PRUDENVAL.

Mes respects à madame votre mère... Ce soir, nous ferons un wisth... et je lui parlerai de mon affection...

TRÉBUCHARD.

Ce sera charmant!...

Prudenval sort à gauche avec ses paquets.

SCÈNE VIII.

TRÉBUCHARD, puis LA VOIX DE PIQUOISEAU.

TRÉBUCHARD, seul.

Un wisth! que le diable l'emporte!... Ça ne peut pas durer longtemps comme ça... ils vont me redemander à voir la petite... et, quand je leur présenterai une nourrissonne de quarante-huitième année!... voilà encore mon mariage flambé!... ça fait huit! mais que faire?... Si je pouvais la marier... à un voyageur... à un courrier de la malle... de l'Inde! je dirais : « Eh bien, oui! c'est vrai! j'ai une fille... une vieille fille... mais elle se promène dans l'Indoustan... c'est un cheveu blanc qui court le monde... je ne l'ai plus... je me suis épilé... » On n'aurait rien à répondre à ça! Malheureusement, je ne connais pas le courrier de la malle. (Se promenant.) Sapristi! sapristi!

A ce moment, une pipe tombe sur la terrasse et se brise.

VOIX DE PIQUOISEAU.

Ah! nom d'un nom! une pipe culottée!

TRÉBUCHARD, en colère.

Crebleu! (S'élançant vers la terrasse.) Ah çà! monsieur, avez-vous bientôt fini de jeter vos pipes sur ma terrasse?

VOIX DE PIQUOISEAU.

Pourquoi mettez-vous votre terrasse sous mes pipes?

TRÉBUCHARD.

Ah! mais il est à empailler, ce militaire!...

VOIX DE PIQUOISEAU.

En voilà un oiseau!... il grogne toujours.

TRÉBUCHARD.

Capitaine, pas de gros mots.

VOIX DE PIQUOISEAU.

Vous m'ennuyez...

TRÉBUCHARD, revenant en scène.

Malhonnête!... (Vivement.) Si je pouvais lui jouer un mauvais tour!... lui jeter un moellon à la tête!... (Avec éclat.) Oh! j'ai trouvé! Blanche! voilà mon moellon! (S'élançant sur la terrasse.) Capitaine!

SCÈNE NEUVIÈME.

VOIX DE PIQUOISEAU.

Quoi?

TRÉBUCHARD, très-gracieusement.

Capitaine, voulez-vous me faire le plaisir de descendre?...

VOIX DE PIQUOISEAU.

Est-ce pour un coup de sabre?

TRÉBUCHARD.

Non. J'ai à vous faire une communication de la plus haute importance!...

VOIX DE PIQUOISEAU.

Attendez, que j'allume ma bouffarde.

TRÉBUCHARD, seul, en scène.

C'est une idée superbe... Un militaire... ça voyage, ça change de garnison... On les envoie en Afrique, et même plus loin!... J'ai trouvé mon courrier!

SCÈNE IX.

TRÉBUCHARD, PIQUOISEAU.

PIQUOISEAU, paraissant à la porte du fond, avec sa pipe. — Pantalon blanc, capote sans boutons d'uniforme ni épaulettes.

De quoi s'agit-il?

TRÉBUCHARD, aimable.

Entrez donc, capitaine!... Capitaine, croyez que je suis désolé de la petite altercation...

PIQUOISEAU.

On les accepte... Après?

TRÉBUCHARD, à part.

Il n'a pas l'air commode à entamer. (Haut.) En vous voyant fumer tant de pipes et de cigares, je me suis dit : « Voilà un officier français qui doit bien s'ennuyer à sa fenêtre... »

PIQUOISEAU.

J'attends Corinne.

TRÉBUCHARD.

Ou l'Italie?

PIQUOISEAU.

Non : une piqueuse de boutonnières de bretelles...

TRÉBUCHARD, riant.

Ah! satané capitaine! (Sérieux.) Mais, comme père, je dois l'ignorer.

PIQUOISEAU.

Serviteur!

Il remonte.

TRÉBUCHARD.

Un instant!

PIQUOISEAU, brusquement.

Quoi encore?

TRÉBUCHARD.

Je voulais vous demander... Êtes-vous marié?

PIQUOISEAU.

Non!

TRÉBUCHARD

Très-bien... Votre régiment est-il pour longtemps à Paris?

SCÈNE NEUVIÈME.

PIQUOISEAU.

Nous partons dans quinze jours pour Oran! Qu'est-ce que ça vous fait?

TRÉBUCHARD, à part.

Quelle chance! (Haut.) Capitaine, peut-on vous offrir une chope de bière?

PIQUOISEAU.

Non, la bière, ça m'empâte... Je me suis mis au rhum.

TRÉBUCHARD, allant au guéridon et versant du rhum dans deux verres.

Justement!... j'en ai... vrai Jamaïque.

PIQUOISEAU, à part.

Ah! mais il est très-caressant, ce petit...

Il s'assoit.

TRÉBUCHARD, assis, lui offrant un verre et trinquant.

A votre santé!...

PIQUOISEAU, élevant son verre.

Et aux dames!

TRÉBUCHARD.

C'est étonnant comme votre physionomie me plaît!

PIQUOISEAU.

Votre rhum aussi.

TRÉBUCHARD.

Dites donc... j'ai envie de vous marier...

PIQUOISEAU.

Moi?... Cornichon!

TRÉBUCHARD, à part.

Ça ne mord pas. (Haut.) Une demoiselle charmante... qui dessine...

PIQUOISEAU, se versant un second verre.

Je m'en fiche!...

TRÉBUCHARD.

Qui tape du piano...

PIQUOISEAU.

Je m'en surfiche!...

Il boit.

TRÉBUCHARD.

Cent mille francs de dot...

PIQUOISEAU, avalant de travers.

Cristi! cent mille francs!... Ah çà! est-ce que vous avez envie de faire poser l'armée française, vous?

TRÉBUCHARD.

Non, parole d'honneur!

PIQUOISEAU, se levant ainsi que Trébuchard.

Comment!... je pourrais épouser cent mille francs, moi?

TRÉBUCHARD.

Peut-être...

PIQUOISEAU.

Mâtin... je lâche Corinne.

TRÉBUCHARD.

Vous ne tenez pas, je pense, à une extrême beauté?

PIQUOISEAU.

Dame!...

TRÉBUCHARD.

Vous ne tenez pas, je pense, à une extrême jeunesse?...

SCÈNE NEUVIÈME.

PIQUOISEAU, se méfiant.

Ah! je vois ce que c'est... Vous voulez me faire épouser un laideron.

TRÉBUCHARD.

Mais non, mais non!... Un profil grec, antique; et spirituelle... Et puis cent mille francs.

PIQUOISEAU.

Crebleu! Voyons la petite!...

TRÉBUCHARD.

Ce n'est pas précisément... une petite...

PIQUOISEAU.

Elle est grande, tant mieux! j'aime les femmes de haute futaie... Corinne a six pouces!

TRÉBUCHARD.

Chut! comme père, je dois l'ignorer.

PIQUOISEAU.

Ah ça, dites donc, vous me proposez cent mille francs et une jeune fille...

TRÉBUCHARD.

Une demoiselle... ne confondons pas!

PIQUOISEAU.

Précisément. Il n'y a pas de gabegie là-dessous!

TRÉBUCHARD.

Ah! capitaine!...

PIQUOISEAU.

Très-bien... du moment que c'est garanti!

TRÉBUCHARD.

Je vais la chercher... éteignez votre pipe.

PIQUOISEAU.

Pourquoi ça?

TRÉBUCHARD.

Vous comprenez... une première entrevue...

PIQUOISEAU, mettant sa pipe dans sa poche.

C'est juste... Corinne la tolère.

TRÉBUCHARD, de la porte.

Chut! ne parlez donc pas de Corinne!

PIQUOISEAU.

Suffit... on sera roué.

Trébuchard entre dans la chambre de Blanche.

SCÈNE X.

PIQUOISEAU, seul.

Cristi! cristi! cristi! En voilà une particularité! Cent mille francs! cinq mille livres de rente, et ma solde! J'ai le moyen d'avoir deux enfants!... J'en mettrai un dans le notariat, et l'autre, dans la cavalerie... à moins que ça ne soit une fille!... Alors, je mettrais le premier dans la cavalerie, et le second... Non, ça ne va pas encore! (Se versant et buvant.) La petite m'aura vu fumer des cigares à mon balcon... ça l'aura allumée... Il ne revient pas, ce bourgeois... Il y a longtemps que je n'ai vu des militaires... ça me prive.

Il se mire dans la glace.

SCÈNE XI.

PIQUOISEAU, TRÉBUCHARD, BLANCHE.

TRÉBUCHARD, amenant Blanche par la main. — Bas.

Tiens-toi droite... et mets-toi de profil... Tu gagnes cinquante pour cent à être vue de moitié.

PIQUOISEAU, à part.

La voici!

Il lisse sa moustache et prend une pose séduisante.

TRÉBUCHARD.

Capitaine! (A part.) Il va me flanquer un second coup d'épée...

PIQUOISEAU, à part.

Déchirons la cartouche! (Haut, à Blanche.) Bel astre, mon cœur ardent... (Il regarde et bondit. A part.) C'est ça?... cré nom!

TRÉBUCHARD.

Remettez-vous... Je vous présente mademoiselle Blanche, ma fille...

PIQUOISEAU, à part.

Sa fille! (Bas, à Trébuchard.) Fichtre! vous avez commencé de bonne heure.

TRÉBUCHARD, bas.

Cent mille francs... Dites-lui quelque chose d'aimable!

PIQUOISEAU, bas.

Oui. (A Blanche.) Mademoiselle... croyez que... certainement... (Bas, à Trébuchard.) Je ne peux pas! elle est trop mûre!

TRÉBUCHARD, vivement.

Il est ému! il est ému!... Je vais parler pour lui... (Avec solennité.) Blanche, le moment est venu où j'ai dû songer à vous établir...

PIQUOISEAU, à part.

Il est en retard.

TRÉBUCHARD.

Et voici ce brave capitaine... (Bas.) Votre nom ?

PIQUOISEAU.

Piquoiseau...

TRÉBUCHARD.

Voici ce brave Piquoiseau...

BLANCHE, à part.

Le joli nom!

TRÉBUCHARD.

Qui n'a pu maîtriser ses sentiments...

PIQUOISEAU, bas.

Minute!

TRÉBUCHARD.

C'est un homme rangé... qui ne sort jamais de chez lui. Il est toujours à son balcon... la pipe... non! le cigare... non!... le sourire... sur les lèvres... sourire de l'espérance!

PIQUOISEAU, bas.

Minute!

Il se verse du rhum et boit.

TRÉBUCHARD.

Regarde-le... Il attend avec angoisse une réponse qui va décider du bonheur de toute sa vie...

SCÈNE ONZIÈME.

PIQUOISEAU, à part.

Quelle platine !

BLANCHE, avec émotion.

Capitaine... les volontés de mon père seront toujours sacrées pour moi... J'accepte...

TRÉBUCHARD, vivement.

O bonheur ! (A Blanche.) Tu viens de l'entendre, il a dit : « O bonheur ! »

PIQUOISEAU.

Moi ?... permettez...

TRÉBUCHARD, bas, le faisant passer au milieu.

Faites votre demande... Chaud ! chaud !

PIQUOISEAU.

C'est que... (A part, la regardant.) Fichtre ! (A Trébuchard.) Franchement, quel âge a-t-elle ?

TRÉBUCHARD, bas.

Cent mille francs !

PIQUOISEAU, à part.

Et ma solde, crebleu ! (Se décidant.) Allons ! Bel astre... certainement... le respect vénérable et les charmes si majeurs... font que j'ai l'honneur... (Tout à coup.) Non ! je demande à réfléchir !

BLANCHE.

Comment ?

TRÉBUCHARD, vivement, à Blanche.

Il est ému ! il est ému ! (A Piquoiseau qui remonte.) Où allez-vous donc ?

PIQUOISEAU.

Faire une partie de billard... avec des militaires... je vous l'offre...

TRÉBUCHARD.

Je l'accepte. (A part.) Il est ébranlé, je ne le lâche pas.

ENSEMBLE.

AIR de *la Chanteuse voilée.* (Victor Massé.)

PIQUOISEAU, à part.

Cent mille francs
Sont attrayants,
Morbleu ! j'en conviens sans peine,
Mais ce tendron,
Triple escadron !
Fait flotter mon âme incertaine.

TRÉBUCHARD, à part.

Cent mille francs,
Sont bien tentants,
Pour le cœur d'un capitaine,
Cet hameçon
Aura raison
De son âme encore incertaine.

BLANCHE, à part.

Hélas ! je sens,
Dans tous mes sens,
Une émotion soudaine,
Je serai donc,
Tout m'en répond,
L'épouse du beau capitaine.

TRÉBUCHARD, à Blanche, qui remonte pour suivre de l'œil le capitaine.

Rentrez !...

Piquoiseau et Trébuchard sortent par le fond.

SCÈNE XII.

BLANCHE, seule, puis CLAIRE et PRUDENVAL.

BLANCHE, seule, et venant s'asseoir rêveuse à droite.

Il est bien, ce capitaine... l'air distingué et une barbiche! Toute la tête de mon Romulus!...

Prudenval sort de sa chambre avec Claire; il tient des jouets d'enfant et un grand bonhomme de pain d'épice; Claire tient à la main un petit bonnet d'enfant.

PRUDENVAL, à Claire, bas.

Viens!... la petite doit être éveillée; nous allons lui offrir notre cadeau...

CLAIRE.

J'ai mon petit bonnet...

BLANCHE, à part.

Encore ce monsieur!...

PRUDENVAL, à Claire, bas.

C'est la bonne maman... Elle est très-forte au wisth... Je vais te présenter... (Saluant Blanche.) Madame...

BLANCHE, froidement.

Monsieur... (A part.) Quelle rage a-t-il de m'appeler madame?

PRUDENVAL, présentant sa tabatière.

Peut-on vous offrir une prise?

BLANCHE, sèchement.

Merci...

PRUDENVAL.

Voici ma fille...

BLANCHE, froidement.

Ah! (Saluant.) Mademoiselle...

PRUDENVAL, appuyant.

Ma fille... Claire Prudenval... de Reims... la future...

BLANCHE.

Plait-il?

PRUDENVAL.

La future...

BLANCHE.

La future de qui?...

PRUDENVAL.

Eh bien, de monsieur votre fils.

BLANCHE, se gendarmant

Je n'ai pas de fils, monsieur!

CLAIRE et PRUDENVAL.

Comment?

BLANCHE.

Je suis demoiselle!

PRUDENVAL.

Ah bah!... Je vous demande pardon... Nous vous avons prise pour la grand'mère...

BLANCHE, révoltée.

La grand'mère!

PRUDENVAL.

Excusez une erreur... bien naturelle...

BLANCHE, à part.

Malhonnête!

PRUDENVAL.

La marmotte est-elle réveillée?

SCÈNE DOUZIÈME.

BLANCHE.

Quelle marmotte?

PRUDENVAL, à part.

Elle ne comprend rien, cette femme-là. (Haut.) La fille de Trébuchard, mon gendre...

BLANCHE.

Sa fille!... Mais c'est moi, monsieur!

CLAIRE, stupéfaite.

Ah! par exemple!

PRUDENVAL, de même.

Comment! la marmotte, c'est vous? (A part, la regardant ébahi.) Ah diable! ah bigre! ah! sapristi!...

CLAIRE, à part.

C'est trop fort!

PRUDENVAL, montrant son pain d'épice.

Et moi qui vous apportais... (Il mord dedans.) Et ma fille qui vous avait brodé...

BLANCHE.

Quoi?

CLAIRE, mettant vivement le bonnet dans sa poche.

Rien!

PRUDENVAL, regardant Blanche.

C'est bizarre! vous paraissez plus vieille... non! moins jeune que monsieur votre père...

BLANCHE.

Oh! de très-peu!...

PRUDENVAL.

De si peu que ce soit... c'est toujours bien extraordinaire...

BLANCHE.

Je suis d'un premier lit...

PRUDENVAL.

C'est donc ça... (A Claire.) Tout s'explique...

CLAIRE, avec dépit.

Oui, c'est bien agréable...

PRUDENVAL, avec éclat.

Mais, j'y pense, vous allez être la fille de ma fille!

BLANCHE.

Moi?

CLAIRE, révoltée.

Je ne veux pas!

PRUDENVAL.

Dame! puisque tu épouses son papa... tu ne peux pas te dispenser d'être sa maman.

CLAIRE, de même.

Sa maman?

PRUDENVAL.

C'est très-curieux... nous le ferons mettre dans le journal de Reims.

CLAIRE, à part.

Il ne manquerait plus que ça!

PRUDENVAL.

Midi!... je vous laisse... je cours chez mon médecin... (A Claire.) Adieu!

CLAIRE.

Papa, je sors avec toi.

SCENE DOUZIÈME.

PRUDENVAL.

Non... tu me gênerais pour ma consultation... je compte entrer dans des détails... Causez... faites connaissance...

CLAIRE.

Mais, papa...

PRUDENVAL, la faisant passer près de Blanche.

Puisqu'elle va être ta fille... causez!...

CLAIRE, avec dépit, toisant Blanche.

C'est inutile!

Elle remonte et redescend à gauche.

BLANCHE, à part.

Est-ce que papa m'aurait donné une marâtre?

CHŒUR.

AIR de *la Vicomtesse Lolotte*.

PRUDENVAL.

Toutes deux pour bien vous connaître,
Causez ici bien tendrement;
Puisque bientôt vous allez être,
Vous, sa fille, et toi, sa maman.

CLAIRE, à part.

Est-il besoin de mieux connaître
Cette aimable et charmante enfant!
Je ne veux pas de cette ancêtre
Devenir jamais la maman!

BLANCHE, à part.

Dans leurs regards je vois paraître
La froideur et l'étonnement.
Leur cœur se fait assez connaître,
Et m'éloigner est plus prudent.

PRUDENVAL, à part.

C'est drôle ! comme demoiselle, je lui trouve de moins beaux vestiges. (Haut.) Peut-on vous offrir une prise?

BLANCHE, furieuse.

Monsieur !

REPRISE DU CHŒUR.

Prudenval sort par le fond et Blanche rentre chez elle.

SCÈNE XIII.

CLAIRE, puis TRÉBUCHARD.

CLAIRE, seule, éclatant.

Ah ! c'est trop fort !... M. Trébuchard s'est moqué de nous... il nous a dit ce matin qu'on était en train de la sevrer...

AIR du *Verre*.

C'est vraiment une indignité !
Cette mignonne-là, je pense,
Atteignait sa majorité
Avant le jour de ma naissance !
Espère-t-on qu'ingénument,
Pour ma fille je reconnaisse
Une enfant qui, sur sa maman,
Peut invoquer le droit d'aînesse.

C'est fini... bien fini !... et sitôt que mon père rentrera...

Elle remonte vers sa chambre.

TRÉBUCHARD, entrant par le fond, sans apercevoir Claire, et à part.

Impossible de décider ce capitaine !... il demande encore dix minutes de réflexion.

SCÈNE TREIZIÈME.

CLAIRE, avec dépit.

Ah! vous voilà, monsieur!...

TRÉBUCHARD.

Mademoiselle Claire... Eh bien, êtes-vous installée?

CLAIRE.

Pas pour longtemps, monsieur.

TRÉBUCHARD, désignant la chambre.

Ah! c'est trop petit.

CLAIRE.

Non, au contraire, monsieur, c'est trop grand!

TRÉBUCHARD.

La chambre?

CLAIRE.

Non, monsieur, autre chose... (Avec un dépit très-marqué.) Je viens de voir votre fille.

TRÉBUCHARD, à part, bondissant

Sacrebleu! la gamine a jasé.

CLAIRE.

Vous comprenez, monsieur, que je n'ai pas envie de m'entendre appeler maman par une grande femme de cet âge-là...

TRÉBUCHARD.

Soyez tranquille... je suis en train de la caser... à Oran.

CLAIRE.

Comment?

TRÉBUCHARD.

Je m'occupe activement de la marier.

CLAIRE, se récriant vivement.

La marier! c'est ça... pour que je devienne grand mère!

TRÉBUCHARD, vivement, se frappant le front.

Pristi!... je n'y avais pas songé!

CLAIRE.

J'en suis bien fâchée, monsieur; mais notre mariage, dans ces conditions, est tout à fait impossible!

Elle remonte.

TRÉBUCHARD, la suivant désolé.

Que faire?

CLAIRE.

Je n'en sais rien... Mais ce qu'il y a de certain, c'est que je ne vous épouserai pas avec une pareille fille!

TRÉBUCHARD.

Je ne peux pourtant pas la supprimer.

CLAIRE, gagnant sa chambre.

Ça ne me regarde pas... j'aime mieux retourner à Reims.

TRÉBUCHARD, la suivant.

Mademoiselle, je vous en prie...

CLAIRE, sur le seuil de sa porte.

Non, monsieur... jamais! jamais! jamais!

Elle entre vivement dans sa chambre.

SCÈNE XIV.

TRÉBUCHARD, puis PRUDENVAL.

TRÉBUCHARD.

« Jamais! jamais! jamais!... » Me voilà bien!... Ah! je comprends le sacrifice d'Iphigénie en Tauride; mais nous n'y sommes pas, et ici, c'est prohibé par les règlements de

SCÈNE QUATORZIÈME.

police... malheureusement!... (Se promenant, très-agité.) Ah çà! cette fille majeure ne me lâchera donc pas?... Au bout du compte, elle ne m'est de rien!... elle est du lit Arthur... et je suis étranger à ce meuble!... C'est qu'il n'y a pas à dire, Claire s'est prononcée!... elle n'en veut pas comme fille... Blanche ne peut pourtant pas être sa mère!... (Tout à coup, et frappé d'une idée.) Hein! sa mère! pourquoi pas? (Plus fort.) Pourquoi donc pas?... Prudenval est veuf. (Avec force.) Il n'en a pas le droit!... D'ailleurs, j'ai besoin de lui!... il n'y a que lui de possible! il faut que mon beau-père devienne mon gendre! Comment? je ne sais pas!... mais il le faut! (Le voyant entrer.) Le voici.

PRUDENVAL, entrant par le fond, agité.

Ah! mon ami!... je n'en peux plus...

TRÉBUCHARD.

Qu'avez-vous donc?

PRUDENVAL.

Je suis indigné! je viens de chez mon médecin...

TRÉBUCHARD.

Eh bien?

PRUDENVAL.

Un homme qui met sur ses cartes : « Consultations de midi à deux heures... »

TRÉBUCHARD, à part, l'examinant.

Comment l'attaquer?

PRUDENVAL.

Je sonne... un domestique parait. « Ou est ton maître? — Il est parti pour Amiens depuis dimanche. »

TRÉBUCHARD, l'examinant.

Dire qu'il faut rendre ça amoureux!

PRUDENVAL.

On ne se moque pas du monde comme ça... Et maintenant, je suis forcé d'attendre à demain... et, pendant ce temps-là, ma maladie fait des ravages!... Trébuchard.. vous ne connaîtriez pas une lumière de la Faculté qui ne soit pas à Amiens?

TRÉBUCHARD, à part.

Tiens! si je pouvais!... (Haut.) Je vous offrirais bien mes faibles talents... mais la confiance ne se commande pas.

PRUDENVAL.

Comment! vous savez la médecine?

TRÉBUCHARD.

Il demande si je sais la médecine!... je l'ai creusée neuf ans! (A part.) J'ai failli être reçu dentiste!

PRUDENVAL.

C'est vrai... vous me l'aviez dit à l'époque de vos trois voyages à Reims...

TRÉBUCHARD.

Je m'occupe surtout des maladies... vagues!

PRUDENVAL.

Précisément... ma maladie est extrêmement vague... Figurez-vous que, quand je mange... et même quand je ne mange pas...

TRÉBUCHARD.

C'est très-vague... Voyons le pouls?

PRUDENVAL

Voilà!

Il tire la langue.

TRÉBUCHARD, le regardant.

Qu'est-ce que c'est que ça?

SCÈNE QUATORZIÈME.

PRUDENVAL.

A Reims, on commence toujours par là.

TRÉBUCHARD, tirant sa montre, et lui tâtant le pouls d'un air doctoral.

De la fréquence... de l'intermittence... et même un peu d'indolence!

PRUDENVAL, effrayé.

Saprebleu!

TRÉBUCHARD.

A quel âge vous êtes-vous marié?

PRUDENVAL.

A vingt-neuf ans, neuf mois et seize jours.

TRÉBUCHARD.

Mauvais... mauvais!...

PRUDENVAL, inquiet.

Je l'ai toujours cru... le mariage ne me réussit pas...

TRÉBUCHARD, vivement.

Ne dites pas ça! ne dites pas ça!

PRUDENVAL.

Entre nous, madame Prudenval était une excellente femme... mais elle me contrariait toujours... elle m'agaçait, cette pauvre amie... aussi j'ai juré de ne jamais me remarier... de mon vivant!

TRÉBUCHARD.

Ah! vous avez juré? (A part.) Ça tombe bien! (Haut.) Vous allez peut-être me trouver un peu indiscret?

PRUDENVAL.

Allez... allez... ne craignez pas de me faire des questions.

TRÉBUCHARD.

Quand vous vous trouvez dans un salon près d'une jolie femme... quel sentiment éprouvez-vous?

PRUDENVAL.

Moi?... j'éprouve le besoin de faire un wisth.

TRÉBUCHARD.

Voilà tout?

PRUDENVAL.

Exactement!

TRÉBUCHARD.

Mon compliment! (A part.) Il est bien froid. (Haut.) Permettez.

> Il l'ausculte en appliquant sur la poitrine de Prudenval les doigts réunis de la main gauche, et en frappant dessus de petits coups secs avec trois doigts réunis de la main droite. A chaque coup, Prudenval sursaute, très-inquiet.

PRUDENVAL, alarmé.

Eh bien, voyez-vous quelque chose?

TRÉBUCHARD.

Tout! tout!

PRUDENVAL.

Ah! voyons!

TRÉBUCHARD, avec ménagement.

Mon ami... mon cher ami... du courage!...

PRUDENVAL, très-effrayé.

Hein?...

TRÉBUCHARD, avec aplomb.

Vous êtes atteint d'une complication chronique du péritoine!

SCÈNE QUATORZIÈME.

PRUDENVAL.

Du péritoine!... Où est-ce situé?...

TRÉBUCHARD.

Partout.

PRUDENVAL, effrayé.

C'est bien ça. Mais le remède?... Il y a un remède?...

TRÉBUCHARD.

Sur huit malades... j'en ai perdu dix.

PRUDENVAL, vivement.

Et le onzième?

TRÉBUCHARD, de même.

Je l'ai sauvé.

PRUDENVAL, de même.

Comment?

TRÉBUCHARD, de même.

Non... vous ne voudrez pas.

PRUDENVAL, de même.

Je vous dis que si!

TRÉBUCHARD, de même.

C'est une médecine de cheval...

PRUDENVAL.

Ah!... quelque chose d'amer?...

TRÉBUCHARD.

Très-amer!... Je l'ai marié! v'lan!

PRUDENVAL.

Saprelotte!

Il prend vivement sa canne et son chapeau, et remonte en courant.

TRÉBUCHARD.

Où allez-vous donc?

PRUDENVAL.

A Reims... prendre médecine!

TRÉBUCHARD.

Comment?

PRUDENVAL.

Je ne connais personne ici...

TRÉBUCHARD.

Chut!... j'ai votre affaire.

PRUDENVAL.

Ah! bah! Qui ça?

SCÈNE XV.

PRUDENVAL, TRÉBUCHARD, BLANCHE.

TRÉBUCHARD, allant au-devant de Blanche.

Approchez, ma fille... (Bas.) Tiens-toi droite et mets-toi de profil... (Haut, avec solennité.) Blanche, le moment est venu de vous marier...

BLANCHE, avec joie.

Est-il possible!

TRÉBUCHARD, bas.

Mets-toi de profil! (Haut.) Blanche... voici l'époux que je vous destine...

Il s'efface. Blanche et Prudenval se regardent et reculent en jetant un cri.

SCENE QUINZIEME.

BLANCHE.

Hein?

PRUDENVAL.

Oh!

TRÉBUCHARD, à part.

Tableau!

BLANCHE, bas, à Trébuchard.

Il est trop vieux!

PRUDENVAL, bas, à Trébuchard.

Dites donc... c'est bien amer...

TRÉBUCHARD.

Je vois que toutes les convenances y sont.

BLANCHE.

Arrêtez! (A Prudenval.) Monsieur, je suis sensible à la recherche d'un galant homme, mais notre union est impossible...

PRUDENVAL, avec indifférence.

Ah!

TRÉBUCHARD, sévèrement.

Blanche!

BLANCHE.

Il existe d'autres engagements avec un officier...

PRUDENVAL, indifférent.

Très-bien! très-bien!

TRÉBUCHARD.

Du tout! (Bas, à Prudenval.) Et votre santé, malheureux vieillard!

PRUDENVAL.

C'est vrai!

TRÉBUCHARD, à sa fille, à demi-voix et très-vivement.

Le capitaine Piquoiseau est un coureur... qui a des intrigues... avec une Corinne... piqueuse de bretelles...

BLANCHE.

Vous le calomniez!

TRÉBUCHARD.

Et puis un militaire... ça voyage! (S'attendrissant.) Tu serais séparée de moi... ô mon enfant!

BLANCHE.

Papa, je vous écrirai...

TRÉBUCHARD, agacé.

Mais, il ne t'aime pas... il ne reviendra pas!...

BLANCHE.

Oh! que si!... Mon cœur me dit qu'il reviendra!

TRÉBUCHARD.

Ton cœur radote!

PIQUOISEAU, chantant dans la coulisse.

Arrosons-nous la dalle, la dalle,
Arrosons-nous...

BLANCHE, entendant Piquoiseau.

Ah!... le voici!...

Elle est très-émue.

TRÉBUCHARD, à part.

Que le diable l'emporte!

SCÈNE XVI.

Les Mêmes, PIQUOISEAU.

PIQUOISEAU, entrant résolûment.

Ça y est! je suis décidé.

TRÉBUCHARD.

Vous refusez?

PIQUOISEAU.

Non pas! Cent mille francs! un lingot d'or! (Se posant près de Blanche.) Mademoiselle... bel astre!...

BLANCHE.

Capitaine!

TRÉBUCHARD, vivement la tournant vers Piquoiseau.

Mets-toi de face!

PIQUOISEAU, effrayé, en la voyant de face.

Oh! (Brusquement.) Non!... on me blaguerait trop!

Il va à la bouteille de rhum et se verse un verre.

BLANCHE, indignée.

Ah!

PRUDENVAL.

Qu'est-ce qu'il a dit?

BLANCHE, vivement.

Rien! (Gracieusement.) Monsieur Prudenval... voici ma main...

PRUDENVAL.

Ah! mademoiselle (Interdit.) peut-on vous offrir une prise?

BLANCHE, gracieusement.

Avec plaisir!

TRÉBUCHARD, à part, s'essuyant le front.

Enfin, j'ai lancé mon boulet!

SCÈNE XVII.

Les Mêmes, CLAIRE, RAGUFINE.

CLAIRE, paraissant avec ses paquets.

Venez, papa, retournons à Reims.

TRÉBUCHARD, vivement et gaiement.

Laissez vos paquets... tout est arrangé...

BLANCHE.

Oui, maman.

CLAIRE.

Encore!

TRÉBUCHARD, avec force à Blanche.

Non! non!... C'est *ma fille* qu'il faut dire... *ma fille!*

CLAIRE.

Que signifie?

TRÉBUCHARD, à Claire.

Je vous présente madame Prudenval... (Bas, gaiement.) Vous n'en vouliez pas pour enfant... Je vous l'ai donnée pour mère!...

CLAIRE, avec étonnement.

Comment, papa?...

SCÈNE DIX-SEPTIÈME.

PRUDENVAL.

Pardonne-moi... ma fille... c'est pour mon péritoine!...

TRÉBUCHARD, à Prudenval.

Taisez-vous, mon gendre!

PRUDENVAL, à part.

Son gendre!... Quel drôle de micmac!

TRÉBUCHARD, bas à Claire lui indiquant Blanche.

Dites donc... c'est elle qui sera grand'mère!

CLAIRE, baissant les yeux.

Je ne comprends pas...

TRÉBUCHARD, à lui-même.

C'est juste!

RAGUFINE, à Piquoiseau qui se verse encore du rhum.

Dites donc, vous!

PIQUOISEAU, lui pinçant le menton.

Chut! viens me voir!

Il boit.

CHŒUR.

AIR du *Monsieur qui prend la mouche.*

La belle-fille en belle-mère
Se transforme, et chaque mari
Est beau-père de son beau-père,
Et gendre de son gendre aussi.

TRÉBUCHARD, au public.

AIR : *Le beau Lucas.*

Dans les liens du mariage
Il faut des époux assortis :
Pour avoir enfreint cet adage,
Vous avez vu tous mes ennuis;
Mais d'un hymen hétéroclite,

D'une union que j'ai maudite,
Messieurs, je bénirai le fruit,
Si ce soir, par votre crédit,
Un franc succès vient à la suite
Des suites de mon premier lit.

TOUS.

Qu'un franc succès vienne à la suite
Des suites de son premier lit.

LES MARQUISES
DE LA FOURCHETTE

VAUDEVILLE EN UN ACTE

Représenté pour la première fois, à Paris, sur le théâtre du VAUDEVILLE,
le 31 août 1854.

COLLABORATEUR : M. A. CHOLER

PERSONNAGES

ACTEURS
qui ont créé les rôles.

PAUL, 30 ans.   MM. Félix.
SATURNIN, 45 ans.   Delannoy.
JOSEPH, garçon de restaurant.   Parade.
Un Jeune Homme.   Speck.
Une Dame blonde.   Mlles ***
Une Dame brune.   ***

La scène se passe a Paris, dans un restaurant.

LES MARQUISES
DE LA FOURCHETTE

Un vestibule. — Au fond, des étagères chargées de primeurs. — Porte au fond, conduisant à l'extérieur. Au-dessus de cette porte, on lit : ENTRÉE DES CABINETS. — A gauche et à droite, des cabinets ; ceux du second plan portent les numéros 8 et 9. — A gauche se trouve accrochée au mur une ardoise et, au-dessous, une petite planchette sur laquelle sont des morceaux de craie. — Ouverture dans la muraille servant de porte-voix.

SCÈNE PREMIÈRE.

JOSEPH, puis LE JEUNE HOMME.

JOSEPH, seul, criant à la cantonade.

Sommelier!... deux moët frappés pour le 4... Il faut que je les inscrive... (Il s'approche de l'ardoise et marque les deux bouteilles.) Il va très-bien le moët! la consommation marche... Il n'y a que le turbot qui reste en place... et cependant... si on le laissait faire... depuis huit jours qu'il se repose... J'ai beau l'offrir, personne n'en veut.. c'est ennuyeux! (Faisant la grimace.) Ça nous reviendra à la cuisine...

AIR : *Restez, restez, troupe jolie.*

>Cette perspective est acerbe,
>Car je sais bien qu'avec le temps,
>Ainsi que le dit le proverbe...
>Petits poissons deviendront grands,
>Deviendront grands avec le temps.
>Mais voici ce qui m'inquiète,
>Je n'entendis dire jamais :
>Petits poissons que l'on achète,
>Avec le temps deviendront frais.

Et moi, je suis un drôle de corps, j'aime le poisson frais.

LE JEUNE HOMME, ouvrant timidement la porte d'un cabinet au fond et passant sa tête.

Garçon ! garçon !...

JOSEPH.

Monsieur...

LE JEUNE HOMME.

Est-il venu une dame avec un chapeau rose et un voile vert demander monsieur X...?

JOSEPH.

Non, monsieur !... nous n'avons pas encore aperçu cet article-là...

LE JEUNE HOMME.

C'est inconcevable ! (Tirant sa montre.) Après ça, j'avance peut-être.

JOSEPH.

Qu'est-ce qu'il faut servir à monsieur?

LE JEUNE HOMME.

Servez-moi...

JOSEPH.

Turbot sauce aux capres... bien frais?

SCENE DEUXIÈME.

LE JEUNE HOMME.

Non... servez-moi une demi-bouteille d'eau de Seltz...

JOSEPH.

Et après ?

LE JEUNE HOMME.

Je sonnerai!

Il rentre.

JOSEPH.

En voilà une pratique!

SCÈNE II.

JOSEPH, PAUL et UNE DAME VOILÉE.

Paul entre avec un cache-nez montant jusqu'aux yeux et son chapeau rabattu. — Il a l'air inquiet et donne le bras à une dame voilée.

PAUL.

Garçon !

JOSEPH.

Monsieur?

PAUL.

Avez-vous un cabinet tout de suite?

JOSEPH.

Le 8 est libre... mais il ne donne pas sur la rue... Si madame voulait attendre un instant?...

PAUL.

Attendre! je n'attends pas! je n'attends jamais!... où est-il ton 8?

JOSEPH.

Voilà... monsieur, voilà. (Ouvrant la porte du cabinet.) Si madame veut prendre la peine d'entrer?

Il entre dans le cabinet.

LA DAME, au moment d'entrer.

Ah! mon ami! Paul!

PAUL.

Ne me nommez donc pas!... Quoi? quoi encore?...

LA DAME.

J'ai oublié mon ombrelle dans la voiture...

PAUL.

C'est bien... j'y vais... Mais entrez!... si on me voyait ici...

LA DAME.

Eh bien?

PAUL.

Ça pourrait me compromettre. (A part.) Elle ne comprend rien. (Haut, la faisant entrer dans le cabinet numéro 8.) Allez! allez!

SCÈNE III.

PAUL, puis JOSEPH.

PAUL, seul; il ôte son cache-nez.

Sapristi!... j'ai chaud! parole d'honneur, c'est la dernière fois que ça m'arrive!... c'est trop compromettant!... avec celle-là surtout!... elle a la rage de mettre la tête à la portière pour faire voir qu'elle va en voiture... Il y a des femmes qui sont comme les bracelets perdus : elles aiment

SCÈNE TROISIÈME.

à s'afficher! et moi ça ne me va pas... dans ma position... un rentier qui va se marier dans quinze jours avec la fille d'un de nos médecins les plus... dangereux! il m'a avoué qu'il ne soignait jamais sa famille... Alors je lui ai demandé la main de sa fille! C'est pourtant en composant ma corbeille de mariage que j'ai découvert ce charmant échantillon de fleuriste... C'est très-dangereux pour un jeune homme de composer sa corbeille... La semaine dernière, j'ai failli sombrer dans un magasin de modes!... mais maintenant c'est fini... je n'ai plus à voir que les ébénistes!... C'est égal... j'ai des remords... c'est mal ce que je fais là... Après ça, on ne le saura pas... alors ce n'est pas mal... et puis c'est la dernière fois.

JOSEPH, sortant du cabinet avec le châle et le chapeau, à la cantonade.

Oui, madame, tout de suite! (A Paul.) Monsieur, cette dame vous attend...

PAUL.

J'y vais... Le temps de payer le cocher et de délivrer l'ombrelle.

JOSEPH.

Si monsieur veut faire sa carte, cette dame a très-faim...

PAUL.

J'ai toujours remarqué que les fleuristes jouissaient d'un violent appétit... Heureuse organisation pour les restaurateurs...

JOSEPH.

Monsieur, le turbot est très-frais...

PAUL.

Vraiment! et le saumon?...

JOSEPH.

Le saumon est bon... mais je ne le garantirais pas autant.

PAUL.

Très-bien! tu me serviras du saumon! plus quatre douzaines d'Ostende!

Il sort.

SCÈNE IV.

JOSEPH, puis SATURNIN, et UNE DAME VOILÉE.

JOSEPH, seul.

Mâtin!... il a le fil, celui-là! (Criant dans le porte-voix qui est dans la muraille.) Quatre douzaines d'Ostende! quatre... (Indiquant le numéro 8.) Ça doit être une première... à la seconde, l'huître ordinaire, et à la troisième... des moules... je connais ça!

Saturnin entre vivement, donnant le bras à une dame voilée. — Il porte une perruque et des lunettes vertes.

SATURNIN, à la dame.

Vite! dépêchons-nous! dépêchons-nous! (Haut.) Garçon! un cabinet pour moi et ma nièce.

LA DAME.

Mais, monsieur...

SATURNIN, bas.

Laissez!... je sauve les apparences.

JOSEPH.

Si vous voulez attendre cinq minutes, je pourrai vous en offrir un avec deux fenêtres sur la rue... bien en vue.

SATURNIN.

Bien en vue!.... je n'en veux pas!... Vous n'auriez pas quelque chose de sombre, de noir?...

SCÈNE CINQUIÈME.

LA DAME.

Par exemple!

SATURNIN.

C'est plus gai!

JOSEPH.

Le numéro 9 fera votre affaire... il n'y a pas de fenêtre... on ne respire que par la serrure...

SATURNIN.

Voilà juste ce qu'il me faut. (A la dame.) Entrez, ma nièce.

LA DAME.

Mais je ne suis pas...

SATURNIN, la faisant entrer.

Je sauve toujours les apparences!

La dame entre dans le cabinet numéro 9; Joseph la suit avec deux bougies allumées.

SCÈNE V.

SATURNIN, puis JOSEPH.

SATURNIN, seul.

Plus personne! (Il ôte ses lunettes et sa perruque, son front est chauve.) Ma parole d'honneur, c'est la première fois que ça m'arrive, aussi je suis très-ému! Dire que me voilà chez un restaurateur... avec une jeune dame... qui n'est pas ma nièce... c'est une petite teinturière à laquelle j'ai donné ma pratique... depuis deux mois, je lui fais teindre et reteindre tous mes gilets. (En soupirant et montrant son gilet.) Eh bien, malgré tous ces sacrifices... elle a refusé de couronner mes feux... mais j'espère bien qu'avant peu... Eh bien, non, je n'en suis pas sûr!... l'image de ma femme... je suis marié... on n'est pas parfait... son image est toujours devant moi... majestueuse, avec ses yeux gris et son teint légèrement couperosé... Alors je tremble, je rentre en terre... car ma conduite est bien vile, bien basse, bien... (Changeant de ton.) Voyons... qu'est-ce que nous allons manger?

JOSEPH, sortant du numéro 9 avec le chapeau et le châle.

Monsieur a-t-il fait sa carte?

SATURNIN.

Non.

JOSEPH, indiquant la table.

Voici du papier, une plume...

SATURNIN, s'asseyant à table

Voyons.

JOSEPH.

Monsieur, le turbot est très-frais.

SATURNIN.

J'aimerais mieux de l'anguille.

JOSEPH.

Je ne suis pas aussi sûr de l'anguille... et, s'il m'était permis de conseiller monsieur...

SATURNIN, écrivant.

Allons, va pour le turbot!...

JOSEPH, emportant les deux chapeaux et les deux châles.

Ça... c'est un homme de la campagne. (Il entre à droite servir l'eau de Seltz au jeune homme.) L'eau de Seltz demandée.

SCÈNE VI.

SATURNIN, PAUL, puis JOSEPH.

SATURNIN, lisant la carte.

« Potages à la Chantilly... à la Condé. » (Parlé.) J'ai envie de prendre un consommé aux choux.

Il se remet à lire.

PAUL, entrant avec une ombrelle ouverte.

Voici l'ombrelle!... il pleut... ça m'a servi. (Il secoue l'ombrelle et la plie.) Il s'agit maintenant de rédiger le menu... quelque chose de simple et de savant.

Il s'assied à la table où est Saturnin, qui lui tourne le dos et compulse toujours la carte. Paul prend une plume et réfléchit.

SATURNIN, lisant.

« Rôts : pluviers, guignards, vanneaux, becfigues... » J'ai envie de prendre un bifteck aux pommes.

PAUL, écrivant.

Potage à la bisque.

SATURNIN, de même.

Consommé aux choux.

PAUL, de même.

Étuvée de cailles à la Milanaise.

SATURNIN, de même.

Bifteck aux pommes.

Les deux plumes se rencontrent sur le bord de l'encrier.

PAUL.

Après vous, monsieur.

SATURNIN.

Je n'en ferai rien.

PAUL, le regardant.

Ah!... mais!... sac à papier!

Il se lève.

SATURNIN.

Nom d'un petit bonhomme!

Il se lève.

PAUL.

Mon beau-père!...

SATURNIN.

Mon gendre!...

PAUL, à part.

Collé!

SATURNIN, de même.

Pincé!

PAUL, se remettant.

Ah! voilà ce que j'appelle une heureuse surprise, par exemple!...

SATURNIN.

Oui!... oui!... oui! bien heureuse! (A part.) Qu'est-ce que je vais lui dire?

PAUL, lui serrant la main.

Ce cher beau-père!

SATURNIN, de même.

Bon gendre!

PAUL, à part.

Je voudrais être à Gallipoli!...

SCENE SIXIÈME.

SATURNIN.

Comme ça, vous voilà ici?...

PAUL.

Moi?.... non!... c'est-à-dire... Et madame?... comment va-t-elle?...

SATURNIN, pataugeant.

Comme vous voyez... je suis un peu enrhumé...

PAUL.

Allons, tant mieux! tant mieux!

SATURNIN.

Merci ! merci bien! (Apercevant l'ombrelle que Paul a mise sous son bras.) Qu'est-ce que vous tenez là? une ombrelle!

PAUL, à part.

Bigre ! (Haut.) Tiens! c'est vrai... qu'est-ce qui m'a mis ça sous le bras?... elle est à vous.

Il la lui met sous le bras.

SATURNIN, la lui rendant.

A moi? pas du tout.

PAUL, à part, cassant l'ombrelle en deux et mettant les morceaux dans sa poche.

Que le diable t'emporte! (Haut, à Saturnin.) Je la rendrai au garçon !

SATURNIN, à part, effrayé,

Je crois qu'on a remué au numéro 9.

PAUL, regardant le numéro 8.

Pourvu que la fleuriste ne vienne pas s'épanouir ici!... j'ai envie de filer!... (Haut.) Est-ce que vous dînez ici, beau-père?

SATURNIN.

Moi? par exemple!... en cabinet particulier!...

PAUL.

C'est comme moi... fi donc!

SATURNIN.

Je suis entré.. comme ça... pour entrer...Tenez! j'écrivais une ordonnance.

Il froisse sa carte.

PAUL.

Moi aussi!...

SATURNIN.

Vous écriviez des ordonnances?

PAUL.

Non... je rédigeais un repas de corps... pour une société philanthropique.. dont je suis le président... (Lui montrant sa carte.) Voyez! potage à la bisque.

SATURNIN.

Pour deux...

PAUL.

Oui... nous ne sommes que deux : le président et le vice-président... mais c'est une société qui a beaucoup d'avenir.

SATURNIN.

Quel est son but?

PAUL.

Son but? (A part.) Diable!... (Haut.) Nous avons entrepris de donner des pantalons aux jeunes sauvages de l'Océanie...

SATURNIN, à part.

J'ai encore entendu remuer au numéro 9.

PAUL.

Ces peuplades en manquent... et nous avons pensé qu'il était moral et hygiénique...

SCÈNE SIXIÈME.

SATURNIN, inquiet.

Oui, c'est une grande idée... je vous en donnerai... trois, quand je les aurai fait teindre.

PAUL.

Ce cher beau-père!

SATURNIN.

Bon gendre!... Partons-nous?... de quel côté allez-vous?

PAUL, hésitant.

Mais... et vous?

SATURNIN.

A l'Observatoire, voir un malade.

PAUL.

Moi, au bois de Boulogne... nous ferons route ensemble.

Ils remontent.

JOSEPH, entrant.

Ces messieurs ont-ils fait leurs cartes?

SATURNIN, embarrassé.

Hein? quelle carte?

PAUL, avec dignité.

Garçon... vous êtes un insolent!

SATURNIN, de même.

Garçon... vous êtes un insolent!

Ils sortent.

SCÈNE VII.

JOSEPH, seul; puis LE JEUNE HOMME.

JOSEPH, étonné.

Qu'est-ce qu'ils ont? ils s'en vont!... Ah! mais... ils oublient quelque chose... les deux dames! (Courant à la porte du fond.) Messieurs!

LE JEUNE HOMME, entr'ouvrant son cabinet.

Garçon!... garçon!...

JOSEPH.

Monsieur?

LE JEUNE HOMME.

Est-il venu une dame avec un chapeau rose et un voile vert demander monsieur X...?

JOSEPH.

Pas encore.

LE JEUNE HOMME.

C'est inconcevable. (Tirant sa montre.) Je vais pourtant comme la Bourse... Garçon!...

JOSEPH.

Monsieur?

LE JEUNE HOMME.

Servez-moi une demi-bouteille d'eau de Seltz.

Il rentre.

JOSEPH, seul.

mieux fait d'en demander une bou-
Je crois que c'est un petit jeune

homme qu'on fait poser... Du reste, il n'est pas le seul... Et ces deux dames, elles doivent s'ennuyer à croquer le marmot... elles ne croquent même que ça!... ça m'intrigue!... (S'approchant de la porte numéro 8.) Voyons donc ce que fait la petite blonde. (Il regarde par le trou de la serrure.) Elle lit la carte avec des yeux qui ont trente-deux dents!

SCÈNE VIII.

JOSEPH, PAUL.

PAUL, entrant.

Ça y est!... j'ai mis le beau-père en omnibus!

JOSEPH, regardant toujours à la serrure.

Pauvre fille! elle me fait de la peine!

PAUL, l'apercevant.

Hein!

Il lui lance un coup de pied.

JOSEPH, se retournant avec aplomb.

Monsieur a sonné?

PAUL.

Vite! une plume, du papier, que je refasse ma carte.

JOSEPH.

Voilà! voilà!

PAUL, à la porte du numéro 8.

Pour te consoler, tu auras du champagne.

Il sort.

JOSEPH, à part.

Voyons donc la brune maintenant.

Il s'approche du cabinet numéro 9.

SCÈNE IX.

PAUL, JOSEPH, SATURNIN.

SATURNIN, sans voir Paul.

J'ai lâché l'omnibus au coin de la rue Montmartre.

Il ôte sa perruque et ses lunettes.

JOSEPH, regardant par la serrure numéro 9.

Tiens!... elle fume!

SATURNIN, apercevant Joseph.

Ah! par exemple!

Il lui lance un coup de pied.

JOSEPH, se retournant avec aplomb.

Boum!... voilà, monsieur.

Il disparaît.

SATURNIN, se fouillant.

Allons, bon! j'ai perdu ma carte... il faut que je la refasse.

Il s'assoit à la même table que Paul.

PAUL, écrivant.

« Potage à la bisque. »

SATURNIN, écrivant.

« Consommé aux choux. »

PAUL.

« Étuvée de cailles à la Milanaise. »

SATURNIN.

« Bifteck aux pommes. » (Les deux plumes se rencontrent à l'encrier; reconnaissant son gendre.) Ah!

PAUL.

Oh!

SATURNIN.

Mon gendre!

PAUL.

Mon beau-père!... Ah çà! et votre malade de l'Observatoire?...

SATURNIN, balbutiant.

Il va bien... on m'a annoncé qu'il était mort... alors je lui ai fait mettre des cataplasmes... (A part.) Que c'est donc bête de trembler comme ça!

PAUL, à part.

C'est drôle... si je ne connaissais pas le beau-père, je croirais qu'il a une intrigue...

SATURNIN, à part.

Comme il me regarde!... serait-il revenu pour m'épier? (Haut.) Je vous croyais au bois de Boulogne?

PAUL.

Non... je me suis dit : « On l'arrange... je verrai ça quand tout sera fini!... » Et je suis revenu.

SATURNIN.

Pour dîner?

PAUL.

Et vous?

SATURNIN.

Moi aussi.

PAUL, à part.

Bien! ça va être gentil!... pourvu qu'il ne m'invite pas!

SATURNIN, d'un air aimable.

Mon gendre...

PAUL, à part.

V'lan! ça y est!

SATURNIN.

Bon appétit, mon gendre.

Il remonte.

PAUL, étonné.

Tiens, vous descendez?

SATURNIN.

Oui, je dîne en bas.

PAUL.

Et moi, en haut. (Le saluant.) Beau-père...

SATURNIN, de même.

Mon gendre...

JOSEPH, entrant avec une pile d'assiettes.

Ces messieurs dînent-ils ensemble?

PAUL, hésitant.

Mais...

SATURNIN.

C'est-à-dire...

JOSEPH.

Très-bien! je vais mettre le couvert.

PAUL, à part.

Voilà! ça se développe! (Bas, à Joseph.) Imbécile!

SATURNIN, de même.

Animal!

SCENE NEUVIEME.

JOSEPH, étonné.

Qu'est-ce que j'ai fait?...

PAUL, à Saturnin.

Que ce garçon a donc une heureuse inspiration!... Je n'y pensais pas...

SATURNIN.

Moi non plus!... Après ça, on ne pense pas à tout.

JOSEPH.

Je vais mettre le couvert au numéro 8.

PAUL, bondissant.

Non!... pas au numéro 8!

JOSEPH.

Au numéro 9.

SATURNIN.

Non!... pas au numéro 9.

JOSEPH.

Où ça?

PAUL.

Mais, dame...

SATURNIN.

Ici!...

PAUL.

Oui, c'est une antichambre; on voit tout le monde

SATURNIN.

Et tout le monde vous voit.

PAUL.

C'est extrêmement commode.

JOSEPH.

Dans cinq minutes, vous serez servis. (A part.) Quelle

drôle d'idée! (Il prend la corbeille.) Ils prennent deux cabinets, et ils dînent dans le couloir.

Il disparaît.

SCÈNE X.

PAUL, SATURNIN.

PAUL. à part.

Ça commence à ne pas être drôle!

SATURNIN, à part.

J'aurais mieux fait de rester dans l'omnibus! (Haut.) Que je suis donc content de vous avoir rencontré!

PAUL.

Et moi donc!... J'allais dîner seul... c'est triste... et je me disais : « Mon Dieu! oh! mon Dieu! si je pouvais rencontrer mon beau-père! »

SATURNIN.

Et moi, je me disais : « Fasse le ciel! fasse le ciel que je rencontre mon gendre, ce cher ami! »

PAUL.

Si vous saviez le plaisir que vous me faites! (Ils se serrent la main. — La sonnette du cabinet numéro 8 s'agite. — A part.) Bien, voilà que ça commence!

SATURNIN.

C'est au numéro 8...

La sonnette du cabinet numéro 9 s'agite

PAUL.

Non, c'est au numéro 9.

SCÈNE DIXIÈME.

SATURNIN, à part.

Mazette! (Haut.) Ce sont des gens qui sonnent.

PAUL.

Probablement.

SATURNIN, pataugeant.

Chez les restaurateurs, quand on veut appeler le garçon on sonne.

PAUL.

On voit que vous avez l'habitude...

SATURNIN.

C'est la première fois.

PAUL.

Moi, la dernière... (La sonnette du numéro 8 recommence à sonner. — A part.) Elle est enragée! elle ne va pas finir! (Il monte au fond vers l'étagère.) Ah! que voilà un beau melon!

SATURNIN.

Merci! ça me dérange, quand je n'y mets pas de sucre...

Les deux sonnettes tintent avec violence.

PAUL, à part.

La crise approche.

SATURNIN, à part.

Je suis en eau.

PAUL, criant pour couvrir le bruit des sonnettes.

Beau-père, avez-vous lu *la Patrie?*

SATURNIN, criant aussi

Non, mon gendre, non, mon gendre.

PAUL.

Figurez-vous qu'il y a un couvreur qui est tombé du

septième étage. (Apercevant la porte du numéro 8 qui s'entr'ouvre.) Fichtre!

SATURNIN.

Hein? (Il se retourne vers le numéro 9 dont la porte s'entr'ouvre également.) Oh! (Tous deux courent vers la porte de leur cabinet et la maintiennent fermée avec leur dos.) Et s'est-il fait mal?

PAUL, repoussant avec son dos la porte qui veut s'ouvrir.

Qui ça? qui ça?

SATURNIN, faisant des efforts inouïs pour maintenir sa porte.

Le couvreur qui est tombé... qu'est-ce qu'il s'est cassé?

PAUL.

Rien!... Ah! si... son sous-pied. (A part, repoussant la porte.) Ah çà mais c'est un hercule que j'ai invité à dîner!

SCÈNE XI.

PAUL, SATURNIN, JOSEPH.

JOSEPH, apportant une table servie, un grand plateau et quatre couverts.

Ces messieurs sont servis.

PAUL, à part.

Sac à papier! impossible de me décoller de là!

SATURNIN, à part.

Quelle position!

PAUL, à part.

la porte.

SCÈNE ONZIÈME.

JOSEPH, les regardant.

Qu'est-ce qu'ils font donc là? (Haut.) Si ces messieurs veulent prendre place?

PAUL, se collant contre la porte.

Certainement... certainement...

SATURNIN.

Tout de suite... tout de suite... Allons, mon gendre!

PAUL.

Après vous, beau-père.

SATURNIN

Pas de façons!

PAUL.

Je vous en prie... (A part.) Oh! quelle idée!

Il retourne la clef et la met dans sa poche.

SATURNIN, même jeu.

Je la verrouille.

PAUL, à part, s'approchant de la table.

C'est égal! en voilà une qui n'a pas d'agrément.

JOSEPH.

J'ai mis quatre couverts.

PAUL.

Pourquoi quatre couverts? nous ne sommes que deux.

SATURNIN.

Un... et deux!

PAUL.

Deux et un!

JOSEPH.

Mais je croyais...

PAUL.

Assez! Mon Dieu, que ce garçon-là sert mal!

<small>Joseph enlève deux couverts.</small>

SATURNIN, tristement.

Allons, prenons place!

PAUL, à part.

On appelle ça une partie fine!

SATURNIN, à part.

Je m'attends à un grand scandale!

PAUL.

Souhaitez-vous un peu de ce potage?

SATURNIN, très-inquiet.

Merci! j'ai beaucoup mangé... mais vous?

PAUL.

Je ne suis pas en train... Garçon, enlevez le potage! (A part.) Je vais te faire diner au galop!

SATURNIN.

Un morceau de turbot?

PAUL.

Merci!... Jamais de turbot!

SATURNIN

Moi non plus!

PAUL.

Garçon! enlevez le turbot!

JOSEPH, enlevant le turbot et détournant la tête, à part.

Il n'a pas de chance, le turbot.

PAUL, à part

Jusqu'à présent, ça va.

SCÈNE ONZIÈME.

SATURNIN.

On est très-bien ici...

PAUL.

Oui, la cuisine est bonne! (On entend donner des coups de pieds dans les portes des cabinets 8 et 9. — A part.) Allons, bon, je commençais à l'oublier.

SATURNIN, à part.

J'ai envie de casser une assiette, ça couvrira le bruit.

JOSEPH.

Dites donc, entendez-vous?

PAUL.

Ce sont les maçons!

SATURNIN.

Je prenais ça pour un orgue de Barbarie.

JOSEPH, apportant un plat.

Étuvée de cailles à la Milanaise.

PAUL, à part.

Elle a peut-être faim!

SATURNIN, à part.

Je vais lui envoyer quelque chose. (Il pose la main sur le plat. — Paul pique la caille avec sa fourchette et la met dans son assiette. Saturnin reste avec le plat vide dans les mains. — A part montrant le plat.) Chou blanc!

PAUL, posant son assiette avec la caille à terre près de lui.

Là! voilà son petit tas.

Il y ajoute un énorme morceau de pain.

SATURNIN, mettant quelques radis sur son assiette qu'il pose également à terre.

Je ne sais pas si elle aime les radis!

PAUL.

Et à boire ? (Les mains de Paul et de Saturnin se rencontrent la bouteille. — Vivement.) Permettez-moi de vous offrir.

SATURNIN.

Non, je vous en prie.

PAUL.

Si. (Il verse très-peu de vin à Saturnin et garde la bouteille.) Assez.

SATURNIN, à part.

Encore chou blanc.

Paul prend la carafe et remplit la bouteille avec de l'eau en se cochant.

PAUL.

Beau-père avez-vous lu *la Patrie ?*

SATURNIN.

Oui, celle du soir. (A part, montrant son verre.) Je ne peux pas lui envoyer ça... Ah! (Il prend la carafe que Paul vient de reposer et y verse le vin qui est dans son verre. A part, regardant la couleur de son mélange.) C'est pelure d'oignon... Elle prendra peut-être ça pour du vin. (Il pose la carafe à terre près des radis.) Du beurre! je vais lui faire une tartine.

Il coupe un long morceau de pain et fait sa tartine.

PAUL, bas, au garçon, en lui montrant ce qu'il a mis à terre.

Porte ça au numéro 8. (Lui donnant la clef.) Tu fermeras et tu me rapporteras la clef.

Joseph va au numéro 8.

SATURNIN, finissant sa tartine.

La!... avec un peu de sel... Ah! sapristi!... j'ai mis du poivre! je vais remettre du beurre par-dessus.

Il remet du beurre.

JOSEPH, revenant, bas, à Paul

Monsieur, elle est furieuse!

SCÈNE ONZIÈME.

PAUL, à part.

Je n'ai pas mis assez d'eau dans son vin, est une bêtise !

SATURNIN, bas, à Joseph.

Voilà quarante sous ! porte ça au numéro 9, tu me rapporteras la clef !

JOSEPH, entrant au numéro 9.

Sont-y drôles !... sont-y drôles !

PAUL.

Quel charmant dîner !

SABURNIN.

Délicieux !... entre parents, quand on s'aime ! (A part.) Pourvu qu'elle aime le beurre avec du poivre.

On entend un grand bruit dans le cabinet numéro 9; Joseph en sort, en ferme vivement la porte et s'essuie la figure.

JOSEPH.

Ah ! que c'est bête !

PAUL.

Qu'est-ce que c'est ?

SATURNIN, effrayé.

Ce sont les maçons !

On crie au numéro 8 : « Garçon ! garçon ! »

PAUL, à part.

La voilà qui demande son café !

Il se lève.

JOSEPH, bas, à Saturnin.

Elle m'a tout flanqué à la figure... Voici votre clef... mais si vous n'y allez pas, elle menace de tout casser et d'enfoncer la porte !

SATURNIN, à part.

Enfoncer la porte !... devant mon gendre !...

JOSEPH, bas, à Paul.

Voilà votre clef.

SATURNIN.

Il n'y a plus qu'un moyen de me sauver... c'est de filer. (Haut, à Joseph.) Tu dis qu'on me demande?

PAUL.

Oui, je l'ai entendu.

JOSEPH.

Moi, je n'ai pas parlé de ça!

SATURNIN, bas.

Tais-toi donc! (A part.) Mon gendre, excusez-moi, ce garçon m'annonce qu'une dame, très-malade, me demande tout de suite.

PAUL, à part.

Il va partir. (Haut.) Comment donc!... ne vous gênez pas, beau-père!

SATURNIN.

Quant à moi, je n'oublierai jamais ce charmant dîner.

PAUL.

Mon ambition serait de le renouveler souvent.

SATURNIN.

Adieu! (A part, en sortant.) Ah! je prendrais bien un bouillon avec une croûte!

Il prend un morceau de pain sur la table, et sort suivi de Joseph

SCÈNE XII.

PAUL, seul; puis UNE VOIX dans le cabinet numéro 8.

PAUL.

Enfin, je respire!... il est parti... mais il peut revenir... Le mieux est de filer... (S'arrêtant.) Sapristi! que j'ai faim! ah! le vilain dîner!

UNE VOIX, dans le cabinet numéro 8.

Paul! Paul!

PAUL.

Tiens, je l'oubliais. (Criant à travers la porte.) Ne vous impatientez pas, je vais chercher un fiacre pour vous mener dîner à Asnières.

LA VOIX.

Ouvrez-moi!

PAUL.

Nous mangerons de la friture, et nous nous promènerons sur l'eau avec des guitares.

LA VOIX.

Vous êtes un monstre!

PAUL.

A toi pour la vie! (A part.) Je lui dis ça pour la calmer. (Très-haut, en sortant.) A toi, pour la vie!

Il disparaît vivement.

SCÈNE XIII.

LE JEUNE HOMME, ouvrant la porte timidement.

Garçon ! il n'est pas venu une dame avec un chapeau...? Oh ! du monde !

Il entre vivement dans son cabinet.

SCÈNE XIV.

SATURNIN, puis **LA VOIX** du numéro 8.

SATURNIN, entrant mystérieusement.

C'est encore moi !... mon gendre n'est plus là... (Il ôte sa perruque et ses lunettes.) Je me suis aperçu à cinquante pas d'ici que j'avais emporté la clef du numéro 9... et cette malheureuse qui est là, avec une simple tartine... et une carafe d'eau pelure d'oignon !

LA VOIX, du numéro 8.

C'est impatientant à la fin ! (Frappant.) Paul ! Paul !

SATURNIN.

Paul !... le nom de mon gendre !

Il s'approche du numéro 8.

LA VOIX.

Je vous entends bien, allez ! Paul, est-ce vous ?

SATURNIN, avec explosion.

Une voix de femme ! (Contrefaisant sa voix.) Oui, chère amie, c'est moi !

LA VOIX.

Quand on aime une femme, ce n'est pas comme ça qu'on dîne avec elle! Ah! vous ne m'aimez plus!...

SATURNIN.

Il l'a donc aimée!... Ah! le polisson!... un rendez-vous en cabinet... à la veille de se marier!... mais ça ne se passera pas comme cela!... nous allons voir! (Trouvant un morceau de craie sous l'ardoise.) Juste! voilà mon affaire! Ah! c'est là ton cabinet? je vais y déposer ma carte! (Il écrit sur la porte du cabinet.) « Vous n'aurez pas ma fille... » (S'éloignant.) Voilà! (Revenant.) Non! ce n'est pas tout!... point d'exclamation! (Il le pose.) Maintenant, délivrons cette enfant... (Tout en se dirigeant vers le numéro 9.) En cabinet particulier!... ah! le polisson, ah!... ah!... le drôle!

SCÈNE XV.

PAUL, SATURNIN.

PAUL, entrant vivement sans voir Saturnin; il tient une clef à la main.

Le fiacre est en bas! ouvrons la cage. (Il se dirige vers le numéro 8 et fourre la clef dans la serrure. — Saturnin en fait autant.) Eh bien! eh bien!... ça ne va pas...

SATURNIN, soufflant dans sa clef.

Il y a quelque chose dedans!

PAUL, examinant sa clef.

Allons bon!... numéro 9... sac à papier!... le garçon s'est rompé?

SATURNIN, essayant d'ouvrir.

Ne vous impatientez pas, mon petit chat, c'est un rat!

PAUL, se retournant.

Hein? mon beau-père qui cause avec un petit chat!... eh bien, je m'en doutais... (Toussant très-fortement.) Hum!...

SATURNIN, se retournant effrayé.

Qui va là?

PAUL, d'une petite voix.

Bonjour, beau-père!... bonjour, beau-père!...

SATURNIN, à part.

Il ne m'a pas vu!... (Haut.) Votre beau-père! je ne le suis plus, monsieur!

PAUL.

Ah bah!

SATURNIN.

Lisez!...

PAUL.

Quoi?... (Lisant.) « Vous n'aurez pas ma fille... »

SATURNIN.

Point d'exclamation!...

PAUL.

C'est moulé!

SATURNIN.

Telle est ma volonté immuable!

PAUL.

Ah! ce n'est pas gentil. (Lui prenant la craie des mains) Vous permettez?

Il traverse et va à la porte du numéro 9

SATURNIN, à part, intrigué.

Que va-t-il faire?

SCÈNE QUINZIÈME.

PAUL, écrivant sur la porte du numéro 9.

« Je le dirai à votre femme ! »

SATURNIN

Monsieur !...

PAUL.

Point d'exclamation !

SATURNIN.

Mais...

PAUL, Il le pose.

Telle est ma volonté immuable !

SATURNIN.

A ma femme ? Quoi ? vous croyez me faire peur ! mais je suis sans tache, moi, monsieur.

PAUL, indiquant le numéro 9.

Quel est le petit chat que vous avez mis là dedans ?

SATURNIN.

Personne ! je ne le connais pas !

PAUL.

Parbleu ! nous allons voir ça, puisque j'ai la clef...

SATURNIN.

Hein ! Comment ?

PAUL, montrant sa clef.

Numéro 9... vous avez le 8... c'est un chassé-croisé ! (Il se dirige vers le numéro 9.) Voyons le chat !...

SATURNIN.

Un instant.

PAUL.

Plait-il ?

SATURNIN.

Un instant!...

<small>Saturnin prend une serviette et va tout doucement effacer ce qu'il a écrit.</small>

PAUL, prenant aussi une serviette et effaçant.

Écrire sur les murs, c'est excessivement commun.

SATURNIN, à part.

Il est intelligent! j'aurai un gendre intelligent!

PAUL, revenant à Saturnin et confidentiellement.

Dis donc, Saturnin?

SATURNIN.

Quoi, Paul?

PAUL.

Est-elle gentille, la tienne?

SATURNIN, avec dignité.

C'est mon notaire, monsieur!

PAUL.

Et moi, mon avoué.

SCÈNE XVI.

PAUL, SATURNIN, JOSEPH, puis LE JEUNE HOMME.

JOSEPH, entrant avec un châle à chaque bras et un chapeau de femme sur chaque poing.

Voilà les châles et les chapeaux de ces dames!

SATURNIN, à part.

Aïe! maladroit!

SCÈNE SEIZIÈME.

PAUL.

Fichtre! elle se met bien, votre notaire!

SATURNIN.

Mais... comme mademoiselle votre avoué! (Ils se mettent dos à dos et éclatent de rire. — Sérieusement.) Au moins vous me jurez de lui retirer votre clientèle... à votre avoué!...

PAUL, gravement,

Ah! beau-père!... je ne suis pas processif!... Saturnin?

SATURNIN.

Paul?

PAUL.

Je ne sais pas si vous êtes comme moi, mais le dîner que nous venons de faire m'a creusé!...

SATURNIN.

Si nous recommencions; mais seuls! seuls!

PAUL.

Que penseriez-vous d'un petit perdreau truffé?

SATURNIN.

Je pense qu'il en faudrait deux.

PAUL.

Garçon, un cabinet! et, en attendant, un verre de madère.

JOSEPH.

Oui, monsieur; mais si ces dames demandent quelque chose?...

PAUL, rendant les clefs.

Tu leur donneras la liberté... ce bienfait des dieux...

JOSEPH.

Et si elles ont faim?

PAUL.

Ah! c'est juste! (A Saturnin.) Qu'est-ce qu'elle aime votre marquise de la fourchette?

SATURNIN.

Mais, dame! un petit peu les sucreries!

PAUL.

Très-bien. (A Joseph.) Bœuf aux choux pour deux!

SATURNIN.

A table! mon gendre!

PAUL.

A table! beau père.

FIN DU QUATRIÈME VOLUME.

TABLE

MOI. 1
LES DEUX TIMIDES. 155
EMBRASSONS-NOUS, FOLLEVILLE! 209
UN GARÇON DE CHEZ VÉRY 271
MAMAN SABOULEUX 325
LES SUITES D'UN PREMIER LIT. 398
LES MARQUISES DE LA FOURCHETTE . . . .

www.ingramcontent.com/pod-product-compliance
Lightning Source LLC
Chambersburg PA
CBHW060227230426
43664CB00011B/1575